毒品类死刑案件的
有效辩护

何荣功　杨俭　等　著

中国政法大学出版社

2017·北京

图书在版编目（ＣＩＰ）数据

毒品类死刑案件的有效辩护/何荣功等著. —北京：中国政法大学出版社，2017.7
　ISBN 978-7-5620-7482-3

　Ⅰ.①毒… Ⅱ.①何… Ⅲ.①毒品－死刑－刑事诉讼－辩护－研究－中国
Ⅳ.①D924.364

　中国版本图书馆CIP数据核字(2017)第166809号

出　版　者　中国政法大学出版社

地　　　址　北京市海淀区西土城路 25 号

邮寄地址　北京 100088 信箱 8034 分箱　邮编 100088

网　　　址　http://www.cuplpress.com (网络实名：中国政法大学出版社)

电　　　话　010-58908437(编辑室) 58908334(邮购部)

承　　　印　北京中科印刷有限公司

开　　　本　880mm×1230mm　1/32

印　　　张　8.125

字　　　数　195 千字

版　　　次　2017 年 10 月第 1 版

印　　　次　2018 年 5 月第 2 次印刷

定　　　价　59.00 元

序　言

　　"毒品类死刑案件的有效辩护"是中国政法大学刑事辩护研究中心举办的"死刑案件的有效辩护"系列讲座主题之一。

　　在我国死刑案件中，毒品案件已经占有相当大的比例。近年来，随着吸毒人员的地域扩散、人数增多，毒品犯罪形势也变得日益严峻。为了遏制毒品犯罪，国家坚持零容忍的立场，不断加大打击毒品犯罪的力度。有实证数据表明，在我国，毒品犯罪日益呈现"发案率高""重刑率高""死刑比例大"等显著特点。其中，在最高人民法院死刑复核的案件中，毒品类死刑案件已经成为暴力犯罪之后的第二大死刑案件类型。

　　然而，任何犯罪都不是个人的本性使然。犯罪社会学派代表人物李斯特曾经指出：任何一个具体犯罪的产生均由两个方面的因素共同使然，一个是犯罪人的因素，一个是外界的、社会的，尤其是经济的因素。毒品犯罪亦然！因此，在国家不断加大毒品犯罪打击力度的背景下，如何确保毒品类死刑案件的被告人可以享受到高质量的有效辩护，不仅事关死刑案件的办案质量，更关乎着我国死刑刑事政策的健康发育与及时调整。然而，毋庸讳言的是，与暴力类死刑案件不同，毒品类死刑案件具有更强的政策性、地域性；受此影响，毒品类死刑案件的辩护团队尚未形成、辩护质量更是参差不齐。

鉴于此，2016 年秋，中国政法大学刑事辩护研究中心以"刑辩大律师讲堂"为平台，以"毒品类死刑案件的有效辩护"为主题，邀请全国一流的专家，举办了为期两天的公益律师培训活动。参与授课的专家既有全国知名的刑事辩护律师、资深法官，也有一直致力于毒品犯罪研究的专家学者。本书是这次培训课程的文字整理稿。

在授课过程中，各位专家从不同的角度对毒品犯罪的有效辩护进行了论述。代理过大量毒品犯罪案件的大律师，总结了在多年诉讼过程中积累的经验与技巧；具备多年毒品犯罪案件审判经验的大法官，从审判者的角度探究了毒品犯罪案件的辩护重点；在毒品犯罪领域有着深入研究的学者，则对毒品犯罪的本质及其对策做了更为深入的研究。

死刑案件的有效辩护既是公正审判的基本要求，也是提高死刑案件办理质量的重要保证。刑事辩护律师代理毒品类死刑案件，要想提供高质量的有效辩护，必须了解相关法律规范及实务操作经验，此谓之"器"；要想对此类案件及其相关死刑适用的刑事政策进行真正有价值的思考，就不得不深入剖析其背后的人性根源与社会机理，此谓之"道"。道与器，应当相辅相成，有器无道无异于工匠，有道无器则近乎空谈。死刑案

件的有效辩护客观上要求辩护律师必须"道器一体"。愿此书
读者，皆成大器、得大道。

　　是为序。

吴宏耀　于京西垂虹

目　录

01

何荣功｜"重刑治毒"与刑法理性 ... 001

　　毒品侵蚀人的尊严，根本上是反人性的，毒品犯罪具有严重社会危害性，所以，任何国家的禁毒工作都离不开刑法的惩戒。但国家的禁毒政策应具有更宽阔的视野，应尽可能立足人性，理解毒品犯罪和毒品滥用生成机理以及两者之间的共生关系，唯有如此，我们方可构建理性、人道和有效率的现代化禁毒政策。

02

毒品犯罪法条很少，但是情况很复杂，提高毒品案件辩护质量，首先要加强法律适用的研究，学习法官理解法律适用问题的视角，并注重收集司法案例，通过司法案例进行研究。另外，还要特别关注刑事诉讼中的程序性问题，推动控辩双方有针对性的对抗，以实现庭审实质化。

一、毒品案件刑事辩护问题 ｜051

二、从法律适用谈毒品犯罪 ｜057

三、毒品犯罪与程序 ｜104

03

律师辩护工作是否有效，不能只通过我们自己对自己的辩护工作进行评判，而是应该接受裁判员的裁判，裁判员包括办案人员和委托人，只有他们对律师工作认可了，才能叫作有效的辩护，因此要熟悉裁判的打分规则及其内心作出决定的心路历程，才能达到有效的辩护。

一、口供在构建证据体系中的作用 ｜110

二、以子之矛攻子之盾 ｜135

04

4.0 时代是刑事辩护精细化、精品化和专业化的一个时代，在二审或者最高人民法院死刑复核的时候怎样找到新的辩点，让法官觉得你的辩护思路比一审或者二审的时候有所突破，是 4.0 时代专业毒品类死刑案件辩护律师的责任，承担起这种责任，才能得到法官的尊重，才能得到当事人的认可。

05

何荣功　武汉大学法学院教授、博士生导师，武汉大学毒品犯罪司法研究中心主任，中国刑法学研究会常务理事，英国牛津大学访问学者。研究方向为：刑法哲学与刑事政策学，比较刑法学，过度犯罪化与预防刑法，毒品犯罪与经济犯罪等。

01 何荣功
"重刑治毒"与刑法理性

　　我首先要感谢中国政法大学刑事辩护研究中心的邀请，让我今天有机会与大家交流探讨毒品犯罪的刑事政策与现代治理问题。我今天报告的主题是"重刑治毒与刑法理性"。对于律师朋友们来说，毒品犯罪的死刑辩护，包括毒品犯罪的其他法律问题辩护，都需要知识与方法。对于辩护实战方法，在座的朋友们比我要熟悉，技艺要更为精湛。我今天的报告将侧重毒品犯罪的理念与基础知识。

　　严格限制死刑适用是当前我国刑事政策的重要内容，具体到毒品犯罪上，最高人民法院限制和减少死刑的立场十分坚定、清晰。在现代法治国家，立法对毒品犯罪配置死刑是否具有正当性？司法上究竟是否应限制、减少乃至废除毒品犯罪的死刑？这是事关我国刑事法治建设和死刑制度改革的重大问题，也是贯彻我国宪法规定的尊重和保障人权的现实课题。对于这些问题，我们从事死刑辩护乃至关注和研究该课题的人，都有必要反躬自问，在我们内心深处是否真的有自己独立的信念与立场？是否真心认可毒品犯罪配置和适用死刑的必要性和正当性？如果在我们的内心深处都没有说服自己毒品犯罪究竟属不属于刑法中最严重的罪行，究竟该不该对被告人判处死刑，那么，我们的辩护就很难理直气壮。相反，如果我们内心深处坚信毒品犯罪不属于刑法中最严重的罪行，实践判处被告人死刑没有正当性，那么，为毒品犯罪的死刑辩护，就可能成为我们的一项神圣使命，一项旨在促进人权和刑罚文明的使命！

报告之前，我有必要申明以下基本立场：第一，毒品是人类社会的公害，历史上我国遭受毒品的巨大危害，当下我国正面临着新中国成立以来最为严峻的毒品犯罪和滥用形势。2014 年 7 月，中共中央、国务院印发了《关于加强禁毒工作的意见》，明确将禁毒工作纳入国家安全战略。国家将禁毒工作提升到了"国家安全战略和平安中国、法治中国建设"的新高度，第一次以党中央、国务院名义印发《意见》，足见党和政府对该问题的史无前例的重视。第二，我绝不否认重刑政策对毒品犯罪治理有一定积极意义，因为人具有趋利避害的本性，重刑增加了犯罪成本，势必对毒品犯罪分子产生一定程度的威慑预防效果。我也绝不否认党和国家在禁毒事业中付出的智慧和努力。每年我们都有不少的禁缉毒警察因此而光荣牺牲，国家也投入了大量的资源到禁毒工作中。成绩不能视而不见，当然应充分肯定，但我们要取得国家禁毒事业的继续进步，更需要对现有问题和不足进行梳理、总结、反思。现实毒品犯罪治理中的问题，有些是历史上没有解决好遗留的,有些则是新出现的。我今天的报告主要不是对既有成绩和进步作阐述,而是重点围绕我国毒品犯罪治理中已经存在或将面临的问题,立足于法社会学层面寻求整体理解,希望对大家科学理性认识毒品犯罪及其刑事政策有所启发。今天报告的内容主要包括以下六个方面:

一、"重刑治毒"刑事政策:形成与表现

认识事物的概念,常常是我们学术研究的起点。研究毒品犯罪,首先有必要认识和理解"毒品"的概念。顾名思义,"毒品"是指有毒的物品,它显然不是个褒扬和中性的概念。其实,毒品是个法律概念,在科学特别是医药学领域,见不到这个术语,"毒品"绝大部分被认为属于精麻药品。根据学者们的研究,作为精神药物的一种,"毒品"使用并非是个新问题,也不是孤立的现象,而是所有人类社会的一个共同特征。[1]历史上,今天所称的"毒品"的物质,不仅用作治病,还用于消遣,有的还在经济和宗教方面发挥过重要作用。[2]但毒品一旦被人为地注入了情感因素,其属性将面临变异的风险。

我们总是说人是理性的动物,其实,人的观点和行动常常是由情绪而不是理性决定的。我们也总是认为历史是过去,但历史并不只是过去,也不会轻易地过去,它影响着现在,甚至塑造着我们的未来。鸦片战争以来,毒品对国人来讲,总是勾连着国耻家恨。鸦片"流毒于天下,则为害甚巨,法当从严。若犹泄泄视

---

[1] 参见[美]O.瑞、C.科塞:《毒品、社会与人的行为》,夏建中等译,中国人民大学出版社2001年版,前言第5页。

[2] 参见[美]O.瑞、C.科塞:《毒品、社会与人的行为》,夏建中等译,中国人民大学出版社2001年版,前言第6页。

之，是使数十年后，中原几无可以御敌之兵，且无可以充饷之
银。"民族英雄林则徐沉甸甸的警句，从孩提时代起，被镌刻在
国人的脊柱上。

现实社会，各级政府和有关部门也一直开展着毒品危害和禁
毒工作的宣传，这对于民众认识毒品及其危害性起到了重要作
用，但不能否认的是，有些宣传未必是科学、理性的。我曾经在
我国某海关看过这样一则关于毒品及其危害的宣传，特意把它记
录下来，念给大家听听："烟瘾一来人似狼，卖儿卖女不认娘。众
多妻离子散、家破人亡的惨痛事实无不说明：家里只要有一人吸
毒者，全家从此就永无宁日。一个人一旦吸毒成瘾，往往会人格
丧失，道德沦落，会耗尽一切财产去购买毒品，弄得倾家荡产，
六亲不认。"宣传毒品的危害毫无疑问是必要的，但这样的宣传
无疑是过于情绪化了，并不利于人们对毒品及其危害的科学
认识。

任何国家的刑事政策和刑法都是特定时代和社会需求的产
物。鸦片战争在国人心目中留下的伤痕，现实社会严峻的毒品犯
罪和滥用形势以及国家对毒品犯罪治理能力的有限性，难免催生
"非理性"的重刑治毒政策。该政策不仅体现在刑事立法上，也
贯彻于我国当前执法与司法的实践中。

（一）刑事立法上的表现

新中国成立后，对于毒品犯罪的治理，我国刑法并非一开始
就采取的是严厉立场。"重刑治毒"刑事政策经历了一个逐步演
变的过程。

1979年《刑法》第171条规定："制造、贩卖、运输鸦片、
海洛因、吗啡或者其他毒品的，处五年以下有期徒刑或者拘役，
可以并处罚金。""一贯或者大量制造、贩卖、运输前款毒品的，

处五年以上有期徒刑，可以并处没收财产。"可见，"79刑法"对毒品犯罪的规定相当简单，在罪名上，只有制造、贩卖、运输毒品罪三个罪名；刑罚也很温和，一般只判处被告人五年以下有期徒刑，对于制造、贩卖、运输毒品罪的惯犯或大量制造、贩卖、运输毒品的，最高刑也只是有期徒刑。这种温和的禁毒政策一方面与当时国家"宜粗不宜细"立法指导思想有关，另一方面根本上是当时毒品对整个社会尚不构成严重危害，国家没有必要通过重刑规制的整体社会形势决定的。

进入20世纪80年代后，随着我国改革开放和经济社会的发展，毒品在我国死灰复燃，问题逐渐严重。这一时期，国家陆续制定颁布了数部重要法律，比如1982年3月8日第五届全国人民代表大会常务委员会第二十二次会议通过的《关于严惩严重破坏经济的罪犯的决定》，1987年1月22日第六届全国人民代表大会常务委员会第十九次会议通过的《海关法》，1988年1月21日第六届全国人民代表大会常务委员会第二十四次会议通过的《关于惩治走私罪的补充规定》以及1990年12月28日第七届全国人民代表大会常务委员会第十七次会议通过的《关于禁毒的决定》等。这里有必要特别提一下以下两部法律：一是1982年《关于严惩严重破坏经济的罪犯的决定》，其规定："贩卖毒品，情节特别严重的，处十年以上有期徒刑、无期徒刑或者死刑，可以并处没收财产。"该《决定》将贩卖毒品罪视为我国最严重的犯罪类型之一，开启了我国刑法对毒品犯罪设置死刑的先河。另一个是《关于禁毒的决定》，这是我国第一部有关毒品犯罪的专门立法，标志着我国禁毒立法的重大转折。《关于禁毒的决定》系统全面地规定了毒品犯罪的种类、处罚标准以及有关违法行为的行政处罚和行政措施，比如大大扩展了刑法对毒品犯罪的调整范围，为严密刑事法网，设置了非法持有毒品罪，将包庇毒品罪犯、隐藏毒品、毒资、走私制毒配剂、非法种植罂粟、大麻等毒品原植物的行为规定为犯罪，对引诱、教唆、欺骗、强迫他人吸食、注射毒品的，容留他人吸食、注射毒品并出售毒品的行为也规定为犯罪等。《关于禁毒的决定》还强调对毒品犯罪的经济上的制裁，对所有的毒品犯罪都作了附加财产刑的规定，或者附加罚金，或者附加没收财产。《关于禁毒的决定》被认为是我国禁毒立法的一个极其重要的里程碑。[1]现行《刑法》在全面总结过去立法基础上，构筑了如今"重刑治毒"的规范体系。

第一，对走私、贩卖、运输、制造毒品罪设置死刑。《刑法》第48条规定，死刑只适用于罪行极其严重的犯罪分子。何谓罪行极其严重？理论和实践一般认为，"罪行极其严重"不仅是指已发生的犯罪所造成的客观危害结果极其严重，还包括犯罪行为人的主观恶性和人身危险性极其严重。根据《刑法》第347条第2款规定，有走私、贩卖、运输、制造鸦片1000克以上、海洛因或者甲基苯丙胺50克以上或者其他毒品数量大等情形之一的，应当处十五年有期徒刑、无期徒刑或者死刑，并处没收财产。毒品犯罪究竟属不属于刑法中最严重的罪行？毒品犯罪是否属于罪行极其严重？这是法治国家需要认真思考和慎重对待的问题。对此，我的立场是明确清楚的：毒品犯罪虽不可否认具有严重的社会危害性，但其并不属于刑法中最严重的罪行。该问题我将在后面第四部分专门阐述。现行《刑法》对毒品犯罪规定死刑和实践适用死刑，是我国"重刑治毒"刑事政策最鲜明、最突出、最直接的体现。

---

〔1〕 参见崔敏主编：《毒品犯罪发展趋势与遏制对策》，警官教育出版社1999年版，第317页。

第二，关于毒品数量与含量的规定。众所周知，在违法与犯罪的关系上，我国采取的是违法和犯罪区分的二元违法体系，犯罪是指符合刑法规定的严重违法的行为，也就是说，犯罪只是违法行为中的高端部分。毒品犯罪的场合，行为是否严重违法，是否达到了值得动用刑罚惩罚的程度，毒品的数量、类型、成分、含量以及其他情节等都是重要的影响和决定因素。但《刑法》第347条规定，走私、贩卖、运输、制造毒品，无论数量多少，都应当承担刑事责任，予以刑事处罚。而且，《刑法》第357条还规定，"毒品的数量以查证属实的走私、贩卖、运输、制造、非法持有毒品的数量计算，不以纯度折算"。立法无视毒品数量、含量对毒品犯罪入罪门槛的限制意义，体现的是刑法对毒品犯罪的"零容忍"态度，这不仅明显难以符合毒品的药物学属性，实践中也容易导致惩罚过于严酷。这里举个案例：湖南省某基层法院审理认定被告人两次贩卖毒品，每次0.01克，最终判决被告人犯贩卖毒品罪，判处有期徒刑一年六个月，并处罚金2000元。被告人提出原审判决量刑畸重，上诉请求二审法院改判。二审人民法院驳回上诉，维持原判。[1]人民法院的判决是依法作出的，无可厚非。但对于该案件，我们有没有想过，被告人两次分别贩卖0.01克毒品，究竟是多重的毒品？为了能保存好这0.02克海洛因，恐怕我们司法机关的工作人员要花费一些心思和功夫吧！从立法科学性而言，此类案件非要纳入刑法调整不可吗？又如《刑事审判参考》2008年第4集刊登的被告人赵廷贵案，被告人赵廷贵贩卖海洛因318克，海洛因含量平均仅为0.064%。人民院审理后根据《刑法》规定认定其贩卖海洛因318克，判处被告

---

〔1〕 （2016）湘05刑终295号。

人十五年有期徒刑。[1]该案是否同样存在处罚过于严苛的问题？

第三，专设毒品再犯。累犯从重处罚是世界各国刑法的共同做法，我国《刑法》第65条专门设置了累犯条款，并规定"应当从重处罚"。毒品犯罪当然可以构成累犯，但《刑法》在总则累犯规定之外，于第356条规定毒品犯罪的再犯。所谓毒品犯罪的再犯，是指因走私、贩卖、运输、制造、非法持有毒品罪被判过刑，又犯本节规定之罪的情形。对于毒品犯罪的再犯，《刑法》第356条规定"从重处罚"。毒品犯罪的再犯的规定，反映的是国家对毒品犯罪的特别看待。另外，根据《刑法》的规定，过失犯罪和不满18周岁的人犯罪，不构成累犯。那么，对于不满18周岁的人能否构成毒品犯罪的再犯，实务中一直有很大争议。2015年最高人民法院《全国法院毒品犯罪审判工作座谈会纪要》（以下简称《武汉会议纪要》）在起草过程中，曾经考虑肯定未成年人可以构成毒品犯罪的再犯，调研中因对该问题的分歧意见太大，会议纪要最终删去了该条规定，对此采取了回避的态度。尽管《武汉会议纪要》没有明确肯定未成年人可以构成毒品犯罪的再犯，但司法实践中，肯定的意见是相当有力的。[2]

此外，《刑法》还设立非法持有毒品罪这一堵截性条款；在刑罚配置方面，走私、贩卖、运输、制造毒品罪和非法持有毒品罪采取的是由重到轻的非常态排序；立法还对毒品犯罪设置单位犯罪以及对吸毒周边行为设置罚则，这些体现的都是国家对毒品

〔1〕 参见最高人民法院主办：《刑事审判参考》（2008年第4集），法律出版社2008年版，第42~46页。
〔2〕 肯定未成年人可以构成毒品犯罪再犯，不符合刑法体系解释，将导致刑罚处罚的体系性失衡；也有违刑法的人性基础，也不符合国家关于未成年人犯罪刑事政策的一贯立场。参见何荣功："未成年人不应构成毒品犯罪再犯"，载《检察日报》2016年1月13日。

犯罪格外严厉的刑事政策。

（二）执法与司法上的表现

在禁毒的顶层设计方面，这些年国家也是很重视的。早在1990年11月，国务院决定成立国家禁毒委员会，由外交部、公安部、最高人民法院、最高人民检察院、司法部、民政部、教育部等23个部委组成，现增至25个部委。国家禁毒委员会主要负责研究制定禁毒方面的重要措施和政策，协调有关毒品的重大问题，统一领导全国的禁毒工作。国家禁毒委员会的成立，表明禁毒已超越了部门职责范围，被视为全社会事务。

较之于立法，"重刑治毒"的刑事政策在当前的刑事执法活动中也表现得很明显。比如自20世纪90年代以来，全国和各省、市地区相继开展了不计其数规模不同的"禁毒人民战争"和各类型的"专项大行动"。[1] 该问题这里不展开，今天重点讲讲重刑政策在刑事司法领域的体现。

第一，扩张解释的大量使用。刑法的适用过程就是刑法条文用语的解释过程，究竟是采取限制还是扩张的解释方法，解释者并非可以恣意行为。由于立法对毒品犯罪规定的刑罚相当重，所以，一般而言，在解释方法上，对于本节刑法条文应尽可能采取限制或节制的解释方法。但在司法实践中，扩张解释甚至超越罪刑法定适用刑法的问题，较之于其他类型犯罪而言，要严重得多。

比如"毒品"的含义：根据《刑法》的规定，毒品是指鸦片、海洛因、甲基苯丙胺（冰毒）、吗啡、大麻、可卡因以及国家规定管制的其他能够使人形成瘾癖的麻醉药品和精神药品。如

---

〔1〕 参见何荣功：《毒品犯罪的刑事政策与死刑适用研究》，中国人民公安大学出版社2012年版，第46~48页。

报告并篇所言，毒品是个法律概念，在医学上，刑法规定的毒品不少系药品，所以，司法实践中必须正确理解毒品的概念，避免将药品不当解释为刑法中的毒品，导致刑法打击错误。根据刑法和其他法律法规的规定，从外延上看，我国刑法中的毒品主要包括以下情形：其一，食品药品监管总局、公安部、国家卫生计生委颁布的《麻醉药品品种目录》（2013 年版）和《精神药品品种目录》（2013 年版）列管的精神药品和麻醉药品。前者目录规定的麻醉药品种类为 121 种；后者目录将精神药品分为第一类精神药品和第二类精神药品，共计 270 种。其二，2015 年 9 月 24 日公安部、国家卫生计生委、食品药品监管总局、国家禁毒办颁布的《非药用类麻醉药品和精神药品列管办法》规定的非药用类麻醉药品和精神药品，共计 116 种。对于第一类毒品而言，由于其兼具药品属性，所以，司法实践在认定其是否属于刑法中的毒品时，必须考虑其实际用途和贩卖对象，谨慎处理。为了准确认定犯罪，《武汉会议纪要》规定："行为人向走私、贩卖毒品的犯罪分子或者吸食、注射毒品的人员贩卖国家规定管制的能够使人形成瘾癖的麻醉药品或者精神药品的，以贩卖毒品罪定罪处罚。""行为人出于医疗目的，违反有关药品管理的国家规定，非法贩卖上述麻醉药品或者精神药品，扰乱市场秩序，情节严重的，以非法经营罪定罪处罚。"目前从地方司法机关处理案件的情况看，有些判决并没有科学把握刑法中毒品的含义和《武汉会议纪要》上述规定的精神。

又如"制毒物品"，该概念是个刑法专有术语，在行政法上，其被称为"易制毒化学品"。根据 2005 年国务院《易制毒化学品管理条例》的规定，易制毒化学品共计三类 23 种，第一类是可用于制毒的原料，第二和第三类是可用于制毒的化学配剂。易制毒化学品，作为一种化学品，可以用来制造毒品，也可以用于生产生活，所以，其功能也是双重的，究竟是否属于刑法中的制毒物品，需要在案件中具体考察确定。2009年最高人民法院、最高人民检察院、公安部《关于办理制毒物品犯罪案件适用法律若干问题的解释》规定："易制毒化学品生产、经营、使用单位或者个人未办理许可证明或者备案证明，购买、销售易制毒化学品，如果有证据证明确实用于合法生产、生活需要，依法能够办理只是未及时办理许可证明或者备案证明，且未造成严重社会危害的，可不以非法买卖制毒物品罪论处。"2016年最高人民法院《关于审理毒品犯罪案件适用法律若干问题的解释》进一步规定："易制毒化学品生产、经营、购买、运输单位或者个人未办理许可证明或者备案证明，生产、销售、购买、运输易制毒化学品，确实用于合法生产、生活需要的，不以制毒物品犯罪论处。"很明显，司法解释对涉及制毒物品（易制毒化学品）案件定性采取的是按照其实际用途具体认定的态度，但对上述司法解释的规定，实践把握同样不理想，有些地方法院的判决并没有切实注意易制毒化学品的实际用途对于案件行为性质认定的决定性意义。

再如贩卖的含义，司法实践一般认为是指为销售（卖出）而非法收购（买入）毒品或者明知是毒品而非法销售（卖出）的行为。与贩卖的日常含义相比，解释明显扩大了贩卖的内涵和外延。

还有，在为吸毒者代购毒品定性的问题上，历史上最高人民法院发布的三个会议纪要[1]中对该问题都有涉及，而且性质逐

---

[1] 除《武汉会议纪要》外，最高人民法院分别于2000年4月和2008年12月发布了《全部法院审理毒品犯罪案件工作座谈会纪要》和《全国部分法院审理毒品犯罪案件工作座谈会纪要》，以下分别简称《南宁会议纪要》和《大连会议纪要》。

步明确。《武汉会议纪要》规定："行为人为他人代购仅用于吸食的毒品，在交通、食宿等必要开销之外收取'介绍费''劳务费'，或者以贩卖为目的收取部分毒品作为酬劳的，应视为从中牟利，属于变相加价贩卖毒品，以贩卖毒品罪定罪处罚。""贩卖毒品罪"的本质是以毒品作为支付手段的交易行为。代购，通俗地讲，就是找人帮忙购买需要的商品（毒品），代购者即便获取报酬，其也可能只是对代购行为的回报，而不是毒品转让的对价。代购者在毒品流转中具有的"帮忙"性质，决定了一般情况下不能将"代购"解释为代购者购买商品（毒品）后再次转卖给托购人的行为。只是在例外的情况下，比如代购者获得的酬劳明显背离代购的性质，将其行为仅仅评价为购买的帮助行为不符合普通社会观念的，才将代购行为解释为代购者购买商品（毒品）后再次转卖给托购人。在《武汉会议纪要》规定的指引下，很多地方司法机关采取了更为从严和不利于被告人行为定性的立场：原则上只要存在代购者从代购中"牟利"的事实，就解释为属于毒品贩卖，这种解释方法把本属于例外评价的事项作为常态化事项评价，明显扩大了贩卖毒品罪的范围，既不符合贩卖行为的本质，在解释方法的选择上也是不值得提倡的。

第二，倚重"口供"定罪。口供作为言词证据的一种，容易受各种主客观因素的影响而出现虚假或失真的情况，而且言词证据主观性较大，稳定性差。所以，《刑事诉讼法》第53条规定："对一切案件的判处都要重证据，重调查研究，不轻信口供。只有被告人供述，没有其他证据的，不能认定被告人有罪和处以刑罚；没有被告人供述，证据确实、充分的，可以认定被告人有罪和处以刑罚。"该规定的精神是十分明确的，即为了达到案件事实认定的确实充分，要尽可能重视实物证据，不能倚重言词证据。但是在毒品犯罪的司法实践中，无论是对行为性质，还是对毒品数量的认定，都存在倚重口供定罪和量刑的问题。比如被告人被抓获后供述了毒品交易事实，如果该事实能够得到交易对方（上家或下家）的印证，往往就可以据此定案。倚重口供定罪，势必难以确保案件质量和刑罚公正，特别是在我国当前允许使用特情侦破毒品犯罪的情况下，极有可能导致案件是 "人造的"。

第三，司法认定重视推定。推定是指在基础事实被证实的情况下，依据法律规定或经验法则，在没有反证的场合，肯定推定事实的一种认定案件事实的方法。[1]刑事诉讼实践中，除了现行犯外，绝大部分犯罪的认定过程实际都是依据证据对案件事实的回复性过程。犯罪情况的复杂性和案件证据类型的特殊性决定了有些犯罪构成要件事实难以直接证明，推定有助于解决案件证明上的困难，[2]便利国家对犯罪的惩罚，所以，世界不少国家或地区的刑事诉讼法对推定并不禁止，我国已有的司法解释也大量涉及推定问题。但问题在于：推定毕竟在很大程度上转移了国家对犯罪的举证责任和案件事实的证明标准，难免导致推定结论与客观事实偏差机率的提高。所以，在法治国家，刑事诉讼中必须慎重使用推定。具体到毒品犯罪而言，如前分析指出，立法对毒品犯罪的刑罚配置十分严厉，为了贯彻和体现罪责刑相适应的刑法基本原则，即便对事实认定允许采取推定的方法，但相对于一般案件，推定的适用应更为慎重，但从现有司法文件和实践的做法

---

〔1〕 参见李富成：《刑事推定研究》，中国人民公安大学出版社 2008 年版，第 9 页；龙宗智："推定的界限及适用"，载《法学研究》2008 年第 1 期。

〔2〕 参见李富成：《刑事推定研究》，中国人民公安大学出版社 2008 年版，第 14 页。

看，推定的适用并非坚持了应有的限制和谨慎立场。2008年《大连会议纪要》对主观明知的推定作了具体规定（具体内容请参见《大连会议纪要》的规定），《武汉会议纪要》在涉及客观行为认定方面做出新的规定："贩毒人员被抓获后，对于从其住所、车辆等处查获的毒品，一般均应认定为其贩卖的毒品。确有证据证明查获的毒品并非贩毒人员用于贩卖，其行为另构成非法持有毒品罪、窝藏毒品罪等其他犯罪的，依法定罪处罚。"虽然《武汉会议纪要》在肯定"一般均应认定为其贩卖的毒品"的同时，还特别指出"确有证据证明查获的毒品并非贩毒人员用于贩卖"，不应认定为贩卖毒品罪，但司法实践中，司法人员为了避免工作中的麻烦，此类案件基本上采取的都是一刀切的方式，将整个案件事实认定为贩卖毒品罪。无论是主观明知的推定，还是对贩卖行为的推定，带来的都是国家对毒品犯罪打击上的优势地位。

第四，犯罪形态认定的例外。该问题主要体现在毒品犯罪既遂和未遂区分的标准上。根据我国《刑法》规定，任何故意犯罪原则上都存在未完成形态，而且，对于走私、贩卖、运输、制造毒品罪的犯罪未遂和预备认定，《刑法》并没有采取区别于其他犯罪的标准。但在司法实践中，走私、贩卖、运输、制造毒品罪的既未遂标准却呈现出明显的特殊性，《刑法》总则关于犯罪未遂、预备的规定被搁在一旁，该问题在贩卖毒品罪中表现得最为突出。

关于贩卖毒品罪既未遂的标准，2000年时任最高人民法院副院长刘家琛同志《在全国高级法院审理毒品犯罪暨涉外、涉侨、涉港澳台刑事案件工作座谈会上的讲话》中明确指出："贩卖毒品罪包括以出卖为目的买入或者卖出的行为两种情况。行为人持有的毒品，一旦向他人卖出，即构成贩卖毒品罪的既遂；行为人为了贩卖而购进毒品,只要毒品已买到即为既遂。"[1]刘家琛院长的讲话显然并不是代表其个人学术观点,而是反映了当时最高人民法院对此类案件的基本态度,可以看出关于贩卖毒品罪既未遂的时点,当时最高人民法院提倡采取"行为完成"的标准,这与一般行为犯并无不同。

随着国家对毒品犯罪打击的加强,这种以"行为完成"为贩卖毒品罪既遂标准的立场发生了急遽转向。2008年时任最高人民法院副院长张军同志在《在全国部分法院审理毒品犯罪案件工作座谈会上的讲话》中针对该问题明确强调:"原则上不按照关于未遂的刑法理论来处理具体案件","对于实践中出现的极为典型的未遂案件,应按照犯罪未遂来处理"。"在毒品犯罪既遂与未遂的认定上,应当以有利于依法严厉惩罚犯罪为原则。具体判定时如产生争议、把握不准的,应按照从严打击犯罪的要求,认定为既遂。"[2]张院长的讲话对此后司法实践处理此类案件产生了重要影响,有些地方司法机关没有正确理解张院长的讲话精神,将贩卖毒品罪既未遂问题极端化,除贩卖假毒品等典型未遂案件外,原则上不再区分贩卖毒品罪的既遂与未遂而一概按既遂处理。这种做法虽然加大了毒品犯罪的惩处,但明显难以符合刑法规定。

第五,技术侦查措施的使用。使用特殊的侦查手段打击毒品犯罪,这是国际社会的普遍做法。我国《刑事诉讼法》第148条规定:"公安机关在立案后,对于危害国家安全犯罪、恐怖活动

---

〔1〕 参见刘家琛:《在全国高级法院审理毒品犯罪暨涉外、涉侨、涉港澳台刑事案件工作座谈会上的讲话》(2000年1月广西南宁)。

〔2〕 参见张军:《在全国部分法院审理毒品犯罪案件工作座谈会上的讲话(节录)》,熊选国主编:《刑事审判参考》(第69集),法律出版社2009年版,第212页。

犯罪、黑社会性质的组织犯罪、重大毒品犯罪或者其他严重危害社会的犯罪案件，根据侦查犯罪的需要，经过严格的批准手续，可以采取技术侦查措施。"2012年《公安机关办理刑事案件程序规定》进一步明确了技术侦查的适用对象（包括针对毒品犯罪）与程序。立法将毒品犯罪与危害国家安全犯罪、恐怖活动犯罪、黑社会性质的组织犯罪并列规定，依法赋予侦查机关技术侦查手段，同样体现的是国家对毒品犯罪严厉惩处的立场。在法治国家，技术侦查措施是把双刃剑，既存在有利于发现和打击犯罪的优点，也会出现使用不当危及公民权利的风险，所以，国家在赋予司法机关对毒品犯罪可以采取技侦措施的同时，一般都会对其适用范围、程序、条件设置特殊规定。我国《刑事诉讼法》也采取的是该立场，比如立法将技术侦查的使用对象规定为"重大"毒品犯罪，又如《刑事诉讼法》规定技侦措施的使用要经过严格的批准手续。但实践中上述限制性规定并没有被很好执行，"重大"标准的实践把握相当宽泛，基本没有起到限制使用的作用。而所谓"经过严格的批准手续"，实践并没有被严格遵守，随意使用的问题相当普遍。

第六，特情与诱惑侦查的肯定。特情与诱惑侦查也是当前我国打击毒品犯罪的有力手段。但诱惑侦查（包括"机会提供型"和"犯意诱发型"）由于侵犯公民人格自律权，事关国家打击犯罪的底线问题，法治发达国家一般只是承认"机会提供型"诱惑侦查的合法性，严格禁止"犯意诱发型"诱惑侦查。

2012年《刑事诉讼法》修改前，我国立法对此并无明确规定。2000年《南宁会议纪要》明确了该问题，写道："运用特情侦破案件是有效打击毒品犯罪的手段。在审判实践中应当注意的是，有时存在被使用的特情未严格遵守有关规定，在介入侦破案件中有对他人进行实施毒品犯罪的犯意引诱和数量引诱的情况。'犯意引诱'是指行为人本没有实施毒品犯罪的主观意图，而是在特情诱惑和促成下形成犯意，进而实施毒品犯罪。对具有这种情况的被告人，应当从轻处罚，无论毒品犯罪数量多大，都不应判处死刑立即执行。'数量引诱'是指行为人本来只有实施数量较小的毒品犯罪的故意，在特情引诱下实施了数量较大甚至达到可判处死刑数量的毒品犯罪。对具有此种情况的被告人，应当从轻处罚，即使超过判处死刑的毒品数量标准，一般也不应判处死刑立即执行。""因特情介入，其犯罪行为一般都在公安机关的控制之下，毒品一般也不易流入社会，其社会危害程度大大减轻，这在量刑时，应当加以考虑。"《大连会议纪要》进一步明确了运用特情侦破毒品案件，是依法打击毒品犯罪的有效手段，只是提出要注意区别不同情形分别处理，基本精神与《南宁会议纪要》一脉相承。

两个会议纪要"关于特情介入案件处理问题"规定的意义，我们有必要辩证地看待：一方面，纪要的规定对司法实践规范特情介入案件的侦查以及限制此类案件的死刑适用，起到了一定积极作用，对此不能否认；但另一方面，特情介入特别是在犯意引诱和数量引诱的场合，毕竟涉及国家公职人员参与和怂恿公民犯罪的问题，肯定其合法性，难以符合法治国家原理。特别是现行《刑事诉讼法》第50条明确规定："严禁刑讯逼供和以威胁、引诱、欺骗以及其他非法方法收集证据，不得强迫任何人证实自己有罪。"无论是数量引诱，还是犯意引诱，毫无疑问都存在国家机关使用"引诱""欺骗"非法方法收集证据的问题，明显与《刑事诉讼法》相悖。但司法实践中，在强调严厉打击毒品犯罪的政策背景下，检察机关依法做出不起诉或者人民法院依法判决无罪的案件，仍不多见，不难看出国家在打击毒品犯罪方面所持的特殊和例外立场。

（三）以侦查为中心的诉讼模式

切实推进以审判为中心的诉讼制度改革，是党的十八届四中全会作出的重大改革部署，是我国当前关于全面推进依法治国的重大问题。2016 年最高人民法院、最高人民检察院、公安部、国家安全部、司法部《关于推进以审判为中心的刑事诉讼制度改革的意见》对推进该项工作做了明确要求，包括严格按照法律规定的证据裁判要求，没有证据不得认定犯罪事实，侦查机关应当全面、客观、及时收集与案件有关的证据，所有证据应当妥善保管，随案移送，依法保障控辩双方的质证权利，严格依法裁判等。但客观地讲，毒品犯罪诉讼距离中央提出的以审判为中心的诉讼制度改革还存在较大距离，当前毒品犯罪的诉讼模式仍然带有明显的侦查中心色彩。比如，毒品犯罪案件先侦查后立案的问题并不罕见；又如前述的倚重言词证据定罪和刚刚谈到的肯定犯意引诱和数量引诱合法性问题，实践中仍普遍存在。再如，《刑事诉讼法》第 152 条规定："依照本节规定采取侦查措施收集的材料在刑事诉讼中可以作为证据使用。如果使用该证据可能危及有关人员的人身安全，或者可能产生其他严重后果的，应当采取不暴露有关人员身份、技术方法等保护措施，必要的时候，可以由审判人员在庭外对证据进行核实。"实践中该款"必要的时候"被相关司法机关不当扩大理解甚至被滥用，异化为技术侦查手段获取证据可以不随案移送，可不经法庭质证而作为定案依据的"合法理由"。如果据以定罪的证据可以不经过法庭质证，那就谈不上以审判为中心的问题。

二、"重刑治毒"的实践效果

付出总会有回报，但回报是否匹配和理想，是我们从事现代社会治理必须思考的问题。我们并不否认重刑政策实际起到的积极效果，官方和主流媒体对"重刑治毒"政策的实践效果，历来都是持积极看法的，这从中央到地方各级禁毒机关有关毒品违法犯罪案件查处的宣传中可见一斑。我们也明白历史是不能假设和回溯的，不能设想如果国家不采取重刑禁毒政策，今日社会上的毒品犯罪和滥用将是何种情形。但严峻毒品犯罪和滥用形势从另一个层面折射出"重刑治毒"刑事政策效果的有限性。

2017 年 9 月 26 日，习近平主席在北京出席国际刑警组织第 86 届全体大会开幕式时指出，让民众享有一个安全稳定的生存生活环境，是我国治国理政的重要目标。当前，中国社会安定有序，人民安居乐业，越来越多的人认为中国是世界上最安全的国家之一。"我国是世界上最安全国家"这一论断是有数据根据的。2015 年公安部发布的数据显示，杀人、爆炸、强奸、抢劫等八类严重暴力犯罪案件连续 10 年下降。[1]但就毒品犯罪而言，整体上呈现的却是"在打击中发展，在治理中急速蔓延"的态势。

20 世纪 90 年代初开始，国家禁毒委员会每年定期向社会发布"中国禁毒报告"，这些报告对于我们理解和认识我国毒品滥用和犯罪的形势具有重要的资料价值。只是截至今日，国家禁毒委员会并没有完整发布过去 20 多年我国毒品犯罪和滥用的整体

---

〔1〕 http://news. sina. com. cn/c/2015-01-25/122531441435. shtml。

形势，这里我摘录了每年报告中的相关数据，描绘了下面的曲线，可以在一定程度上显示我国这一时期毒品犯罪的基本态势。

表1至表4[1]清晰地反映出我国二十多年来毒品犯罪整体上升的态势（期间只有少许波动）。而且，最近几年，毒品犯罪的严峻态势丝毫没有得到缓解。比如2012年，国家共查处毒品刑事案件12.2万起，抓获毒品犯罪嫌疑人13.3万名，2013年，上述两数据分别上升为150 943起和168 296名。2014年全国共破获毒品犯罪案件14.59万起，抓获毒品犯罪嫌疑人16.89万名。2015年，全国共破获毒品刑事案件16.5万起，抓获毒品犯罪嫌疑人19.4万名，缴获各类毒品102.5吨，同比分别增长13.2%、15%和48.7%。2016年全国共破获毒品刑事案件14万起，抓获犯罪嫌疑人16.8万名。

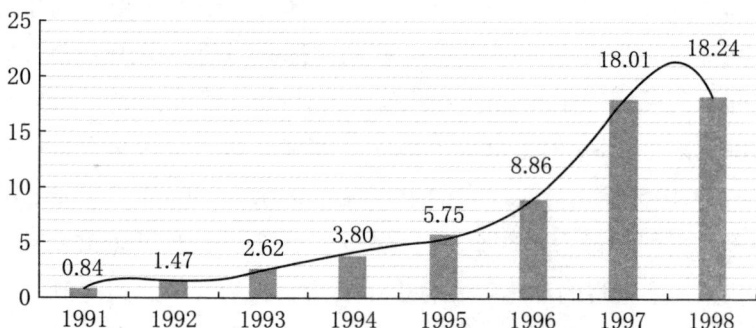

图1　1991年至1998年查处的毒品违法犯罪的数量　　单位：万件

---

　　[1]　需要注意的是：1991年至1998年和1999年以后阶段中，中国禁毒报告统计数据依据的标准并不相同。前者以破获的毒品违法犯罪案件数量和抓获的涉案违法犯罪人数为标准；后者以破获的毒品犯罪案件数量和抓获毒品犯罪嫌疑人人数为标准。但这并不影响对我国该时期毒品犯罪发展态势的判断。

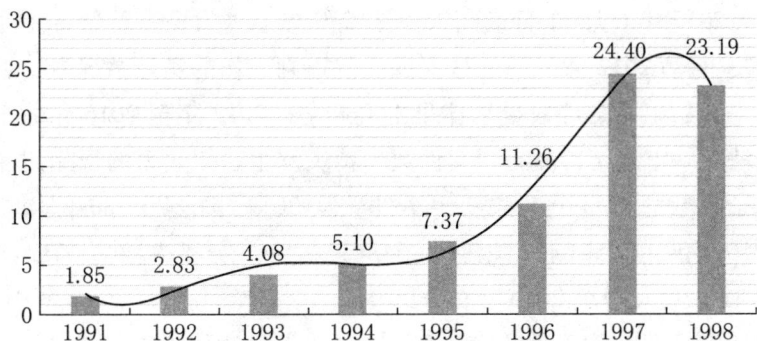

图2　1991年至1998年抓获的毒品违法犯罪的人数　单位：万人

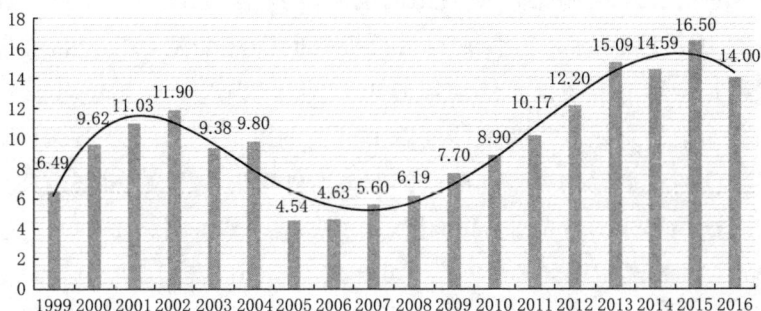

图3　1999年至2016年查处的毒品犯罪案件的数量　单位：万件

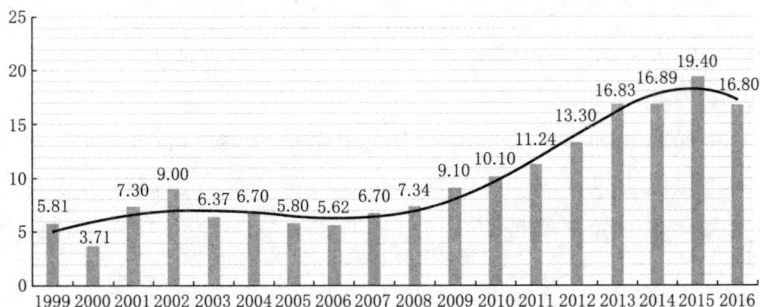

图4　1999年至2016年查处的毒品犯罪的人数　单位：万人

2017 年 6 月 21 日最高人民法院发布了《人民法院禁毒工作白皮书》（2012~2017），从人民法院审判工作的实际情况看，近年来毒品犯罪案件数量总体呈上升趋势。2012 年至 2016 年，全国法院一审审结毒品犯罪案件数、判决发生法律效力的毒品犯罪分子人数总体呈上升趋势，案件数从 2012 年的 76 280 件增至 2016 年的 117 561 件，增幅为 54.12%；犯罪分子人数从 2012 年的 81 030 人增至 2016 年的 115 949 人，增幅为 43.09%。其中，2015 年毒品犯罪案件结案数和生效判决人数达到历史最高点，分别为 139 024 件和 137 198 人，2016 年小幅回落。同时，毒品犯罪案件在全部刑事案件中的比例也从 2012 年的 7.73% 增至 2016 年的 10.54%。毒品犯罪成为增长最快的案件类型之一，其增长幅度是全部刑事案件总体增幅的 4.12 倍。2012 年至 2016 年，毒品犯罪案件判处五年有期徒刑以上刑罚的重刑率总体为 21.91%，各年度的重刑率均高于同期全部刑事案件重刑率十几个百分点。

这些年我国毒品犯罪的结构更为复杂。禁毒报告提供的数据显示，在毒品犯罪的类型上，近些年新类型合成毒品犯罪上升趋势十分显著，制造毒品罪日渐增多，我国已由过去的"毒品过境国、受害国"演变为"毒品过境国、制造国、消费国和输出国"。[1] 还有，我国当前制毒问题日益严重，毒品犯罪在我国由"点"到"面"铺开，毒品滥用和犯罪不再是个别省份或地区的突出问题，而是成为全国性社会问题。

毒品滥用和毒品犯罪具有相生正比例关系（后文详述），禁毒年度报告提供的关于毒品滥用的各方面数据，也同样可以反映我国毒品犯罪的严峻现实。以登记吸毒人数为例，1999 年我国登

---

〔1〕 参见何荣功："二十年来我国毒品犯罪动向的实证分析"，载《青少年犯罪问题》2012 年第 1 期。

记在册的吸毒人数为 68.1 万人，其后呈持续上升态势，2010 年上升至 154.5 万。截至 2013 年底，累计登记吸毒人员已达到 247.5 万名，而社会上实际吸毒人数估计超过 1400 万。[1]截至 2016 年底，全国登记吸毒人数达 250 余万人。而且，当前的毒品滥用已表现出类型多样、滥用方式和主体多元的特征。在空间上，毒品滥用虽然仍存在区域不平衡的问题，但已超越了区域范围，成为全国性问题等。[2]

三、毒品犯罪的生成机理与"重刑治毒"的局限性

（一）毒品犯罪的形成机理与"重刑"的悖论

从以上简要介绍可以看出，过去一个时期，国家对毒品问题不可谓不重视，刑法对毒品犯罪惩罚也不可谓不严厉，但我国毒品犯罪形势并没有出现好转趋势。对此，我们有必要思考和追问的是：在国家整体社会治安形势持续好转的情况下，为何毒品犯罪没有像其他犯罪（比如严重暴力犯罪）一样呈现积极趋势呢？国家一直大力宣传毒品的严重社会危害性，教育民众要珍爱生命，远离毒品，而且人人都有珍爱自己生命健康的本能，为何现实社会越来越多的人要滥用毒品自我伤害呢？这其中究竟是我们的传统禁毒政策有问题，需要完善？还是现实社会的人有问题？

为了科学理解"重刑治毒"的刑事政策，我们不得不谈到历史和眼下的"严打"问题。"重刑治毒"只是我国运动式社会治

---

〔1〕"国家禁毒委：我国实际禁毒人数估计超 1400 万"，载《南方周末》2015 年 5 月 12 日。

〔2〕参见何荣功："十年来我国毒品滥用趋势与特点的实证分析——兼论我国毒品治理方向的调整"，载《辽宁大学学报》（哲学社会科学版）2012 年第 2 期。

理模式和过去时期"严打"刑事政策在毒品犯罪领域的具体体现。对于"严打"问题的分析，我很赞同《常态社会与运动式治理——中国社会治安治理中的"严打"政策研究》一文的观点和立场。该文的作者是我的同事武汉大学政治与公共管理学院唐皇凤教授。唐教授的整体观点是：任何国家治理方式和公共政策的选择都受制于当时国家治理资源的存量与结构，执政党与国家对公共政策的抉择是国家治理资源总量这一客观历史变量的产物，"严打"政策是国家治理资源贫弱的产物，集中有限的国家治理资源解决突出的社会治安问题是执政党与政府在"实用理性"主导下、面临资源瓶颈问题的理性选择。[1]毒品犯罪领域的重刑政策，也同样反映的是该问题。限于时间，该问题这里不展开，有兴趣的同仁可以阅读唐老师的论文。下面我重点从法社会学的角度谈谈毒品犯罪的生成机理并简要分析"重刑治毒"刑事政策效用有限的原因所在。

与其他类型的犯罪相比，毒品犯罪具有自己的鲜明特点：从侵害对象上看，毒品犯罪案件没有通常意义上的被害人，没有一般刑事案件的具体被侵犯对象。从证据的角度看，毒品犯罪案件证据（特别是犯罪现场）具有流动性和不确定性。此外，毒品犯罪还具有的一个最重要的特点是：毒品犯罪与毒品滥用之间具有密切的相生正比例关系，毒品犯罪及其数量根本上决定于特定时期社会毒品滥用的程度，而这源于毒品的成瘾性物理特性。

众所周知，毒品本质上属于麻醉药品和精神药品，其功能和价值在于供人吸食消费，本质上属于消费品。毒品从生产到最终被消费的过程由多个环节组成，包括我国在内的世界各国刑法都

---

〔1〕 唐皇凤："常态社会与运动式治理——中国社会治安治理中的'严打'政策研究"，载《开放时代》2007 年第 3 期。

是将处于该过程不同环节的具体毒品行为规定为违法犯罪。

　　毒品与其他消费品不同之处在于其具有成瘾性特征。所谓毒品的成瘾性，一方面指的是毒品的身体依赖性，即吸食者在长期或反复多次吸食毒品以后出现的身体适应状态，在放弃施用或使用量降低时身体会出现不适应状态；另一方面指的是精神成瘾或精神依赖性，主要表现为吸食者强烈的心理渴求，不自主的、强烈的用药行为。传统毒品如鸦片、海洛因的成瘾性很强，已是社会的共识。与传统毒品比较，新型毒品直接作用于人体中枢神经系统，持续使用同样使人产生依赖性，只是其危害和成瘾性特征更具有隐蔽性和欺骗性而已。[1]毒品依赖性特点决定了特定时期只要毒品滥用人数是特定的，那么毒品消费市场毒品的滥用量（毒品需求）也是确定的。而毒品消费市场上的毒品消费量在根本上决定了毒品的供给情况，也最终决定了毒品犯罪数量的多少。对此，学者并不乏理论上的总结和分析："毒品具有商品的一些属性，但同时它更是一种特殊的非法商品。由于吸毒者对毒品强烈的生理和心理依赖原因，在没有外力强制的情况下，吸不吸毒、吸多少毒根本不取决于吸毒者的主观意念，也很少取决于他的经济收入状况和毒品价格，而是完全由吸毒者体内对毒品的生理反应程度决定的。"[2]也就是说，毒品的特性决定了特定时期社会对毒品的需求及其数量是刚性的。

　　在法哲学上，人是否具有意志自由，一直存在争议，但一般还是认为，人有一定的意志自由，是一种经济理性的动物，人的行为过程总是包含着利益权衡和"成本—收益"的计较。毒品犯

　　〔1〕　参见周跃五："勿陷新型毒品误区"，载《人民日报》2011 年 6 月 29 日。
　　〔2〕　参见郑永红："毒品犯罪的法经济学分析"，载《贵州警官职业学院学报》2008 年第 2 期。

罪本质上作为贪利型犯罪，犯罪人必然计较成本与收益。当犯罪行为比其他正当行为更易于给主体带来较大的收益时，犯罪就会发生。[1]与其他犯罪一样，"重刑"政策对毒品犯罪当然会产生一定的积极效果：一方面，对于从事犯罪的行为人（如走私、贩卖、运输、制造毒品）而言，"重刑"增加了犯罪的惩罚成本，有助于毒品犯罪的减少。另一方面，"重刑"会引起社会上毒品流通量的减少，出现毒品供不应求的状况，这将导致毒品价格的升高和滥用成本的提高。在毒品高价格的压力下，特别是对毒品潜在滥用者来说，部分会因此选择放弃毒品吸食。

但问题的复杂性在于，与其他类型犯罪不同的是，"重刑"刑事政策对毒品犯罪的影响不只是单向的，还具有明显的逆向效应。国家"重刑"政策的推行，提高了毒品犯罪的成本，从而带来毒品供给的减少，这本来是好事，但毒品依赖性导致特定时期社会对毒品需求是刚性的。而且，市场上的一般商品都会出现饱和甚至供过于求的现象，毒品的非法性和成瘾性特征决定了毒品的供给基本不可能满足毒品消费市场的需求，长期呈现的是供不应求的紧张局面。国家一旦施行"重刑"严打，毒品市场供求紧张关系将进一步加剧，引起毒品价格的升高甚至形成价格畸形。重金之下，必有勇夫，毒品价格的升高所带来毒品犯罪的利润升高，必然容易诱发新的毒品犯罪行为的发生。我国有学者将该现象称为"毒品的缺位填充规律"，[2]这决定了"重刑治毒"政策在实践中会发生自我消解效果，而这也是多年来国家和社会投入

---

〔1〕 参见郑永红："毒品犯罪的法经济学分析"，载《贵州警官职业学院学报》2008年第2期。

〔2〕 参见郑蜀饶："毒品犯罪规律的新认识及禁毒策略的思考"，载《法律适用》2007年第12期。

巨大成本惩治毒品犯罪，但效果并不明显的重要原因所在。

达尔文曾言："科学就是整理事实，以便从中得出普遍的规律或结论。"预防毒品犯罪，无论是科学研究层面，还是国家政策执行层面，都必须尊重毒品犯罪生成规律。理性的第一规范是自然法则，是遵循事物的内在规律。既然毒品犯罪内生于毒品滥用，那么，国家刑事政策的重心和目光只有前移至预防和减少毒品消费和滥用，才能产生针对性的效果。传统事后的重刑政策，由于没法触及毒品犯罪发生的机理和毒品滥用结构，命中注定只可能是笨拙的事倍功半的治理方法。

讲到这里，我们就不得不进一步思考：既然我们都明白毒品有严重危害性，那么，为何还有人要执迷不悟地消费毒品呢？

（二）作为"精神现象学"的毒品滥用

人为什么会施用毒品，在科学上仍然是个难题。美国学者 O. 瑞和 C. 科塞在研究了毒品使用动机后写道："对我们大多数人来说，似乎没有必要解释正常的行为，我们很少问某人头疼时为何要吃止痛药。我们要做的事是解释使人惊恐和狂怒的服药行为——不正常的药品使用。……我们应该记住关于人类行为的一个事实：尽管有好的具有说服力的例子告诉我们'应该'避免做某事，但不管怎样我们仍要去做。""人不能仅靠逻辑生存，我们是愿意相互给对方留下印象的社会动物，也是寻求快乐的动物。这些因素有助于说明，为什么人们要做一些不应该做的事情，包括使用毒品。"[1]对于影响毒品使用的因素，两位学者将其归纳为个人、社区和家庭以及与社会有关的三个层次，并没有给出一个

---

[1] ［美］O. 瑞、C. 科塞：《毒品、社会与人的行为》，夏建中等译，中国人民大学出版社 2001 年版，第 17 页。

固定的毒品使用动机范式。[1]

人是复杂的有机体，毒品使用的动机，就像其他行为的动机一样，是复杂的，甚至吸毒者本人也不清楚吸毒的动机何在。但我们必须承认的是：当毒品滥用不再是个别人的行为，不再局限于特定职业和领域，当其超越性别、年龄和地区，成为一种普遍的社会现象时，从整体社会学的角度探索其动机与原因，便成为必要，也是可能的。

毒品在本质上是一种精神物质，其被使用，不可能与人的精神没有任何牵连。人作为最具有理性和理智的存在物，作为自己生活的作者，应当最清楚自己的利益所在，也是自己幸福与否的最好判断者，毒品使用者在清楚滥用毒品将会对自己造成的危害的情况下仍然执意施用，一定是毒品可以为其带来他所认可或享受的精神上的慰藉与快感。英国学者迈克尔·格索普指出，寻求意识状态的改变似乎是人的本性之一，……人们同样也热衷于寻求多种吸毒方式，或者为了放松，或者为了提神，或者为了满足个人的生理或心理需求，或者为了缓解社会压力。但不管如何，吸毒是实现自我意识状态改变的最快捷的方式之一。[2] 所以，不管人们是否愿意承认或相信，服用精神类药品是体现人类正常状态的一个方面，外部制约力量不可能将之根除。[3]

对于我国现阶段毒品滥用的动机，现有的研究资料表明，有的是出于满足好奇心，有的是为了追求欣快、刺激，有的是追求

---

[1] 参见［美］O. 瑞、C. 科塞：《毒品、社会与人的行为》，夏建中等译，中国人民大学出版社2001年版，第19页。

[2] 参见［英］迈克尔·格索普：《"毒品"离你有多远》，冯君雪译，天津人民出版社2013年版，第276页。

[3] 参见［英］迈克尔·格索普：《"毒品"离你有多远》，冯君雪译，天津人民出版社2013年版，第228页。

"时尚",有的是为了缓解精神上的空虚无聊,还有的是为消遣,缓解烦恼及抑郁情绪。[1]好奇心源于人类本性的冲动,其本身难以认为存在是非曲直之分。人生来就是最享受感官愉悦的动物,人的本性决定任何事物都无法完全阻止其追求欣快、刺激和"时尚"的生活。改革开放以来,科技的发展和社会制度的转型,为人们自由实现好奇心、追寻欢快和刺激的生活提供了前所未有的空间。但正如罗素所言,"科学能够告诉人们实现目标的最佳方式,却不能告诉人们追求什么样的目标","从整体上看,人似乎是一种保守的动物。就发展速度而言,人类的技术能力超过了自己的智慧,直到今天,我们也没有从这种失衡中恢复过来"。[2]毒品的滥用又何尝不是人在追寻好奇、欢快、刺激生活中犯下的无知与错误呢?人作为精神存在物,唯有培养和提升人的理性和知识,才能有效避免和减少人在好奇心和追求短暂愉悦支配下丧失理性而选择滥用毒品。但追求理性和知识的生活,一直都只是人类的理想。至于社会上大量存在的因为缓解精神上的空虚无聊,缓解烦恼及抑郁生活而滥用毒品的问题,则更是源于现实社会人的精神问题,具有现实的社会基础。

谁都无法否认,今天的我国是历史上"最好"的时代,但恐怕谁也不会否认,今天的社会也充满着种种纠结和复杂的问题。改革开放以来,我国选择了被认为是促进人类合作最有效的制度——市场经济制度,私有产权得以承认并得到国家法律的保障,人们在思想和行动上都获得了巨大的自由。因为有了自由,

---

[1] 参见"深圳 2010 年药物滥用监测报告书",载《深圳商报》2011 年 6 月 11 日。

[2] 参见［英］伯特兰·罗素:《西方的智慧》,伯庸译,电子工业出版社 2013 年版,第 355、295 页。

我们才得以创造出新的思想，新的技术和新的产品。[1]市场经济使得个人的生活和国家的整体实力都迅速地增长，使得今日我国成为了历史上最好的时期。但由于我国市场经济制度不完善，经济社会急遽转型给社会带来了诸多问题。有人将现实的社会描述为欠缺底线的社会，[2]还有的学者将现实社会形容为抱怨型的社会。[3]其实，生活经验告诉我们，这些认识未免片面，有些甚至是言过其实的。因为在现实社会，只要我们有欣赏善良和美的心情，并不难发现时时处处都不缺乏善良与美。但谁都无法否认的事实是，现实社会确实是一个存在种种问题与难题的社会。经过了30多年的经济高速增长，我国在众多领域都拥有了世界上最现代化的器物和设施，经济进步了，社会进步了，但也随着出现了人与自然以及人的身心不和谐问题。与传统的熟人社会相比，现实社会也弥漫着一些契约和交易型特征，正因为如此，香港中文大学校长沈祖尧先生将现实社会形容为"利益在前，道德在后的时代"。此外，现代社会带来的人的寂寞也极大地侵蚀着人性，引起人的精神焦虑、彷徨等问题。文化名人梁晓声在《论寂寞》一文中这样写道："都认为，寂寞是由于想做事而无事可做，想说话而无人与说。"但是，"寂寞还有更深层的定义，那就是从早到晚所做之事，并非自己最有兴趣的事；从早到晚总在说些什么，但没几句是自己最想说的话；……这是人在人群中的一种寂寞。……是另类的寂寞，现代的寂寞。"

社会学家贝格尔（P. L. Berger）认为，人本质上是一种精神

---

〔1〕 参见张维迎：《理念的力量》，西北大学出版社2014年版，第42页。

〔2〕 参见易中天："当下中国最缺底线"，载《新周刊》2012年2月7日。

〔3〕 央视资深媒体人白岩松在厦门大学《阅读与人生》的交流会上曾有精彩的描述。

动物，他不只是寻求生存的手段，他更关注生存的意义，而且在最深层次上寻求生存的意义。[1]美国著名人本主义心理学家马斯洛（Abraham H. Maslow）将人的需要进行了层次划分，依次为生理需要、安全需要、归属和爱的需要、自尊需要、自我实现的需要。通过实证研究，他归结道，人的基本需要组成的是一个相对优势的层次。[2]个人是一个一体化的、有组织的整体，[3]犹如社会是一个整体一样，社会制度改革和完善需要整体推进，如果不整体推进，而是只重视某一方面单兵直入，最终会导致制度的不协调。人也是一样的，在满足物质需求的同时，必须满足与此相适应的精神需求，否则，精神需求得不到填充，人就会出现精神失衡。大脑的发达和文明的进步，使得人的需求（欲望）精致化和多元化。而且，人的需求是无止境的，一个需求的满足只不过是向下一个新的需求更近了一步而已。[4]我国小康社会的到来解决了人们的基本生理需求，随即而来的是人们对安全、归属、爱、自尊和自我实现的需要的渴望。当现实社会阻断或无法满足人的这些更高层次需要时，人的精神出现问题就具有必然性。正因为如此，任继愈老先生说，人与动物的区别在于，动物吃饱喝足之后就安静了，人的好多问题却是在吃饱喝足之后产生的。[5]

"心病终须心药治，解铃尚需系铃人"。对于人精神危机的解

---

〔1〕 转引自陈树林："文化模式中的宗教"，载《世界宗教研究》2009 年第 3 期。

〔2〕 参见［美］亚伯拉罕·马斯洛：《动机与人格》，许金声译，中国人民大学出版社 2012 年版，第 3 页。

〔3〕 参见［美］亚伯拉罕·马斯洛：《动机与人格》，许金声译，中国人民大学出版社 2012 年版，第 19~30 页。

〔4〕 参见［英］阿尔弗雷德·马歇尔：《经济学原理》，子衿编译，北京联合出版社公司 2014 年版，第 67、68 页。

〔5〕 参见严青、郭改云：《任继愈传》，江苏人民出版社 2011 年版，第 87 页。

决，宗教、自杀和吸毒都不失为重要之解决手段。我国宪法虽然肯定了公民信仰宗教的自由，但我国整体上并没有宗教信仰的社会基础和文化传统。在这种情况下，吸毒可能变成了"问题人"解决精神问题的一种不得已的"理性"选择。

所以，如果我们立足于社会学角度看待毒品滥用，可能更容易"理解"毒品滥用现象，更"理解"毒品滥用者吸食毒品的选择。法国社会学家图海纳指出，过去的社会结构是金字塔式的，而今天却是马拉松式的。人们是在跑马拉松比赛，每跑一段就会有人掉队，被甩到了新的社会秩序之外。[1]吸毒者又何尝不是生活马拉松中的掉队者呢！在这个意义上，他们中的一些人同样属于生活中的弱者与病人，需要社会和他的同类——我们的关爱、理解、宽容与帮助！如果只是将毒品犯罪视为一种规范现象，将毒品滥用看作滥用者道德的堕落，希望用事后惩罚的刑罚措施解决，那是过于简单的思维，导致对毒品滥用的不正确理解，自然无法起到理想的治理效果。

四、毒品犯罪不属于刑法中最严重的罪行

前面我们已提到过，走私、贩卖、运输、制造毒品罪在我国并非一开始就认为系刑法中最严重的罪行，直到1982年全国人大《关于严惩严重破坏经济的罪犯的决定》才开始对其配置死刑，这一点与立法对故意杀人罪死刑规定和民众的认识是明显不同的。

在国际社会，1948年《世界人权宣言》第3条规定："人人有权享有生命、自由和人身安全。"第5条指出："任何人不得施以酷刑、残忍、不人道或侮辱之处罚。"但《世界人权宣言》对

---

〔1〕 参见龙希成：《宏观中国》，机械工业出版社2002年版，第123~124页。

"死刑存废"问题未明确表态。1966年《公民权利和政治权利国际公约》对死刑制度表达了明确态度。该公约第6条写道："人人有固有的生命权。这个权利应受法律保护。不得任意剥夺任何人的生命。""在未废除死刑的国家，判处死刑只能是作为对最严重的罪行的惩罚。"何谓"最严重的罪行"，公约同样未明示。1984年，联合国经济及社会理事会（the Economic and Social Council of the United Nations，简称ECOSOC）在决议中指出："最严重的罪行"是指"不应超出导致死亡或其他特别严重结果之故意犯罪"的界限。该决议的意见后被联合国大会采纳。当前国际社会普遍认为"最严重的罪行"应具备以下基本含义：第一，对"最严重的罪行"含义，应当尽可能以最受限制、最例外的方式解释；第二，死刑只应当适用于故意且造成致命或极其严重后果的案件；第三，国家立法应当废除对经济犯罪、非暴力犯罪或无被害人的犯罪的死刑。[1]

我曾经查找过外文资料，对国际社会毒品犯罪的刑法规定有个基本统计数据。情况是这样的：截至2010年3月，世界上共有32个国家或地区在法律上对毒品犯罪规定了死刑（现在这个数据不排除略有变化）。这32个国家或地区分别是：巴林、孟加拉共和国、文莱达鲁萨兰国、中国、古巴、埃及、加沙（巴勒斯坦占领区）、印度、印度尼西亚、伊朗、伊拉克、科威特、老挝人民民主共和国、利比亚、马来西亚、缅甸、朝鲜、阿曼、巴基斯坦、卡塔尔、沙特阿拉伯、新加坡、韩国、斯里兰卡、苏丹、叙利亚共和国、我国台湾地区、泰国、阿拉伯联合酋长国、美国、越南、也门。

---

[1] Rick Lines, The death penalty for drug offences: a violation of international human rights law, The International Harm Reduction Association, London, 2007, p. 18.

根据各国（地区）毒品犯罪死刑的立法规定和适用的情况，上述 32 个国家或地区分为以下三种类型：（1）象征性规定死刑的国家（地区）。在这些国家（地区），虽然法律对毒品犯罪规定了死刑，有些甚至属于强制性的死刑条款，但在司法实践中，这些国家（地区）从来或者是几十年以来，没有对毒品犯罪分子执行过死刑。刑法针对毒品犯罪规定死刑旨在表明国家对毒品犯罪的强烈否定。此类国家如老挝人民民主共和国、古巴、我国台湾地区、阿曼、阿拉伯联合酋长国、巴林、印度、卡塔尔、加沙（巴勒斯坦占领区）、缅甸、韩国、斯里兰卡、文莱达鲁萨兰国、美国。（2）低适用率的国家（地区）。这些国家（地区）刑法虽然对毒品犯罪规定有死刑，但实践中对毒品犯罪执行死刑是极其例外的，大都三四年内执行一两名毒品犯罪分子死刑。此类国家如印度尼西亚、科威特、泰国、巴基斯坦、埃及、叙利亚、也门、孟加拉国等。（3）高适用率的国家（地区）。这些国家（地区）在对毒品犯罪规定死刑的同时，司法实践中也经常适用执行死刑。对毒品犯罪分子判处死刑并非是极其例外的，而是毒品犯罪量刑的重要部分，也是正常的刑事司法程序。属于该类型的国家主要是中国、伊朗、沙特阿拉伯、越南、新加坡、马来西亚。

坦诚地讲，我对毒品犯罪是否属于刑法中最严重罪行的认识也经历了转变和思想纠结的过程。在 2012 年之前，特别是在 2009 年我从事毒品犯罪专门学习和研究之前，我没有认真思考过这个问题，那时思想深处"想当然"认为走私、贩卖、运输、制造毒品罪属于刑法中最严重的罪行。之所以有这种"想当然"的认知，一方面是出于对国家立法的信任；另一方面是那时我没有认真、独立思考过毒品犯罪的危害性问题，我的认知主要来源于人云亦云，而且我对毒品犯罪生成机理缺乏必要的理解。随着我对毒品滥用和犯罪认识的逐步深入，面对国外普遍否定毒品犯罪死刑设置的正当性，2009年以后，我开始怀疑传统认识的正当性和科学性，对毒品犯罪的性质和危害性理解慢慢地变得清晰，并坚信毒品犯罪不应当属于刑法中最严重罪行。这里我把其中主要的理由和大家分享一下，请大家看看有无道理。

第一，走私、贩卖、运输、制造毒品罪不属于刑法中最严重的罪行，这是由走私、贩卖、运输、制造毒品罪的法律性质决定的。

根据刑法规定，法律性质上，走私、贩卖、运输、制造毒品罪属于行为犯。在立法上，对任何行为犯配置死刑，将其评价为最严重罪行并设置死刑，都难以认为是正当的。众所周知，犯罪的本质是法益侵害或称严重的社会危害性，一个完整的犯罪行为，只要时空条件允许，最终都可能造成一定的法益侵害结果，比如杀人行为最终会导致人的死亡，盗窃行为最终会导致财产损失。但犯罪作为一种法律现象，立法针对不同犯罪类型，刑法分则设定的构成要件是不完全相同的。有的犯罪被规定为结果犯，比如盗窃罪、故意杀人罪；有的犯罪被立法设置为具体危险犯，如放火罪等；还有的被规定为行为犯。对于走私、贩卖、运输、制造毒品罪，我国与世界各国刑法规定几乎是一样的，并没有规定为结果犯，而是设置为行为犯。也就是说，行为人只要实施了针对毒品的走私、贩卖、运输、制造行为，就成立本罪的既遂，并不考虑危害结果是否发生以及发生何种危害结果。相对于结果犯而言，立法将特定行为设定为行为犯，很明显处罚防线提前了，而且，对于同一行为而言，发生结果场合行为的社会危害性毫无疑问是重于仅仅实施行为场合的。故意杀人罪被普遍认为是刑法中最严重的罪行，如果行为人只是实施了故意杀人的行为，并没有造成被害人死亡结果，人民法院是不会对行为人判处死刑的。正是在这个意义上，我们才说立法针对行为犯配置死刑，无论该犯罪属于何种类型犯罪，都缺乏正当性。立法对行为犯配置死刑是超越比例原则的过于严苛的惩罚。

第二，走私、贩卖、运输、制造毒品罪不属于刑法中最严重的罪行，这是由其行为构造决定的。

走私、贩卖、运输、制造毒品罪之所以被认为社会危害性严重，根本原因在于毒品滥用后造成的危害结果（对身心健康的损害）十分严重。但如果我们仔细考察走私、贩卖、运输、制造毒品行为与毒品危害结果之间的因果关系的特点，我们将不难理解毒品犯罪不应评价为最严重罪行。

如前文指出的，毒品从生产到危害结果的形成是一个由系列阶段组成的链条，毒品危害后果须经消费环节最终形成。而在这一点上，毒品犯罪同样表现出了与故意杀人罪、盗窃罪等其他类型犯罪显著的差别。在后者的场合，杀人行为和秘密窃取财物行为与法益的侵害之间具有直接的因果关联性，被害人伤亡和财物被盗的后果是由杀人和盗窃行为本身造成的。毒品犯罪却显然不同，走私、贩卖、运输、制造毒品的行为本身并不会直接导致对社会和人类健康的危害，这些行为对于危害结果的形成充其量只是提供了条件，消费环节上毒品的滥用行为才是导致毒品严重危害结果的直接原因。如果没有其后毒品的使用行为，单独的毒品犯罪行为无法造成侵害。正因为如此，学者们才认为，对于毒品危害后果的形成，毒品的走私、贩卖、运输、制造行为只是起了间接性、依附性作用。[1]现实社会中的公民，只要达到了法定年龄，没有精神等问题，都会被法律推定为理性之人，都应具有正

---

〔1〕 参见张天一："对重刑化政策下贩卖毒品罪之检讨"，载《月旦法学杂志》2010 年第 5 期。

常的理智和意志自由，有遵守法律的义务和自我决定的能力，也都应当知道毒品的危害和滥用毒品的后果。换句话说，在法律上，现代社会理性人的基本特征是：自我决定，自我答责和自我实现。行为人既然在明知毒品滥用严重后果的情况下仍然执意为之，那么对于该滥用结果，滥用者不能不承担相应的责任。所以，相对于法益侵害，毒品的走私、贩卖、运输、制造行为顶多只是提供给他人一个自我损害的途径，并非是一个直接的损害行为，自然不能将其视为一个已经侵害生活或健康利益的实害行为，[1]其严重性也绝不可能和故意杀人罪等相提并论。将毒品犯罪评价为最严重罪行，忽视了毒品滥用者自身的过错和自我应当承担的责任以及走私、贩卖、运输、制造毒品罪与毒品所造成的危害结果之间因果关系的间接性特点。

第三，从责任主义的立场出发，也不能认为走私、贩卖、运输、制造毒品罪属于刑法中最严重的罪行。

罪刑法定、法益侵害和责任主义是近代刑法的三大基本原则。所谓责任主义，就是指没有责任就没有刑罚的原则。责任主义具体包括主观责任和个人责任。个人责任是指行为人只应对自己实施的行为承担责任，刑事责任不能株连无辜，波及他人。毒品犯罪与其他类型犯罪不同还在于，毒品犯罪属于没有具体被害人的犯罪形态。实践中所惩罚的走私、贩卖、运输、制造毒品案件，大都是在毒品犯罪过程中被查获的，人赃俱获是这类案件的突出特点；相反，一旦犯罪行为完成，毒品转入其后的交易、流通环节，将很难查证，一般也无法再成为毒品犯罪案件。因此，可以说实践中司法机关办理的走私、贩卖、运输、制造毒品案件

---

[1] 参见张天一："对重刑化政策下贩卖毒品罪之检讨"，载《月旦法学杂志》2010年第5期。

大都属于"未遂型"案件。[1]毒品因被司法机关查获，就无法再流入社会，造成前述所强调的危害结果。所谓毒品危害也是其他案件造成的，而非所查获本案导致的，而就本案而言，也就不可能属于最严重的罪行。所以，我们在谈起毒品的严重社会危害性时，必须要注意区分作为整体现象的毒品滥用的危害和具体案件中毒品犯罪的危害，而对于犯罪社会危害性的判断从来都是针对后者而言的。我们之所以认为走私、贩卖、运输、制造毒品罪属于刑法中最严重的罪行，是因为我们将走私、贩卖、运输、制造毒品行为与毒品导致后果联系在一起进行评价，这种联系和归责原理在刑法上是不能提倡的。换句话说，因为毒品滥用导致的严重结果而将走私、贩卖、运输、制造毒品评价为最严重罪行，实际上导致的后果很可能是：在具体案件中，被抓获的走私、贩卖、运输、制造多的犯罪分子将为没有被抓获的犯罪分子承担"替代"责任，这显然违反了个人责任原则。

第四，从比较的角度，也难以认为走私、贩卖、运输、制造毒品罪属于刑法中最严重的罪行。

毒品在法律性质上属于违禁品。在我国，刑法规定的违禁品还有枪支、弹药、爆炸物、假币、假发票等。我们认真地想一想，是毒品的危险性和社会危害性大，还是枪支、弹药、爆炸物的危险性和社会危害性大呢？我想作为一个正常理性的人，一般不会认为毒品的社会危害性大于枪支、弹药、爆炸物吧！我国《刑法》规定有非法制造、买卖、运输、邮寄枪支、弹药、爆炸物罪，根据《刑法》第125条的规定，基本法定刑为"三年以上十年以下有期徒刑"，"情节严重的，处十年以上有期徒刑、无期

---

〔1〕 需要说明的是：这里的未遂，并非是刑法规定的犯罪未遂，而是对结果发生而言的。

徒刑或死刑"。而在司法实践中，行为人若只是单纯实施了非法制造、买卖、运输、邮寄枪支、弹药、爆炸物而没有造成严重危害结果的，基本不可能被判处死刑。事物的性质包括犯罪严重性及其程度，很多时候是需要对比的，人类的认识也常常是在对比中形成的。从走私、贩卖、运输、制造毒品罪与非法制造、买卖、运输、邮寄枪支、弹药、爆炸物罪比较中，我们可以更为清楚地发现刑法将走私、贩卖、运输、制造毒品罪规定为刑法中最严重的罪行，并配置死刑，并非科学合理。

最近，我时常思考这样一个问题：实践中行为人可能因为贩卖3公斤海洛因或甲基苯丙胺被判处死刑。3公斤是多重呢？就是桌子上放的6瓶矿泉水这么重！我们不否认3公斤海洛因或甲基苯丙胺可能会导致严重的危害结果，但是，我们是否认真地想过，被判处死刑的犯罪分子体重有多少呢？我想一般也有60公斤左右吧！因为3公斤而牺牲60公斤，是不是有些过分了？更何况，这60公斤还是个生命的存在。在思想深处，我是个死刑废止论者，但在我国现阶段，对于故意杀人罪的死刑存在，我还是可以理解和接受的，因为毕竟是一命对一命，两者具有价值上的对等性。但对于毒品犯罪分子适用死刑，我确实无法接受。我国宪法明确强调国家要尊重和保障人权，以牺牲生命来保护公民的生命和健康，本身就是个悖论。用死刑来禁止毒品流通（走私、贩卖、运输、制造），是否符合宪法尊重和保障人权的精神，是否符合比例原则，值得我们深思！

五、法治风险："重刑治毒"的危机与代价

从世界的实践看，各国禁毒政策都呈现出探索性特征，其也一直是最受诟病的领域之一。这里我和大家分享美国学者哈伯特·L.

帕克（Herbert L. Packer）在《刑事制裁的界限》一书中反思美国毒品犯罪刑事政策的一段论述："在过去四十多年里，美国政府一直忠实地奉行镇压'滥用'麻醉品和其他'危险药物'的政策。贯彻这项政策的主要手段是刑事制裁，而这种对刑事制裁的依赖造成了严重后果。""毒品及其他药物控制可能是我们所能想到的、说明不当运用刑事制裁的最合适例子。"本书中，作者细细数落了美国政府过去四十年毒品犯罪过度依赖严厉刑事制裁造成的恶果：（1）数万人因此遭受严厉的刑事惩罚，而其中绝大多数人是使用者而不是非法贩卖者；（2）形成了一个规模庞大、利润可观的毒品及其他违禁药物的非法交易市场；（3）这个非法交易市场对有组织犯罪集团的成长和繁荣起到了重要作用；（4）吸毒者为了得到用于支付非法市场上高价毒品的费用而犯下大量的贪利性犯罪，如入室盗窃、盗劫、盗窃车辆以及其他性质的盗窃罪；（5）数十亿美元和很大一部分执法资源被耗费在刑事程序过程的各个阶段；（6）因为对毒品犯罪进行调查的巨大困难，警察部门使用了大量令人不安、违规的侦查手段，如违宪的搜查和抓捕、警察拳套、电子监视，而且已习以为常；（7）执法的对象主要针对城区贫民，尤其是黑人和墨西哥裔美国人；（8）使对毒品使用的原因、后果以及诊治的研究变得毫无意义；（9）医学职业已被迫忽视其减轻人类痛苦的这一传统定位；（10）一个庞大而稳固的执法官僚体制维护着现有既得利益，有效地阻碍着哪怕是最轻微的变革；（11）信赖刑事制裁的立法已经自动地、不假思索地将其使用范围从毒品扩展到大麻，扩展到大量新近出现的对大脑有影响的药品，由此进一步恶化了原有的问题。[1]

---

〔1〕［美］哈伯特·L.帕克：《刑事制裁的界限》，梁根林等译，法律出版社2008年版，第329、330页。

他山之石，可以攻玉，对该书感兴趣的同仁，可以阅读相关章节。帕克教授归纳的美国重刑治毒政策导致的后果，在我国是否已存在或者将来是否会有呢？我认为，重刑治毒的刑事政策在我国同样也导致了一些问题，不能忽视。

1. 一定程度上阻碍毒品犯罪刑事立法的完善

世间除却变化，别无永恒之物。法律是人类社会的公共事业，它并不是陈年的古董，供奉于充满了灰尘的架子之上被人欣赏。[1]社会的发展进步，要求法律必须紧跟时代自我完善。如前分析，我国毒品犯罪的刑事立法存在先天性不足，现行《刑法》关于毒品数量含量的规定存在惩罚过于严厉以及与《刑法》总则规定不协调等诸方面的问题。此外，《刑法》第 347 条将运输毒品与走私、贩卖、制造毒品的行为并列规定，并设置了同样的刑罚。对于该规定，前辈周道鸾教授早在 2004 年实证调研后就提出，运输毒品性质上属于走私、贩卖、制造毒品的帮助行为，其刑罚（主要是死刑）适用的标准应当与走私、贩卖、制造毒品罪有差别。[2]该观点基本上被理论界一致接受，司法实务也在很大程度上积极认可（比如《大连会议纪要》）。理论与实务交错推动，特别是在晚近贯彻"宽严相济"刑事政策和减少限制死刑适用的大背景下，运输毒品罪的死刑废止曾一度被学者们乐观地认为有望在最近刑法修正中实现。但也许是迫于眼下严峻的毒品犯罪和毒品滥用形势，也许是考虑到废除运输毒品罪的死刑与中央最新的禁毒政策和要求不协调，运输毒品罪的刑罚问题并没有引

〔1〕 参见［美］马丁·洛克林：《剑与天平——法律与政治关系的省察》，高秦伟译，北京大学出版社 2011 年版，第 110 页。
〔2〕 参见周道鸾："毒品犯罪的刑事政策和法律适用——云南省毒品犯罪调查"，载赵秉志主编：《刑法评论》（2006 年第 2 卷），法律出版社 2006 年版，第 282 页。

起最新立法修改的关注，关于毒品数量和含量规定的修改完善问题，同样也未能进入刑法最新修正的视野。

我国是个中央政府具有很强权威的国家，中共中央、国务院《关于加强禁毒工作的意见》将禁毒纳入国家安全的战略，对于警醒毒品问题的严重性，对于动员全社会资源参与毒品治理，当然具有积极意义。当前和今后一个时期，毒品犯罪的立法、执法和司法，包括毒品犯罪死刑制度改革，都将受到该意见的强烈影响。但另一方面，如果执法（司法）机关在治理中忽视毒品问题的复杂性，不注意尊重问题的产生机理，特别是在当前我国社会的各个层面仍然被绩效文化深深笼罩的背景下，极有可能仍然固守传统严打的粗暴方式，导致中央禁毒政策的实践扭曲。

2. 构成了死刑制度改革的"短板"

毋庸置疑，死刑制度改革是当前中国刑事法乃至整个法治领域最受关注的重大现实问题。[1]自新世纪宽严相济刑事政策提出以来，我国死刑制度改革和进步是全方面的，不仅包括立法，也包括司法；不仅反映在刑事实体法上，也体现在刑事程序法领域；不仅发生于人们的思维观念上，也彰显于法治实践中。从非暴力犯罪如走私罪死刑的废除，到通过强调法定情节和酌定情节在暴力犯罪死刑限制方面运用，我国死刑适用被大大限制，全面展示了我国过去十多年刑法在人权保障方面的巨大进步。虽然不能否认近年特别是自 2008 年《大连会议纪要》以来，毒品犯罪死刑制度改革取得的巨大成绩，比如《大连会议纪要》专门规定"毒品犯罪的死刑适用问题"并尽可能细化死刑适用的情节，明确强调了不适用死刑的情形，又如近年最高人民法院通过司法解

---

〔1〕 参见赵秉志：《死刑改革之路》，中国人民大学出版社 2014 年版，第 54 页。

释、指导案例等多种形式多方面限制和减少毒品犯罪案件的死刑判处，但毒品犯罪毕竟不属于刑法中最严重的罪行，无论在立法或是司法层面，我国的毒品犯罪死刑制度改革都存有相对较大的空间。特别是资料显示，近年在其他犯罪包括故意杀人罪死刑判处持续回落的情形下，毒品犯罪的死刑判处却处于持续上升态势。不能不说毒品犯罪的死刑制度改革构成我国当前死刑制度整体改革中的一块"短板"，仍然需要国家下大力气推进。"杀人偿命、欠债还钱"的观念在我国根深蒂固，所以，无论是立法还是司法上完全废除故意杀人罪或者与其关联犯罪的死刑，在未来的一个时期，是难以具有现实性的。根据眼下我国毒品滥用和犯罪的形势，可以预测毒品犯罪的死刑制度改革在我国整体死刑制度改革和刑事法治中的地位将不可避免地凸显。

3. 一定意义上弱化了人民法院的司法机关属性

人民法院在我国属于司法机关，司法的本质在于裁判，与公安机关和检察机关相比，更需要兼顾刑法的社会保护功能和人权保障功能。"刑法不仅要面对犯罪人保护国家，也要面对国家保护犯罪人，不单面对犯罪人，也要面对检察官保护市民，成为公民反对司法专横和错误的大宪章。"[1]但现实情况是，在毒品犯罪治理上（也包括在其他类型犯罪治理上），刑法行政化和刑事政策化特征有些明显，政策导向型刑罚工具观表现得比较突出。对于毒品犯罪，最高人民法院一直强调"各级人民法院要毫不动摇地坚持依法从严惩处毒品犯罪的指导思想，充分运用刑罚手段，有效打击、威慑和预防毒品犯罪"。人民法院在毒品犯罪中的这种表态和立场，明显存在过度强调刑法打击功能的问题。

---

〔1〕〔德〕拉德布鲁赫：《法学导论》，米健、朱林译，中国大百科全书出版社1997年版，第96页。

而且，"充分运用刑罚手段"的表述，不仅不符合刑法谦抑主义原理，也与当前大力推进的国家和社会治理体系现代化相去甚远。

4. 与以审判为中心司法制度改革的要求存在明显距离

前文已分析，较之于其他类型犯罪，毒品犯罪的刑事诉讼制度仍然带有明显的侦查为中心色彩，与眼下大力推进的以审判为中心的诉讼制度改革要求存在明显的距离。过去这段时间，我们每个人都能看到和感受到以审判为中心诉讼制度改革取得的实质性进展，但具体到毒品犯罪问题上，改革成果微乎其微，毒品犯罪似乎成为以审判为中心诉讼制度改革中被遗忘的角落，传统的侦查、起诉和审理定罪模式仍然在实践中起着支配性作用。

六、展望：毒品犯罪刑事政策的现代化与障碍

（一）毒品有效治理需要知识与理性

常言道，有光的地方就有影子，人皆具有自身难以克服的局限性。对专业人士而言，专业在提升我们对知识精细化和深入理解认识的同时，往往会导致我们的专业狭隘思维。这几年工作中，我也在思考学术研究的"专"和"宽"之间的关系问题。"专"和"宽"（也可以称为"博"）原本并非绝对对立的范畴，但在实际学术研究中，极有可能出现悖论：随着对某一问题的深入思考，研究的问题可能变得越来越小，越来越细，在这种情况下，我们的研究视野也可能随之变得狭窄了。个中道理并不难理解，因为我们若下井太深，看到的天空就难免会变得像碗口那么大了！但现实生活中的社会问题（包括犯罪问题），往往是异常纠结复杂的，是多元因素形成的，研究主体如果只是单纯地从一

个视角贯彻研究，自然无法提出富有价值和具有体系性、针对性的解决对策。所以，尽管这些年，包括法学研究在内的人文社会科学的研究水平都有大大提高，但眼下我们学术研究的主要矛盾可能是：社会问题解决的整体性思考和现实学术研究视角单一性之间的矛盾。如果我们的研究不能在根本上缓解和解决这个矛盾困境，那么，学术成果的价值就会被大大贬损降低。

过去这几年，我的研究领域主要是刑法解释学，近年慢慢延伸至刑法哲学和刑法社会学的领域，研究领域的拓宽带来的是思维和视野的延展。刑法解释学，它的主要任务和使命并不在于思考如何从根源上减少和根治犯罪（因为刑法解释学并不关心犯罪的原因，主要关注刑法的文本），而在于探讨如何合理地解释刑法条文，维护罪刑法定主义，确保刑法的安定性，避免国家刑罚权的滥用。

但在任何国家和社会，犯罪不仅仅是个规范问题，还是个社会问题，越是立足于社会学的视野，站在整体或体系性的立场去看待犯罪，越会感觉到刑法对于犯罪治理意义的有限性。所以，历史上从事社会学研究或犯罪社会学研究的学者，围绕犯罪问题提出的命题和研究结论，往往更具有震撼性，更容易给我们留下刻骨铭心的印象。比如近代著名的犯罪社会学家菲利提出的犯罪饱和法则，对于我们理性认识犯罪很具有启发意义。菲利写道："无论哪种犯罪，从最轻微到最残忍的，都不外乎是犯罪者的生理状态、其所处的自然环境和其出生、生活或工作于其中的社会环境三种因素相互作用的结果"。"这一规律导致了我所讲过的犯罪饱和论，即每一个社会都有其应有的犯罪，这些犯罪的产生是由于自然及社会条件引起的，其质和量是与每一个社会集体的发展相适应的。犯罪也有年终平衡，其增多与减少比国民经济的收支还带有规律性。"〔1〕毒品犯罪的生成机理其实非常契合菲利所讲的犯罪饱和法则。

要解决问题，必须首先知道问题所在。国家禁毒工作，千头万绪，归结起来，其实并不复杂，主要涉及两个层面，一是毒品犯罪，二是毒品滥用，而两者又是个一体两面的问题。正是因为社会对毒品有需求，才有人冒天下之大不韪去实施走私、贩卖、运输、制造毒品等违法犯罪活动。而且，毒品滥用和毒品违法犯罪之间具有紧密的正比例相生关系，社会对毒品的滥用需求越大，毒品犯罪也会越严重。我们如果不能有效解决社会对毒品的需求问题，不能真正减少毒品滥用的存量和防止毒品滥用增量，对毒品犯罪治理，国家将永远处于手忙脚乱的被动境地。但这正是问题的复杂性和禁毒的难点所在。

一切现实的存在，在决定它存在的因素还在发生作用时，我们是无法凭着自己想象好恶使它从现实中消失的。毒品问题作为我国社会进步中的次生问题，在未来相当长的时期，它都将是困扰我国社会的重要问题。禁毒政策的制定和实施本质上是国家的政治问题，而政治最大的问题在于如何理解和决定事实。国家对毒品问题的治理，需要尽可能多一些知识与理性，少一点固执与偏见。毒品具有严重危害性，但这并不是我们可以粗暴对待它的理由，犹如癌症具有严重危害，我们不能粗暴对待它一样。具体到对毒品犯罪的治理而言，刑罚作为一种易感触的力量，因为不可能根本改变现实社会毒品滥用的结构，决定了其对犯罪治理的意义极其有限。寄希望于"打打杀杀"遏制毒品犯罪的泛滥，那只是我们的一厢情愿！

---

〔1〕 ［意］恩里科·菲利：《犯罪社会学》，郭建安译，中国人民公安大学出版社 2004 年版，第 159、183、184 页。

　　毒品的治理是人类社会的一项正义事业，唯有获取知识，我们才可能突破思维定式和超越偏见。当前我们亟需有关毒品的知识和理性看待毒品的危害。有学者指出，毒品危害并不是一个单纯的化学概念，它更是一种介入价值判断的法律概念和道德概念，围绕这一概念构建起来的一套话语体系，本质上是一种意识形态。这种认识可能有言过其实的成分，但其道出的毒品及其危害在现实社会染有浓厚的文化和反科学属性特征，对于我们这样一个习惯将毒品和国耻家恨相勾连的国度，不是没有警醒意义。

　　另外，我们还有必要注意的是：毒品的危害从来都不只是由毒品的药理属性单独决定的，其危害性及其程度与毒品的摄入不当和国家对毒品的管制方式相牵连。比如，如果不尊重吸毒者作为公民的基本权利，仍然将吸毒与道德堕落相联系，对吸毒者的歧视与偏见将导致毒品问题走向"地下"。而一旦毒品成为"地下问题"，超越国家监管的视线，其危害性将变得不可控和蔓延。在这方面，历史上曾有"欧洲艾滋病之都"之称的爱丁堡的惨痛教训，我们不应该忘记。相反，如果社会能够普遍意识到吸毒问题在很大程度上也应当属于医疗健康问题，吸毒者作为我们同类，应当被作为病人看待，他们需要得到社会的理解与宽容。如果社会能够摒弃成见，开放心态，在国家医疗体系宏观框架下看待和解决毒品滥用问题，吸毒带来的次生违法犯罪问题可以得到有效控制，毒品的危害可以被大大地降低。

　　以上讲了这么多，可以对核心观点做如下归纳：第一，表面上看，毒品犯罪是个刑法问题，深处却是个社会问题，毒品犯罪的治理之道也在"刑法之外"。毒品犯罪具有严重社会危害性，任何国家的刑法都不可能置身事外，但国家的禁毒政策应具有更为宽阔的视野，应尽可能立足人性，理解毒品滥用和毒品犯罪的生成机理以及两者之间的共生关系，唯有如此，我们方可能真正构建理性、人道和有效率的现代化禁毒政策。第二，毒品犯罪的生成机理决定了国家只有将有限的社会资源、司法资源前移到抑制毒品滥用（吸毒）的增量和减少毒品滥用（吸毒）的存量上，才是毒品犯罪刑事政策现代化的人间正道。2008年6月1日起施行的《禁毒法》就明确强调"禁毒工作实行预防为主，综合治理，禁种、禁制、禁贩、禁吸并举的方针"，这个方针无疑是科学的。但问题在于过去的这些年，我们没有能够完全按照《禁毒法》的要求执行，实践中，倚重打击的思维有余，预防毒品滥用和犯罪以及对毒品切实综合治理明显不足。

（二）毒品犯罪刑事政策现代化面临的障碍

社会是个有机整体，部分必须依赖于整体才能有效运行。毒品犯罪刑事政策现代化从来都不是一个单纯和孤立的问题，其现代化有赖于国家和社会治理体系整体的现代化。换句话说，国家和社会治理体系的现代化水平根本上决定和制约着毒品犯罪刑事政策现代化的水平。当前，我国毒品犯罪刑事政策现代化还面临着种种障碍与难题：

第一，观念和社会心理方面，严峻的毒情和根深蒂固的反毒、拒毒和恐毒的心理，使得人们难以心平气和地理性看待毒品犯罪和滥用问题。而一提及吸毒，人们往往与道德堕落相联系，阻碍了对毒品的理性理解。

第二，绩效考核体制会减弱治理者在逻辑上和事实上怀有的对毒品治理的应有责任感，难以真正用心解决那些引起毒品犯罪和滥用的深层次问题，实践中声势浩大的治理呼声，不少只是为迎合体制而为。

第三，毒品犯罪虽然是我国严峻的社会问题，但当前社会稳定与就业问题、贪污反腐问题、环境污染问题、司法体制改革问题等，对于政府而言，是更为急迫的民生问题和社会稳定问题，处于更需要优先解决的地位，这在无形中也转移了国家重视毒品治理的视线。对人类的事务而言，建设性活动总是迟缓，破坏性活动则比较迅速，[1]我们可以预见，我国毒品犯罪刑事政策的现代化，并非是件指日可待之事。"急则治其标，缓则治其本"，在严峻毒品犯罪和滥用背景下，国家在未来一个时期很可能会仍然固守传统的重刑严打模式。因为在国家对毒品犯罪治理距离现代化尚存较大差距的情况下，国家一旦放弃了严打，很可能导致对毒品犯罪治理的束手无策。

第四，缺失倒逼改革的契机。改革可以分为自觉性的改革和倒逼式的改革，前者需要改革者的主动性、责任感和觉悟；后者是改革者面临问题不得已采取的措施。人性和既有制度的惰性，特别是改革意味着利益的重新调整与分配，种种因素决定了改革尤其是深层次的制度改革往往是倒逼式的。回首过去这些年我国司法制度改革，包括非法证据排除的改革，以审判为中心的刑事诉讼制度改革都明显呈现出倒逼式特征，都是在既有制度惹了"祸"，引起社会集中关注甚至公愤，到了不改不行的地步，才改革的。毒品犯罪不同于故意杀人罪，属于没有直接被害人的犯罪，这就使得实践中此类案件不会出现如故意杀人罪案件那样的"亡者归来"冤假错案的情形，错误难以浮现和倒逼改革契机缺失，会在很大程度上减弱甚至失去对诉讼制度改革的动力与契机。所以，可以预测，毒品犯罪刑事政策的现代化之路，将更为艰难和灰暗，也更依赖于改革者的自觉、担当与责任。

---

〔1〕 参见［法］让·雅克·卢梭：《爱弥儿》（精选本），彭正梅译，上海人民出版社 2011 年版，第 22 页。

（三）警惕毒品犯罪向有组织化方向发展

在世界范围内，毒品犯罪有组织化和集团化趋势都很明显。眼下该问题在我国还不突出，但我们有必要警惕未来毒品犯罪向有组织化方向发展。过去一个时期，包括毒品犯罪在内的有组织犯罪在我国没有成为重大社会问题，一方面得益于我们的社会管理模式和政府强大的社会控制力，另一方面与有组织犯罪的发展都需要时间和过程有关。当社会对毒品的需求日益增加，当从事毒品犯罪能够产生足额利润时，当国家严厉禁毒政策使得毒品犯罪分子只有通过组织形式才能有效获得生存空间时，毒品犯罪往组织化方向发展就会获得契机。而毒品犯罪有组织化、集团化一旦形成，国家对该问题的治理难度将会大大提升。

以上报告是我最近几年研究的心得和一些不成熟思考，更多侧重的是理念层面和对既有问题的反思，不足之处，请大家批评指正。谢谢！

周岸崇 云南省高级人民法院法官，刑法学博士，曾荣获最高人民法院授予的个人一等功。周岸崇法官办理过众多毒品类犯罪案件，对毒品案件的审判拥有精准的政策把握与丰富的实践经验。

在昆明市中级人民法院任职期间，周岸崇法官曾担任糯康案主审法官。

02 周岸崇
毒品犯罪死刑案件辩护的几个问题研究

今天，跟大家就毒品犯罪做一个交流。毒品犯罪在我们刑法典里就十几个法条，不太多，涉及的罪名也就十几个，但是毒品犯罪案件在全部刑事案件中所占的比例还是比较高的，而且从这几年的发展趋势来看，这个比例还在逐步扩大。所以毒品犯罪中的刑事辩护问题慢慢也就成为刑事辩护中一个很重要的课题。

一、毒品案件刑事辩护问题

我今天想从法官的角度和大家谈一谈毒品犯罪法律适用的问题。经过我一个比较直接和朴素的观察，没有经过相关的实证研究，从 2002 年开始到现在，毒品犯罪案件中的刑辩质量呈现出一个逐年上升的趋势，特别是在一些具体的个案中，我们看到了一些辩护人提供的高质量刑辩。

但是与此同时，我们也要注意到，毒品犯罪中刑事辩护的平均水平还不太高，特别是在法律援助方面，当然这里面的原因有很多。我自己的感觉是，在毒品犯罪的刑辩中普遍存在三个不足，专业性、对抗性和针对性是明显不足的。今天我还带了几个案例，可以和大家讨论一下。

（一）毒品案件刑事辩护中存在的问题

几乎在每个毒品犯罪案件中，我们都可以看到一类辩护意见，尽管表述不一，但基本意思就是毒品未流入社会。我个人认为这种辩护意见，作为被告人或者普通民众提一提是可以理解的，但是如果作为一个专业的辩护人来提，就略显专业性不足。为什么呢？因为毒品犯罪侵犯的客体是国家对毒品的管理制度，毒品犯罪体现出来的社会危害性，就集中体现在行为人对国家毒品管理制度的一个违反。毒品到底有没有流入社会？有没有产生具体的影响？是不是发放到了吸毒人员的手中？对吸毒人员的健康产生了危害？对社会的良好风尚产生了影响？这些并不是毒品犯罪社会危害性的具体表现。只要行为人客观上违反了国家对毒品的管理制度，就应当认为他的行为是具有社会危害性的，当然这是在实然层面上讲的，不是应然层面，这一点大家也要注意。总的来说，毒品有没有流入社会，第一，它不影响定罪，第二，我个人认为它对量刑的影响也微乎其微。而且就我们现在审理的毒品犯罪案件而言，绝大多数案件都是及时破获的，也就是说毒品都没有流入社会。如果统统都作为一个量刑情节来考虑的话，是不是都要从轻或减轻处理？这明显是不客观、不合理的。这种辩护观点的出现体现出一个什么问题呢？体现出刑辩律师对法律适用的研究是不够的。

　　下面我们讨论一个案例，看看在当前毒品犯罪刑辩中还存在的其他问题。案情很简单，被告人体内带有毒品从甲地乘飞机到达乙地，到达后机场的民警觉得他形迹很可疑，就对他进行盘问，结果在盘问的时候，他自己就主动交代了，说体内带有毒品，后来也从他体内排出了毒品。就是这么一个很简单的案例。这个案例的辩护重点在哪里呢？

　　这个案例最后的处理结果，就是法院认为被告人是具有自首情节的，并对被告人进行了从轻处罚。但遗憾的是，刑辩律师并没有对这个问题展开辩护。为什么说有自首情节呢？这个案例考察的就是对司法解释相关规定的认识和理解。在《最高人民法院〈关于处理自首和立功具体应用法律若干问题的解释〉》中规定，罪行尚未被司法机关发觉，仅因形迹可疑被有关组织或者司法机关盘问、教育后，主动交代自己罪行的，应当视为自动投案。如果自动投案了，而且也如实供述了自己罪行的，显然就是自首。

　　现在的问题是什么是罪行被司法机关发觉？什么是仅因形迹可疑被盘问？二者如何进行区分？仅仅遭到侦查机关的一般性盘问，是罪行被司法机关发觉还是仅因形迹可疑？一般来讲，毒品深藏在行为人体内，侦查人员要确定知道行为人体内有毒品，有四个点是其中的关键，当然也可以理解为四个阶段。缉毒侦查人员长期和毒品犯罪做斗争，积累了丰富的经验，有些侦查人员可以神奇到看行为人一眼就知道有没有毒品。所以，第一个点就是侦查人员发现行为人可疑，对行为人进行盘问，此时侦查人员是基于主观上的一种判断，一种经验的判断，觉得行为人可能有毒品，然后就进行盘问。这种情况之下，可不可以认为已经确知行为人体内有毒品了呢？也就是罪行被司法机关发觉了呢？这是第一个点。

第二个点就是透视。体内运输毒品的案件都有一个必经的程序，就是把形迹可疑的人带到医院做一个 X 光透视检查。这个我们是专门做过调研的，稍有经验的 X 光透视大夫就能够根据透视结果来准确判断行为人体内是毒品还是其他的非毒品物质。但是这个判断也与经验有关，如果排出来不是呢？所以就出现了第三个点，就是排出。毒品排出来了，侦查人员看到了，根据肉眼可以简单识别一下是什么毒品，甲基苯丙胺还是海洛因？但是这个点也不是就没有一点问题，毕竟没有经过科学的鉴定，所以还有第四个点，即毒品的科学鉴定。所以要判断罪行是否被司法机关发觉，就需要认真分析和研究这四个点，盘问、透视、排出和鉴定。

究竟要采取哪个点作为罪行被司法机关发觉的标准呢？掌握了罪行再来问你，那肯定就不存在自首了。如果仅因形迹可疑，对行为人进行盘问，行为人立马就主动交代了，那就应该存在自首。对此，我们采取的是透视这个点。首先，侦查人员的经验有时候是靠不住的。虽然我们在很多案件中看到仅因形迹可疑，侦查人员去问了，就发现了毒品，但是还有大量侦查人员问了但后来并没有排出毒品，形迹可疑的人就此走掉的案子。这批案件我们是没有考虑在内的，为什么？既然体内没有毒品，自然就不是犯罪，当然也就不立案、不起诉、不审判了。排出和鉴定这两个点虽然客观性和真实性提高了，但这两个点过于靠后了，不利于对毒品犯罪自首的合理认定，可能会轻纵犯罪人。所以我们主张采纳透视这个点。可能有同志说透视也存在医生的经验呀。不可否认盘问和透视都有经验成分，但二者有本质的不同，在盘问中纯粹是主观的判断在起作用，而透视中 X 光的透视结果却是客观的，也就是说，透视中的经验是建立在客观事实基础之上的。可能有同志会说，这些问题你们不说我们怎么知道呀。大家不要着急，我们现在的裁判文书都要上网的，只要你留意收集相关的司法案例，进行研究，你就会发现这些问题的。这个案例体现出刑辩律师对于司法案例的收集和研究是不够的。

我们再讨论一个案例，被告人贩卖毒品时在现场被抓获，被抓获后，被告人就跟侦查人员说，在家里面还有一部分毒品，然后侦查人员就到被告人家里，又搜查出了毒品 100 克。在一审的庭审中，公诉人没有出示搜查证和搜查笔录，但出示了搜查过程全程的录音录像，也有毒品的称量、扣押、收缴记录等证据，然后一审就把这 100 克毒品认定了下来。二审的时候，二审法院查明了一个事实：一审公诉机关的起诉书里没有将这 100 克毒品列入指控事实。实际上它是两个案件，但是为了研究方便，就合在一起作为一个案例了。

这个案例的辩护焦点又应该是什么呢？我个人认为就一审来说，辩护的焦点应该是程序性问题，我们现在确定了非法证据排除规则，要善于使用这个规则。非法证据的排除要注意证据的收集程序是否合法的问题，这个案例考察的就是这个问题。虽然有搜查全程的录音录像，也有毒品的扣押、称量、收缴记录，但是缺几个关键的东西，搜查证、搜查笔录、见证人，这些在哪里？如果你没有搜查证去搜查就是非法搜查了。根据《公安机关办理刑事案件程序规定》，遇有紧急情况的，比如毒品可能被隐匿、毁弃、转移的，不要搜查证也是可以进行搜查的。但是问题是案例中是不是存在这种情况？作为刑辩律师要善于进行程序性推演，确实维护当事人的合法权益，程序不合法，就应该在辩护意见中详细提出来，或者作为庭审的一个焦点，对此展开充分的辩论。但是很遗憾，一审的刑辩律师没有把这个作为问题。

我们再来看二审的问题。二审主要的问题是什么？公诉机关是行使公诉权的，法院是行使审判权的，公诉机关没有指控的事实，法院能不能直接把它认定下来？这个肯定是不可以的。近代刑事诉讼的基本理念就是控审分离，法院是不告不审，不告不理的。法院不可能自己来当公诉人，又来当审判人，这个肯定是不合法的。所以二审的辩护焦点就应该是这部分毒品，也就是说这部分事实能不能够认定下来？公诉机关没有起诉的，法院不能自行提起诉讼然后自己又来认定。但是二审的刑辩律师也没有注意这个问题。

（二）对提高毒品案件刑事辩护质量的建议

通过对这几个案例的分析，要提高刑辩质量，我提三个建议：

第一，加强法律适用的研究，特别是要学习和理解法官是怎么来进行法律适用的，要从这个角度来理解法律。

第二，注重收集司法案例，我们现在文书是上网的，除了死刑案件等部分案件，其他的都要上网，因此，绝大多数的案子是可以看到判决书的，可以通过司法案例来做很多研究。

第三，关注刑事诉讼中的程序性问题。对程序正义的问题大家要提高到一个新的认识高度，特别是现在强调庭审的实质化，强调以审判为中心。什么是庭审的实质化？就是要求证据质证在法庭、案件事实查明在法庭、诉辩意见发表在法庭、裁判理由形成在法庭，使庭审真正成为解决罪、责、刑问题的核心环节。我们要从这个角度来推动控辩双方有针对性的对抗，才能够实现庭审实质化。所以庭审实质化也好，以审判为中心也好，实际上是对刑辩律师提出了更多和更高的要求。

二、从法律适用谈毒品犯罪

今天我主要从法律适用的角度来谈谈毒品犯罪的相关问题，而且是从法官的角度对毒品犯罪做一个解读，如果时间允许还会涉及一些程序性的问题。

毒品犯罪法条很少，但是它的情况很复杂，里面涉及了很多问题，有些问题经过那么多年的争论也好，互动也好，现在有些结论性的东西了，但是还有很多的问题没有结论性的东西。今天其实也是我对这么多年毒品犯罪审判的一个总结和一些体会。

（一）什么是毒品

我们要谈毒品犯罪，首先要解决的就是毒品的定义。什么是毒品？全国人大常委会《关于禁毒的决定》首次对毒品作出了一个明确的规定，1997年新《刑法》修订的时候，基本是原封不动地采纳了《关于禁毒的决定》里面的这个定义。但是如果大家留意的话，可以发现两者还是有区别的。因为刑法典在《关于禁毒的决定》基础之上，加入了一种毒品，即甲基苯丙胺，在《关于禁毒的决定》里面是没有这个的。这体现了什么？对毒品的认识是一个变动的过程，随着时间的推移，可能有些毒品我们会增加进来，比如用新的合成方法可能会合成出一些新的毒品，那么就要增加。也有一些毒品可能慢慢地会从目录里面剔除出去，这是一个变动的过程。

那么什么是毒品呢？关于毒品的规定，刑法典采用的是半列举式，前半段列举了鸦片、海洛因、甲基苯丙胺、吗啡、大麻和可卡因等具体类别，后面是一种概括性的规定，就是违反国家规定的，能够使人形成瘾癖的麻醉药品和精神药品。从严格罪刑法定的角度出发，本来应该做一个完整的规定，但是那样的话，可能法条的简洁性会受到影响，国家管制的精神药品和麻醉药品是很多的，不可能在刑法典里面一一列举。而且还有一个问题，即我刚才说到的变动的问题。如果变动了，出现新的毒品了，或者某些毒品要删掉了，是不是就要修改《刑法》呢？所以从法的安定性和适应性的角度，刑法典进行了半列举式的规定。要掌握毒品的具体内容，大家可以去看《麻醉药品品种目录》和《精神药品品种目录》，这个是国家食品、药品监督管理总局、公安部、国家卫生和计划生育委员会联合下发的，里面规定的是毒品，没有作出规定的就不是毒品。总之，毒品具有三点特征，一是违法性，这个违法性不是指刑事违法性，而是指行政法的违法性；二是成瘾性，使人形成瘾癖就是成瘾性；三是毒害性，精神药品、麻醉药品对人体是有毒害的，所以叫毒害性。具有这三性的就是毒品。

精神药品和麻醉药品很多，让人容易形成瘾癖的也很多，但是必须是国家予以管制的才是毒品，如果国家不予以管制，也不是毒品。我们现在要讨论的问题是假设有这么一种精神药品或麻醉药品尚未受到管制，行为人针对它实施了相应的犯罪，而刑法典随后修改了这个目录，把那种麻醉药品或精神药品增加进来了，能不能追究行为人相关的刑事责任？从罪刑法定的角度来讲是不可以的，因为之前行为人并不知道是毒品，如果入罪会破坏民众的预测可能性，这是对民众自由和权利的不当限制。这是研究毒品时要明确的问题。

（二）毒品种类的认定

1. 走私、贩卖、运输、制造两种以上毒品

在司法实践中，有的行为人在走私、贩卖、运输、制造毒品的过程中，不是针对一种毒品，而是针对好几种毒品，比如既带

了鸦片，又带了海洛因，可能还带了可卡因，或者其他什么毒品。在这种情况下，对不同种类的毒品怎么认定呢？这种情况和盗窃罪有相似之处。走私、贩卖、运输、制造两种以上毒品的，需要进行一个折算。根据什么来折算呢？根据海洛因来进行折算。这个和盗窃罪非常相似，比如实施盗窃的犯罪人盗窃了现金，盗窃了珠宝，还盗窃了其他一些贵重物品，到案后就需要进行评估，最终要折算成人民币进行量刑。因此，毒品犯罪里面的海洛因就和盗窃罪里面的人民币具有相同的作用和地位。

折算的根据是什么？这一点以前各地的做法是不同的。有的是根据国际惯例，联合国禁毒署会公布一些折算的比例。有的是其他的一些标准。如果折算的比例不同，对具体犯罪人的量刑肯定也就会有所不同。从法制统一的角度来讲，有必要对折算进行统一。所以在 2015 年《全国法院毒品犯罪审判工作座谈会纪要》（以下简称《武汉会议纪要》）里面就明确了非法药物的一个折算表，大家可以去把这个东西找来，进行一个相关的折算。

需要注意的是，如果刑法典和相关司法解释没有明确折算比例的，可以按照非法药物折算表来进行折算。如果规定了定罪量刑数量标准的，就要按照规定的比例关系来进行折算。打个比方来说，按照《最高人民法院〈关于审理毒品犯罪案件适用法律若干问题的解释〉》，二氢埃托啡 10 毫克以上就算其他毒品数量大的，那么二氢埃托啡 10 毫克就相当于海洛因 50 克，因此，二氢埃托啡对海洛因就按照这个比例进行折算。

2. 混合类毒品

除了不同毒品以外，还有一种情况是比较普遍的，就是多种毒品的混合。有些犯罪人会把各类毒品混在一起，就一个大包，打开了，都是粉末状的，但一鉴定含有不同的毒品，这种混合的毒品又怎么认定呢？在 2008 年《全国部分法院审理毒品犯罪案件工作座谈会纪要》（以下简称《大连会议纪要》）里就已经注意这个问题了，该纪要明确规定要做成分的鉴定，要确定所含的不同毒品的成分以及彼此之间的比例关系。随后《大连会议纪要》还明确了三个原则，第一就是如果发现这些混合物里面有海洛因和甲基苯丙胺的，就以海洛因和甲基苯丙胺来确定毒品的种类。为什么以这两种为主呢？因为这两种是目前毒性最大的两种毒品，而且绝大部分毒品犯罪里面涉及的毒品也是这两种，所以如果出现了这两种，就以这两种来定性。如果不含海洛因和甲基苯丙胺的，就按照毒性比较大的毒品来确定毒品的种类。怎么判断毒性大小呢？可以借助非法药物折算表来进行判断。

如果是毒性差不多的，也就是折算表上的量刑数量是差不多的，这时就要比较在混合物中所占的比例，哪个比例大，就按哪个确定。但量刑时要综合考虑其他毒品的成分、含量和全案所涉及毒品的数量。

在司法实践中，对此种情况之下如何量刑有不同的认识。打个比方来说，现在我们的混合物，经过鉴定，发现海洛因占 25%，剩下还掺有鸦片的成分，或者还有其他毒品的成分，怎么量刑呢？这种情况下，要从罪责刑相适应的原则来考虑。

有的地方的做法是从轻处理，为什么要从轻？理由就是说这个东西不是百分之百的纯净物，它还含有一些毒性比较低的毒品，所以要对犯罪人从轻处理。这种认识是有违罪责刑相适应基本原则的。我们可以假设，如果就是 25% 的海洛因，剩下的都是合法的物质，我们就按照 25% 的海洛因给犯罪人定罪量刑了。但现在除了 25% 的海洛因以外，还含有其他的一些毒品，只是含量比较低。原来海洛因占 25%，其他都是合法物质，正常来量刑，现在是增加了一些其他毒品，照理说危害更大了，但是反而从轻处理了，这是不对的。在这种情况中，"大连会议纪要"规定要综合考虑成分问题，要从罪责刑相适应的角度来进行适用。

但是"大连会议纪要"有一个问题没有解决，如果说海洛因、甲基苯丙胺都有，但是含量很低，含量很低一般是指什么？低于1%，比如0.5%或者更低。这种情况之下，如果还是以海洛因来进行量刑，恐怕是有问题的。所以在《关于规范毒品名称表述若干问题的意见》中就对这种情况作出了补充性的规定，如果海洛因、甲基苯丙胺的含量极低，可以根据其中定罪量刑数量标准较低且所占比例较大的毒品成分确定其毒品种类。这是对《大连会议纪要》的一个补充和完善。

（三）毒品的含量

含量问题也是刑辩律师在辩护意见中普遍提到的问题。比如说查获的毒品总量是100克，海洛因占到了20%，刑辩律师的辩护意见可能会建议法庭按20克来进行量刑。如果把毒品犯罪司法解释进行深入研究的话，会发现这个观点是不对的，或者说专业性是不够的。不懂法的普通民众说一说，是可以理解的，但是作为专业人士这么提，就不客观了。

一般来讲，查获到的每一种毒品的含量都不会是100%的。我们接触了那么多的毒品案件，比如海洛因，纯度最高的可以达到90%以上，但从来没有100%的。为什么没有100%的海洛因纯净物？这个其实和酒有些类似。有同志喜欢喝高度酒，觉得低度酒没劲，但不管高度酒的酒精度怎么高，也没有人去喝100度的酒吧！为什么？首先，口感不好，其次，身体受不了。毒品也是这样。

一般认为海洛因含量如果达到25%了，就达到含量的要求了。为什么确定 25% 呢？这是一个国际惯例。我国关于含量的司法解释最早出现在 1994 年，当时最高人民法院发布了一个司法解释，就是《最高人民法院关于适用〈全国人民代表大会常务委员会关于禁毒的决定〉的若干问题的解释》，其中明确规定，海洛因的含量在 25% 以上的，就可视为海洛因，这个是明确的。如果是含量不够 25% 的，应当折合成含量为 25% 的海洛因计算数量。可能大家就有意见了，不是说不折算吗？请大家注意，这是 1994 年的司法解释，现在已经被废止了。紧接着，在 1997 年新刑法典修订时，就作出了明显改动，查证属实的毒品不以纯度折算。为什么 1997 年的刑法典会这样规定呢？它体现了一种从严惩处毒品犯罪的立法态度和目的。从改革开放之后，毒品犯罪就愈演愈烈了，犯罪分子也越来越猖獗，而且毒品还诱发了大量的治安类刑事案件，因此，对毒品犯罪要严厉打击。1997 年的刑法典其实就是这么一个态度，自然也就要求不以含量来进行折算。当然，是不是严厉打击就一定能遏制住毒品犯罪？这个问题很有意思，因为时间关系，只有留待以后再讲了。

在 2000 年《全国部分法院审理毒品犯罪案件工作座谈会纪要》（以下简称《南宁会议纪要》）中，"不以含量折算"这个立场发生了一些变化，出现了一些松动。《南宁会议纪要》里面明确规定，如果是大量掺假，经过鉴定查明毒品含量极少的，处刑的时候要酌情考虑。在这个意义上讲，《南宁会议纪要》对不以含量折算这个立场作了一些调整。这是可以理解的，如果一味强调对毒品犯罪的严厉打击，会导致刑法的刚性过强，而刑法的刚性太强会带来一系列不利的后果，比如毒品犯罪死刑的数量就会居高不下。所以《南宁会议纪要》实际上是要缓和刑法的刚性。

到了 2007 年，两高一部又下发了一个《办理毒品犯罪案件适用法律若干问题的意见》，这个意见明确规定，可能判处死刑的毒品犯罪案件，毒品鉴定结论应有含量鉴定的结论。这就意味着死刑案件，应该作出含量鉴定，而且一定要考虑含量的问题。到了《大连会议纪要》，还是延续了 2007 年两高一部司法解释的规定，要求作出毒品的含量鉴定，特别是死刑案件。实际上也看得出来，司法解释的用意还是要缓和刑法的刚性，减少和限制死刑的适用。

到了《武汉会议纪要》，有两个明确的规定：其一，无论毒品的纯度高低，一般均应将查证属实的毒品数量认定为毒品犯罪的数量，不进行一个含量的折算。为什么我一开始说，刑辩律师提出让法院按照折算过的数量来量刑是不对的，道理就在这里。其二，涉案毒品纯度明显低于同类毒品的正常纯度的，量刑的时候可以酌情考虑。虽然要按照查获的毒品数量来进行认定，但是如果含量低于同类毒品的正常含量的，可以酌情从轻处理。什么是正常含量？就是大多数案件中毒品的含量，比如，我们现在涉及海洛因的毒品犯罪案件，海洛因的含量大概在 10%~20% 之间，要注意这个正常含量不能理解为平均含量。如果低于这个含量，比如海洛因只有 10% 或者更低一点，5% 甚至 1%，虽然还是要以查获的全部毒品来确定刑事责任，但是要考虑含量，因为含量低是可以酌情从轻处理的。

（四）毒品数量和定罪

根据刑法典的规定，走私、贩卖、运输、制造毒品，无论数量多少，都应当追究刑事责任，予以刑事处罚。但是大家要注意，刑法典分为两部分，总则部分和分则部分，总则是原则性和规则性的规定，对分则是有指导和制约意义的。这个放到毒品犯罪里面是什么意思呢？1991 年最高人民法院有个司法解释，也就是《关于十二省、自治区法院审查毒品犯罪案件工作会议纪要》。这个纪要对所谓起刑点的问题作出了一个合乎总则的规定，虽然《关于禁毒的决定》不规定"起刑点"，但并不是说可以不管情节，一律定罪判刑，对于情节显著轻微不构成犯罪的，或者犯罪情节轻微不需要判处刑罚的，应当依照《刑法》总则的规定予以判处。也就是说，《刑法》总则的规定，对于审理毒品案件同样是适用的，因此，在毒品犯罪的认定中仍然要接受《刑法》总则第 13 条对犯罪成立的限制。虽然现在这个司法解释已经失效了，但是它体现出来的《刑法》理论是符合分则和总则关系的，在学理上是完全成立的。

（五）毒品具体种类的认识错误

在司法实践中还有一种情况，虽然不是很典型，但是现在也慢慢多起来了，就是对毒品具体种类的认识错误问题。

关于对毒品的认识这个问题，学术界和实务界的观点基本是一致的。不要求行为人对毒品有一个明确具体的认识，比如要求认识到是海洛因、甲基苯丙胺，还是其他什么毒品，不要求到这一步，只要求行为人认识到是毒品就可以了，不要求认识具体的种类。

根据大陆法系刑法理论中的行为人所处的外行人领域的平行判断标准，只要求行为人对毒品的认识达到他所处的那个领域的一般人所能认识到的程度就可以了。打个比方来说，不需要行为人认识到白粉就是海洛因，冰毒就是甲基苯丙胺，不需要认识到它们具体的化学名称或者分子式，只需要在他所处的那个社会环境中，达到一般人对毒品的认识就行了。比如海洛因也被称为"四号""白粉"等等，行为人只要对"四号""白粉"有认识就可以了。

虽然行为人对毒品的认识是一种概括性的认识，但需要注意的是，概括性认识强调的是对可能性的认识。比如这个毒品可能是海洛因，可能是甲基苯丙胺，可能是鸦片，可能是其他的什么毒品，行为人需要有这个可能性的认识。如果没有这个可能性的认识，也就是说他对毒品的具体种类出现了认识错误，这种情况该怎么办？

比如，行为人运输毒品，被查获了，是海洛因，他反复强调说那不是海洛因，他运输的是鸦片，最后指使他运输的人也被抓获了，指使者也承认了，说当时的确是骗了他。当时指使者跟他联系，让他帮运一点，他说海洛因不运，那个是掉脑袋的，指使者说鸦片运不运？他说鸦片不掉脑袋，数量少一点是可以运的，然后指使者就把海洛因换成鸦片，给他了，他就拿着，因为一大包，密封的，不知道里面是什么东西，结果就被发现了。这就是典型毒品具体种类认识错误的案件，这种情况怎么处理呢？

对于事实认识错误，理论上有三种学说，具体符合说、抽象符合说和法定符合说，我们现在采用的是法定符合说。从法定符合说的角度来讲，对毒品具体种类的认识错误，对定罪是没有影响的，也就是说如果对具体毒品的种类发生了认识错误，不阻却犯罪的构成，其行为仍然构成相应的毒品犯罪，但考虑到毒品犯罪的量刑和具体毒品种类是有很大关系的，比如可能判处15年有期徒刑、无期徒刑或者死刑的，海洛因50克就行，但如果是鸦片，大概是1000克，这个就是一个巨大的区别。责任是对行为人进行的主观上的非难，从这个角度出发，错把海洛因当成鸦片，对其责任是会有影响的。因此，这种事实认识错误，尽管不影响定罪，但会对量刑产生一定的影响，应该酌情予以考虑。这个观点，司法解释中未予明确，但学术界是赞同的。

（六）毒品犯罪的选择性罪名

什么是选择性罪名？刑法典给出一些并列的罪名，用于适用时根据具体情况进行选择，可以都用，也可以只用其中的一个或几个，这就是选择性罪名。选择性罪名的学理意义有三条：第一，实施了一个行为的，按一个行为定罪，实施了数个行为的，按数个行为定罪。第二，数行为的犯罪对象是同一宗毒品的，构成数罪但不并罚，毒品的数量也不重复计算，比如走私、运输毒品100克，从理论上讲应该构成数罪，而且要并罚，即使不数罪并罚也应该按200克量刑，但由于走私、运输毒品是选择性罪名，不数罪并罚，也不累计计算毒品数量。第三，数行为的犯罪对象如果不是同一宗毒品的，也不并罚，但毒品数量累计计算。

刑法典选择性罪名的法条模式有几个优点，可以简化法条，还可以优化法典结构，但是选择性罪名也存在一些缺陷，它的缺陷主要在两个方面：

第一，对毒品的走私、贩卖、运输、制造行为所产生的社会危害性是有所区别的，如果都按同一个标准来量刑，就会产生罪刑上的不均衡或者不相适应。

走私、贩卖、运输、制造毒品这四个罪的客体，一般认为就是国家对毒品的管理制度，但走私毒品和其他的三个罪是有区别的。运输也好，制造也好，贩卖也好，实际上侵犯的客体是单一客体，即国家对毒品的管理制度。但是走私毒品就不是单一客体了，它还违反了海关法等相关法律法规，逃避海关的监管，破坏禁止毒品进出口的监管制度。从这个角度来讲，它客体的复杂程度要超过后面三个罪名，如果都按同一标准来量刑就会出现失衡。此外，走私、制造和贩卖，从行为的特点、性质来看，与运输是有很大区别的。走私和制造都是毒品无中生有的阶段，毒品的产生就以走私和制造为开端。贩卖是毒品犯罪中的关键性环节，必须通过贩卖，毒品才能流入消费市场，进入吸毒者的手中。而运输是从属于毒品源头和毒品市场的，它是中间环节，它的作用比不上制造、走私，也比不上贩卖，它是从属于其他三个罪的。如果贩卖和运输相同数量的毒品都被判处死刑，就会导致量刑的不均衡问题，所以说这是选择性罪名的一个缺陷。

第二个方面，选择性罪名认定为数罪但不并罚，似乎对罪名的选择没有什么影响，实则不仅有影响而且很大。认定系一罪还是数罪，对犯罪人特别是对共同犯罪中的犯罪人刑事责任的确定有很大影响，这就是选择性罪名存在的另一个问题。我们可以看一个案例。

甲和乙两人合谋购买毒品去贩卖，约定甲负责筹集毒资，然后到外省去进行贩卖，因为甲对那边很熟。这是甲的作用，他是筹集毒资和进行贩卖。而乙是本地人，他在毒品的卖家方面有些资源，人熟，因此就负责联系毒品的卖家，还负责开车，因为甲没有驾驶执照，不会开车，最终要由乙开车把甲送到他所在的那个省份，然后由甲去进行贩卖。就这么一个约定，两个人就分头去做了，乙给甲约了卖主，甲就拿着钱去交易，买到毒品以后，乙就开车把甲送走，结果送的路上被抓获了。

案情很简单，公诉机关是以贩卖毒品罪进行起诉的。如果各位是此案的刑辩律师，这个案子怎么来进行辩护？或者说辩护的重点在哪里？这个案件公诉机关只起诉一个罪名和起诉数个罪名，是有非常明显区别的。如果公诉机关只起诉了贩卖毒品罪一个罪，那么对甲来说，是贩卖毒品的实行犯，没有问题，他去购买了，而且他还要去卖，都是他去做的，他是实行犯，可以认定为是主犯。但是我们考察乙，乙的行为是什么呢？其一，联系毒品的卖主，但是交易的时候他没去，是甲去的。其二，开车把甲送走。乙联系卖主和开车的行为应该是一种什么行为？是一种帮助的行为。如果说只定贩卖一罪的话，他肯定不是贩卖的实行犯，而是贩卖的帮助犯，也就是说可以从他是从犯的角度展开辩护。

这个案例说明了一个问题：认定一罪还是数罪，对刑事责任的确定是有影响的，这个就是选择性罪名的另一个缺陷。对于这个缺陷，我觉得可以对走私、贩卖、运输、制造毒品这个罪名进行一个拆分，这里的拆分是量刑的拆分而不是法条的拆分，然后在量刑上进行三个梯度的罪刑设置。第一个梯度是走私和制造，因为他们是产生毒品的阶段，这个阶段起到的作用是巨大的；第二个梯度是贩卖；第三个梯度是运输，运输的作用是相对比较小的，应该给它单独量刑。这样就可以解决这个缺陷的问题了。

实际上，《大连会议纪要》已经开始把单纯运输毒品与走私、贩卖、制造毒品相区别了。《大连会议纪要》中明确规定，毒品犯罪中单纯的运输毒品行为具有从属性、辅助性的特点，部分涉案人员系受指挥、雇佣的平民、边民或者无业人员，这些人所起的作用和主观恶性是相对较小的，社会危害性也相对较小，所以应当与走私、贩卖、制造毒品和前述具有严重情节的运输毒品犯罪人有所区别，不应单纯以涉案毒品数量的大小决定刑罚适用的轻重。

到了《武汉会议纪要》"仍然延续了这种做法，在纪要中明确规定，应当继续按照《大连会议纪要》的有关精神，重点打击运输毒品犯罪集团的首要分子，即组织、指使、雇佣他人运输毒品的主犯或者毒枭、职业毒贩、毒品再犯等，但对于受人指使、雇佣参与运输毒品的被告人，应当综合考虑毒品数量、犯罪次数、犯罪的主动性和独立性、在共同犯罪中的地位作用、获利程度和方式及其主观恶性、人身危险性等因素，予以区别对待，慎重适用死刑。

对于第二个缺陷，司法解释也作出了有针对性的规定，《南宁会议纪要》中就明确规定，对行为人同一宗毒品实施了两种以上犯罪行为并有相应确凿证据的，应当按照所实施的犯罪行为的性质并列确定罪名。要弥补这个缺陷需要按行为来确定罪名，但是请大家注意，确定罪名时还必须有确凿证据，经查证属实，而不能仅仅只有被告人的供述。如果只有这个供述，而没有其他证据进行印证和支持的也不行。

因为我们今天是关于死刑的刑辩问题，所以我们在走私、贩卖、运输、制造毒品罪中就只讲四个具体的罪名，即走私、贩卖、运输、制造毒品罪。

（七）走私毒品

最早对走私进行界定是在《最高人民法院关于执行〈全国人民代表大会常务委员会关于禁毒的决定〉的若干问题的解释》中。在这个解释里明确走私毒品就是指明知是毒品，而非法将其运输、携带、邮寄进出国边境的行为。《最高人民检察院、公安部关于公安机关管辖的刑事案件立案追诉标准的规定（三）》对走私的界定做了一些修改，把邮寄改为寄递，这种修改可能是因为现在快递业比较发达，从概念的周延性来说，寄递包含了邮寄和快递。实际上这个修改意义不大，因为对于邮寄，可以通过解释的方法进行扩大解释，把快递也包含在内就可以了。

走私犯罪，除了直接走私外，还有间接走私。所谓间接走私，是指直接向走私人非法收购国家禁止进口物品、走私进口的其他货物、物品，或者在内海、领海、界河、界湖运输、收购、贩卖国家禁止进出口物品，直接向走私人非法收购国家限制进出口货物、物品，没有合法证明的。走私毒品也是走私犯罪的一种，因此，为了和走私犯罪进行一个体系性的合理自洽，《最高人民检察院、公安部关于公安机关管辖的刑事案件立案追诉标准的规定（三）》中也规定了走私毒品中的间接走私，直接向走私人非法收购走私进口的毒品，或者在内海、领海、界河、界湖运输、收购、贩卖毒品的，以走私毒品罪立案追诉。

对走私犯罪，有的学者还提出一个观点，认为输入毒品与输出毒品的危害程度存在差异，前者重于后者，量刑时应区别对待。这种研究在理论层面是有意义的，但是在实务层面的意义不大。因为输出型的走私并不多，可能东部沿海地区会突出一点，但在全国其他一些地区，特别是云南这种毗邻金三角的地区，基本没有输出型的毒品走私。

（八）贩卖毒品罪

1. 贩卖毒品罪的罪状

在贩卖毒品罪中现在还存在一些争议。首先就是我们怎么来理解贩卖，根据《最高人民法院关于执行〈全国人民代表大会常务委员会关于禁毒的决定〉的若干问题的解释》，贩卖分为两种情况，一种情况是明知是毒品而非法销售，另外一种是以贩卖为目的而非法收买毒品。这个规定在《最高人民检察院、公安部关于公安机关管辖的刑事案件立案追诉标准的规定》中被沿袭了，也就是说我们实务部门认为贩卖毒品是包括两种情况的，一种情况是非法销售，另外一种情况是以贩卖为目的的购买行为。

为什么实务部门作出这种理解呢？这就是对刑法典进行体系化解释的一个结果。如果说贩卖包括非法的销售，估计不会有什么争议，但购买的行为构不构成贩卖毒品罪？这个问题可能就会有不同意见了。要准确认定"贩卖"就要用到体系性解释，我们可以考察刑法典里的另外一个罪名——非法买卖枪支弹药罪。非法买卖枪支弹药罪，请注意此处用的是"买卖"，而贩卖毒品罪用的是"贩卖"，"买卖"和"贩卖"有没有区别？从刑法典的整体来讲，在相同的场合，如果立法者使用了相同的语词，就应该理解为立法者认为这两种情况是相同的，或者是一致的，而如果在类似的情况之下，立法者用了不同的语词表达，就应该理解为立法者是在试图区别某些东西。所以，从体系性解释的角度来讲，枪支弹药和毒品都是受国家管制的物品，既然立法者分别使用了"贩卖"和"买卖"，就说明不能把二者等同，也就是说两者是有区别的，购买毒品的行为不一定构成贩卖毒品罪，否则如果所有的购买毒品行为都构成犯罪的话，就应该使用"买卖"这个语词，而不是"贩卖"。那么哪些购买毒品的行为构成贩卖毒品罪呢？这里就要使用到文理解释的方法了。如果查一下《汉语大词典》，会发现对贩卖有两个解释，一个解释就是销售、卖出，另一个解释是以卖出为目的的购买行为。那么结合这个文理解释，再结合体系性解释，就可以对贩卖作出一个界定——既包括非法销售的行为，也包括以贩卖为目的的购买行为，这就是体系性解释和文理解释的结果。

对于购买的一方来说，他是目的犯，要求他以贩卖作为目的，如果他不以贩卖作为目的，比如以自己吸食作为目的，就不构成贩卖毒品罪，而构成其他的犯罪，构成什么罪，稍后再讲。贩卖本质是有偿的转让，不是赠送，送一点毒品吸一吸，那个就不是贩卖了。但是大家要注意，这个有偿的转让是不以金钱交易为限的。比如以物易物行不行？现在吸毒者毒瘾发了，要吸点毒品，但没钱，用家传的戒指交换，弄一点毒品可不可以？也是可以的，但是它必须是有偿的转让，如果是无偿的就不行了。

此外，贩卖不以牟利作为目的，如果以牟利作为目的，会出很多很荒谬的结果。毒品交易除了毒品有其特殊性外，也和其他合法的货物、商品一样，都要接受市场规律规制。也就是说，毒品的价格也是有涨有落的，有时候毒品价格高，有时候毒品价格低。比如，侦查机关的打击力度一加大，查获的毒品一多，自然毒品在交易中的价格就会升高，因为查获的毒品多了，进入消费市场的毒品就少了，肯定就要涨价。如果要求以牟利为目的，那就麻烦了，比如行为人价高的时候买了一批毒品，卖的时候价低了，不仅没赚钱，还亏本了，那就不是贩卖毒品了？这个就很荒谬了。当然，这种情况可能有同志会说，行为人主观上是想牟利的，只是客观上没有实现而已。那我们还可以再看一种情况，比如，行为人为了跑路急着把毒品出手，于是就把毒品低价卖出了，行为人主观上压根就没有牟利的目的，只是想弄点钱赶紧跑，这种情况难道不是贩卖毒品？如果不是贩卖毒品，定什么罪呢？非法持有毒品？所以要求以牟利作为目的，就会产生很多荒谬的结果，而且目的这种主观的超过要素会增加刑事诉讼中证明的难度，所以我们实务部门不主张以牟利作为目的。

对贩卖毒品的认定，学术界是有不同观点的，有的学者就认为贩卖毒品就是指有偿转让毒品的行为，不包括以贩卖为目的的购买行为。如果是非法购买的，构成什么？构成贩卖毒品罪的预备，犯罪预备。为什么会出现这类观点呢？我后面会分析。

2. 几类特定行为人与贩卖毒品罪

吸毒者能不能构成贩卖毒品罪？我们前面讲过贩卖毒品罪分为两种情况，下面就先看非法销售的情况，具体来说就是吸毒者有毒品了，现在要去卖，这种情况之下，吸毒者的身份对他是否构成贩卖毒品罪是没有影响的，但是对量刑会产生一定的影响。如果此时把吸毒者理解为一种身份，对定罪没有影响，但是对量刑会有一定的影响。也就是说吸毒者这种身份这时候不是构成身份，而是加减身份，也就是说不是真正身份犯，而是不真正身份犯。

这么理解是有根据的。《大连会议纪要》明确规定，对于以贩养吸的被告人，其被查获的毒品数量应认定为其犯罪的数量，但量刑时应考虑被告人吸食毒品的情节，酌情处理。这就是说吸毒的身份对他的定罪没有影响，但是对量刑会有一定的影响。

《武汉会议纪要》仍然持这种观点，规定对于有吸毒情节的贩毒人员，一般应当按照其购买的毒品数量认定其贩卖毒品的数量，量刑时酌情考虑其吸食毒品的情节。这个是就非法销售而言，吸毒身份对行为人罪名和量刑的影响。

下面再看以贩卖为目的非法购买毒品的情况。此时吸毒者的身份对是否构成贩卖毒品罪就具有影响了，所以贩卖毒品罪是一个很复杂的犯罪，包括后面要讲的共同犯罪的问题呀，有很多地方都是值得研究的，而且很多地方既无刑法典和司法解释的规定，学者的论述也很少，就此留下了很多空白地带。

根据《南宁会议纪要》，吸毒者在购买、运输、存储毒品过程中被抓获的，如没有证据证明被告人实施了其他毒品犯罪行为的，一般不应定罪处罚，但查获的毒品数量大的，应当以非法持有毒品罪定罪。这个纪要现在已经废止了，但是《大连会议纪要》也基本是这样规定的：吸毒者在购买、运输、存储毒品过程中被查获的，如没有证据证明其是为了实施贩卖等其他毒品犯罪行为，毒品数量未超过《刑法》第348条规定的最低数量标准的，一般不定罪处罚；查获毒品数量达到较大以上的，应以其实际实施的毒品犯罪行为定罪处罚。《刑法》第348条就是非法持有毒品罪的法条，最低数量标准海洛因为10克，如果吸毒者在购买、运输、存储毒品过程中被查获的，没有证据证明是为了实施贩卖等其他毒品犯罪的，查获的海洛因为10克以下，一般不定罪处罚，如果超过10克，构成非法持有毒品罪的，就以非法持有毒品罪来定罪和量刑。因此，对于是否构成贩卖毒品罪来说，吸毒者这个身份对他定罪是有影响的，如果他是以吸食为目的进行购买的，达到10克，就定非法持有毒品罪，达不到的，适用一般的行政处罚。

　　但是大家要注意，这个规定在《武汉会议纪要》里面发生了一些变化。这个变化实际上是我们实务部门多年推动的一个结果，最高人民法院也反复调研过，我们也在各种调研活动中反复反映这个问题，最后《武汉会议纪要》吸收了这个观点，但不是完全接受，而是作出了一些修改。《武汉会议纪要》规定，吸毒者在购买、存储毒品过程中被查获，没有证据证明其是为了实施贩卖毒品等其他犯罪，毒品数量达到《刑法》第348条规定的最低数量标准的，以非法持有毒品罪定罪处罚。和"南宁会议纪要"相比，"运输"被拿掉了。为什么要把"运输"拿掉？后面我要讲，这个地方就不展开了，但大家要注意一下这个细节。

　　因此，吸毒者不是为了贩卖而购买毒品的，不构成贩卖毒品罪，但吸毒者这种身份对量刑仍然存在影响，《大连会议纪要》只是规定，对于以贩养吸的被告人，已被吸食部分不计入贩毒的数量之内。《武汉会议纪要》进一步规定，对于有吸毒情节的贩毒人员，其购买的毒品数量无法查明的，按照能够证明的贩卖数量及查获的毒品数量认定其贩毒数量；确有证据证明其购买的部分毒品并非用于贩卖的，不应计入其贩毒数量。这个变化可以举个例子说明，比如，吸毒者购买了一大包毒品用于贩卖，有一公斤，还购买了一小包用于吸食，有 5 克。如果按照《大连会议纪要》，那 5 克只有吸毒者吸食了才不列入贩卖的毒品数量，但如果按照《武汉会议纪要》，如果有证据能够证实那 5 克就是吸毒者自己要吸食的，即使查到了而且并没有被吸食掉，也不计入贩卖的毒品数量之内。

下面再说一下托购者、代购者和贩卖毒品罪的关系。根据《南宁会议纪要》，不以营利为目的，为他人代买，仅用于吸食的毒品，毒品的数量如果没有超过非法持有毒品罪规定的最低标准，比如海洛因 10 克，是不构成贩卖毒品罪的，超过了，可以构成非法持有毒品罪，这个和吸毒者的情况是一致的。《大连会议纪要》与《南宁会议纪要》是一致的，只是进行了细化，明确了代购者从中牟利，变相加价贩卖毒品的，对代购者应以贩卖毒品罪定罪。明知他人实施毒品犯罪而为其居间介绍、代购代卖的，无论是否牟利，都应以相关毒品犯罪的共犯论处。《武汉会议纪要》对代购者从中牟利、变相加价的认定标准进一步进行了规定，这一点在《大连会议纪要》中是不明确的。怎么认定从中牟利、变相加价呢？一个就是收取介绍费和劳务费，还有就是收取部分毒品作为酬劳。但是大家请注意，如果是以吸食为目的，收取了部分的酬劳，毒品作为酬劳自己吸食，这个不认为是从中牟利，必须是以贩卖为目的，收取部分毒品，收取的毒品不是自己去吸食。比如，行为人替吸毒者代买毒品，吸毒者说现在没钱给，只能给 5 克毒品，结果行为人拿出去卖掉，这时就可以视为从中牟利，属于变相加价贩卖毒品，可以构成贩卖毒品罪。

下面讨论一下居间介绍者和贩卖毒品罪的关系。首先要区分居间介绍和居中倒卖，二者区别何在？一般来讲，居间介绍又称为居中介绍、从中介绍，它的模式是介绍买卖的双方见面共同进行交易，居间介绍者就是一个中间人。而居中倒卖是说倒卖者就是这个毒品交易里面的一方，对贩卖方来说，他是购买的一方，对购买方来说，他又是贩卖的一方。在居中倒卖中，卖主和买主通常是不会见面的，卖家只知道卖出的价格，同样地，买家也只知道买进的价格，中间的差价只有居中倒卖者知道，付款模式也是卖家支付给居中倒卖者，再由居中倒卖者支付给买家。而居中介绍中，居中介绍者是介绍双方去交易，卖主和买主通常是要见面的，而且是自行交易，居中介绍者只是获取由买家或卖家支付的一定数量的佣金。这就是二者的区别。

根据《武汉会议纪要》，居间介绍者的处理原则如下：第一，居间介绍者受贩毒者委托，为其介绍联络购毒者的，与贩毒者构成贩卖毒品罪的共同犯罪。第二，明知购毒者以贩卖为目的购买毒品，受委托为其介绍联络贩毒者的，与购毒者构成贩卖毒品罪的共同犯罪；受以吸食为目的的购毒者委托，为其介绍联络贩毒者，毒品数量达到《刑法》第348条规定的最低数量标准的，一般与购毒者构成非法持有毒品罪的共同犯罪。在大陆法系刑法里，特别是日本刑法中，有观点就认为目的是身份的一种，对于犯罪目的的问题按照身份犯的相关理论来进行处理。我国刑法中虽然不承认目的是身份的一种，但是在处理方式上，和日本刑法中的处理方式是一致的。如果行为人明知以贩卖为目的，还替他人代购，那么就成立贩卖毒品的共同犯罪；如果明知是为了吸食，还去代购代买的，就构成非法持有毒品的共同犯罪。为了便于理解，也可以像日本刑法一样，把目的当作身份的一种，按身份犯的相关理论来处理。第三，居间介绍者同时与贩毒者、购毒者共谋，联络促成双方交易的，通常认定与贩毒者构成贩卖毒品罪的共同犯罪。第四，居间介绍者通常对促成交易起次要、辅助作用的，应当认定为从犯，但如果作用实在很大，在符合一定条件的情况下，也可以认定为主犯。

在司法实践中，关于贩卖还有一种情况是比较普遍的，我在刚才的案例里面也讲到了，比如行为人去贩卖毒品，现场被抓获，身上有 50 克，后来侦查人员又到家里去搜，又发现了 100克，家里这 100 克是怎么来定罪的？定非法持有毒品罪还是其他什么罪？这在司法实践中是非常普遍的问题。

这里面其实存在一个推定，以前的做法是行为人如果身上有毒品，是去进行贩卖的，后来在住所等地点也查获了毒品的，就推定后来查获的毒品也同样是用来贩卖的。这个观点在最高人民法院调研时我们明确提出过，这是我们的一个认识。这个观点后来在《武汉会议纪要》里面被采纳了：贩毒人员被抓获后，对于从其住所、车辆等处查获的毒品，一般均应认定为其贩卖的毒品。但是大家要注意还有后半段：确有证据证明查获的毒品并非贩毒人员用于贩卖，其行为另构成非法持有毒品罪、窝藏毒品罪等其他犯罪的，依法定罪处罚。既然是一种推定，就应该允许被告人进行反证，但这个反证不是举证责任的转移。在公诉案子里举证责任是公诉方的，不会转嫁给被告人。不是要求被告人提出证据进行反证，这种反证可以是通过语言的辩解，作出一种合理的说明，当然被告人也可以提出证据进行反证。这有点像英美法系的善意辩护制度，能够作出一个合理的说明，能说清楚，也具有合理性，而且难以排除的，就不能这样推定了。

（九）运输毒品

1. 运输毒品罪的罪状

运输毒品犯罪在全部毒品犯罪中所占的比例还是比较大的。对运输毒品罪进行界定根据的是《最高人民法院关于执行〈全国人民代表大会常务委员会关于禁毒的决定〉的若干问题的解释》，现在《最高人民检察院、公安部关于公安机关管辖的刑事案件立案追诉标准的规定》对运输毒品进行了进一步的明确。我们把两个司法解释拿出来对比一下：在《最高人民法院关于执行〈全国人民代表大会常务委员会关于禁毒的决定〉的若干问题的解释》中，运输毒品被规定为明知是毒品而采用携带、邮寄、利用他人或者使用交通工具等方法非法运送毒品的行为。而到了《最高人民检察院、公安部关于公安机关管辖的刑事案件立案追诉标准的规定》，"邮寄"被改成了寄递，还增加了一个托运。为什么要这样修改？前面已经说过了，这里就不重复了。

2. 吸毒者与运输毒品罪

根据《大连会议纪要》，吸毒者在购买、运输、存储毒品过程中被查获的，如没有证据证明其是为了实施贩卖等其他毒品犯罪行为，毒品数量未超过《刑法》第348条规定的最低数量标准的，一般不定罪处罚；查获毒品数量达到较大以上的，应以其实际实施的毒品犯罪行为定罪处罚。但在《武汉会议纪要》中，把"购买、运输、存储"中的运输拿掉了。为什么要把"运输"拿掉呢？以前的观点认为，吸毒者运输毒品，只要能认定是为了自己吸食，而不是以贩卖为目的来实施运输毒品的行为，仍然应构成非法持有毒品罪，此即所谓动态持有的观点。以前一般是这么认识的，虽然运输毒品了，但又不去卖，而是自己吸食，这个就是动态的持有。

但是这个观点是经不起推敲的。为什么？首先，运输毒品是不是目的犯？如果我们认为吸毒者以吸食为目的的运输毒品行为不构成运输毒品罪，那么不以吸食为目的的运输毒品行为就应该构成运输毒品罪。这样一来，就意味着运输毒品罪就是目的犯了。但在刑法理论中常不认为运输毒品罪是目的犯，这是第一个冲突。

其次，如果认可所谓动态持有的观点，那么就应该存在所谓静态持有，二者怎么进行有效的区分？这个也是一个问题。还有，运输毒品罪和非法持有毒品罪，量刑上是有很大区别的。如果达到了一定的数量，按照运输毒品定罪，是可能判处死刑的，但按照非法持有毒品定罪，最多就是无期徒刑。而吸毒者运输毒品认定为非法持有毒品罪，不吸毒的就认定为运输毒品罪，就会变相地鼓励各级毒枭尽量雇佣吸毒者来运毒。

所以动态持有的观点是有问题的，在理论和实务层面上都有一些问题。我个人的观点认为，运输毒品罪不是目的犯，不要求有具体的目的，不管行为人基于什么目的，只要客观实施了运输行为，就应该构成运输毒品罪，因为这个时候已经侵犯了国家对毒品的管理制度，1克也好，10克也好，100克也好，只要是在运输的过程中被查获的，统统都应该定运输毒品罪。最后，最高人民法院部分采纳了这种观点。为什么说是部分采纳？根据《武汉会议纪要》，吸毒者在运输毒品过程中被查获，没有证据证明其是为了实施贩卖毒品等其他犯罪，毒品数量达到较大以上的，以运输毒品罪定罪处罚。吸毒者要构成运输毒品罪，有两个限制条件：一是没有证据证明其是为了实施贩卖毒品等其他犯罪；二是毒品数量达到较大以上。《武汉会议纪要》这样规定，可能是受了学术界的影响，因为，就有学者主张为了自己吸食、注射而将毒品从此地带往彼地，不应认定为运输毒品。但这样一来，前面提到的问题仍然存在，比如，两个行为人都在飞机上面，从昆明到北京，一个行为人是吸毒的，带 5 克海洛因，一个是没吸毒的，也带 5 克海洛因，没吸毒的就定运输毒品罪，而吸毒这个就不处理了。这个不符合客观实际，也不符合罪责刑相适应的基本原则。因此，毒品数量非得达到较大以上才定运输毒品罪，是经不起推敲的。另外一方面，刑法理论的自洽性会受到影响。这个怎么讲？如果吸毒者运输毒品，现在有证据证明其是为了进行贩卖，那么按照《武汉会议纪要》，构成贩卖毒品罪，不成立运输毒品罪，而我们在前面讲过，行为人对同一宗毒品实施了两种以上犯罪行为并有相应确凿证据的，应当按照所实施的犯罪行为性质并列确定罪名。这就出现矛盾了。

这里面还有一个问题，就是运输毒品和非法持有毒品的区分问题。一般来讲，行为人如果长距离进行毒品运输的话，比如坐飞机，从昆明到北京 2000 多公里，这种情况认定为运输毒品罪没什么问题。可是有的犯罪，比如，行为人自己吸毒，买了点毒品，让毒贩送到家里，结果毒贩给他打电话说前面塞车，不能给送过去了，来拿可以不可以？于是行为人就去拿，来到毒贩塞车那个地方，拿了毒品，然后回家。这种情况下，能不能构成运输毒品罪？这种情况下，行为人携带毒品位移的距离不长，和北京到上海是不同的，而且行为人的主观目的就是弄回家去吸食，如果认定运输毒品罪明显不太合适，而认定非法持有毒品罪可能还比较合适。因此，运输毒品和非法持有毒品不是简单的"动"和"静"的关系，在考虑携带毒品进行物理位移的情况下，有时候还是需要考察行为人主观目的的，但不能把运输毒品理解为目的犯。

代购者、托购者和运输毒品罪，这个和吸毒者的情况是一致的，我们就不展开讲了。

3. 共同运输毒品者与共同犯罪

共同运输毒品行为人的共同犯罪问题，目前在司法实践中还没有形成统一意见，在理论界争议也很大。按照《武汉会议纪要》，两人以上同行运输毒品的，应当从是否明知他人带有毒品，有无共同运输毒品的意思联络，有无实施配合、掩护他人运输毒品的行为等方面综合审查认定是否构成共同犯罪。这个规定和刑法理论还是有一定出入的，配合和掩护固然是帮助的一种形态，但帮助除了配合和掩护这类有形帮助外，还有一种无形的帮助，一定程度上，就是精神上的鼓励，比如，甲跟乙说要犯个罪了，乙什么实质性的行为都没有，就只有鼓励和赞扬，本来甲犯意并不是很坚定，听乙这么一说，犯意坚定了，马上就着手实施犯罪了，这构不构成共同犯罪？肯定构成共同犯罪。这就是《武汉会议纪要》存在的问题。

总的来说，《武汉会议纪要》对共同运输毒品行为人的共同犯罪问题还是做出了一些具体规定，但远远不能满足司法实践的需要。今天因为时间关系，我想谈谈运输毒品的行为人和负责中转的行为人的共同犯罪问题。在有的运输毒品案件中，毒品的运输路线是划分为一段一段的，一个人带一段，那么就意味着可能会有一个行为人负责接收毒品，然后再转交给后面的人继续运输。比如从甲地运到乙地，是一个行为人实施的，到了乙地之后他要交给另外一个行为人，这个行为人暂时收了这个毒品，然后又交给再一个行为人，由接到毒品的这个行为人再运输到下一个环节。这样安排是要规避被侦查、破获的风险。

现在的问题是，接毒品的行为人和运毒品的行为人存不存在共同犯罪的问题？这就是一个有争议的问题，《武汉会议纪要》中只是规定，受雇于同一雇主分段运输同一宗毒品，但受雇者之间没有犯罪共谋的，不应认定为共同犯罪。司法实践中对这种情况的处理也不统一，有的认为是共同犯罪，都是运输毒品罪的主犯，有的又认为不是共同犯罪，运输的就是运输毒品，等着中转毒品的就是非法持有毒品。我个人的观点是，对负责中转的这个行为人来讲，只要其主观上认识到其系等待运输毒品的行为人前来送货或取毒品，只要有这个认识，认识到这个毒品是别人从其他地方运输来交给他的，或者他在这个地方，是等着其他人把这个毒品运走的，就应该构成运输毒品罪的共同犯罪。因为现在主观故意已经有了，意思联络也有了。根据刑法理论，意思联络有时候并不要求具体行为人之间相互知道，相互认识，或者有面对面的明确意思联络，只要知道有其他行为人跟你共同来完成这个犯罪就可以了。因此，这种情况下应该构成共同犯罪。

　　但是负责中转的这个行为人毕竟没有实施具体的运输行为，其负责中转的行为更多是一种什么性质的行为？是一种帮助行为，所以两个人成立共同犯罪，运输的这个构成运输毒品罪的正犯，也就是主犯，而负责中转的这个人，他的非法持有毒品的行为，保管的行为，存储的行为，应该视为是对运输行为的一种帮助，可以成立运输毒品罪中的帮助犯。

　　这里又涉及刑法理论上的另外一个问题，就是非法持有毒品罪和走私、贩卖、运输、制造毒品罪的区别问题，因为负责中转行为人的行为在运输毒品罪中是共犯，但是在非法持有毒品罪中却是正犯。如果按照相关刑法理论，正犯行为是要吸收共犯行为的，这个矛盾怎么来解决？

　　这就涉及到对这两个罪名的理解问题，走私、贩卖、运输、制造毒品罪和非法持有毒品罪究竟是一种什么关系，实际上现在也是争议很大的。有的说是牵连犯，有的说是吸收犯等等。我个人认为这两个犯罪属于法条竞合或者叫法规竞合关系，因为它们这种竞合关系是法条本身的，不是基于某个犯罪行为引起的竞合，是一种静态的竞合，这两个罪名天然就有联系。因为要走私、贩卖、运输、制造毒品，必然要非法持有，如果不持有，是不可能实施这些行为的。从这个角度上来讲，两者就是一个法条竞合的关系。

按照法条竞合关系解决的理论，其中有一条就是基本法吸收补充法。所谓基本法吸收补充法，是指只有在基本法的评价不全面或者难以实现的时候，才适用补充法。比如，日本刑法中在故意伤害罪之外还有一个罪，叫作暴行罪。一般来讲，行为人有故意伤害行为，如果达到了故意伤害罪的入罪标准，就定故意伤害罪，没有达到的，就定暴行罪。我国刑法典中以前没有类似规定，但是现在有了，就是交通肇事罪和危险驾驶罪，两者就是基本法和补充法的关系。行为人违反了交通运输法规，导致了交通事故的发生，交通肇事罪的成立是有严格要求的，必须死亡一人，重伤三人，或者是公私财产受到重大损失，如果达不到这个条件，就不构成交通肇事罪。但是现在有了危险驾驶罪，如果行为人有酒后驾驶、追逐竞驶等行为，这种情况下，如果达不到交通肇事罪的入罪标准，可以认定构成危险驾驶罪。走私、贩卖、运输、制造毒品罪和非法持有毒品罪这种法条竞合关系，也是按照基本法吸收补充法的理论来处理的。实务界的处理方式和这个刑法理论也是一致的，实务界就认为非法持有毒品罪是个口袋罪，毒品来源查不清，去处查不清，行为人有没有具体的毒品犯罪行为查不清时，就笼统地定一个非法持有毒品罪，这个不就是补充法的特点嘛。所以，只有在走私、贩卖、运输、制造毒品罪不成立的情况下，才可能成立非法持有毒品罪。尽管负责中转的这个行为人的帮助行为是非法持有毒品罪的正犯行为，但是因为法条竞合关系，所以我们要优先考虑运输毒品罪的共犯。

4. 幕后指使者与具体运输者与共同犯罪

毒品犯罪的幕后指使者，也就是通常说的幕后老板，其与具体实施运输行为的行为人存在共同犯罪这个没有什么问题，但在共同犯罪中受指使、被雇佣的具体实施运输行为的行为人是不是一定就是从犯？受指使、被雇佣的具体实施运输行为的行为人的确有可能是属于从属、补充地位的，这个前面讲过。因此，很多实务工作者就认为此类行为人就是从犯。这种观点是没有根据的，尽管司法解释承认某些运输毒品的行为人可能属于从属、补充地位，而且规定对于这部分人员，在量刑标准的把握上，应当与走私、贩卖、制造毒品和前述具有严重情节的运输毒品行为人有所区别，但这种区别并不是主犯和从犯的区别，因为不管是《南宁会议纪要》《大连会议纪要》，还是《武汉会议纪要》，均未出现"从犯"两个字，因此，是不是从犯，一定要看具体的情况，不能一概而论。

对于具体实施运输行为的行为人，如果不能证明他主观明知，反而是受到他人蒙蔽利用的，应该做非犯罪化的处理，因为他没有主观故意。这种情况也是有的：老板甲交给乙一个纸箱子，让乙替他带走，问是什么东西，甲说就是一些小礼物，还打开给乙看，是小礼物呀，但小礼物中就藏有毒品，也没有什么酬劳。这种情况下，乙没有主观故意，应该做非犯罪化处理。

如果具体实施运输行为的行为人受了胁迫，才来实施运输毒品犯罪行为的，而且这个胁迫的程度已经影响到了行为人的自由意志，那么也可以不认为是犯罪。但是如果行为人还有自由意志，还能自由进行判断，还可以自由作出一个决定，这种情况存在认定胁从犯的余地。那种已经彻底被控制精神，根本没有自由意志的，就应该也做非犯罪化的处理了。比如老板甲对乙说你要考虑清楚，你还欠我多少钱，你不去运怎么办？乙思来想去，过了好几天，跟老板甲说，好吧，我来运吧。这种情况下，乙的意志自由还是有的，乙参与了犯罪，是受到了胁迫，但这个胁迫的程度是不高的。这种情况下，可以认定为胁从犯。

具体实施运输行为的行为人虽然受了胁迫来实施犯罪，但也可能成立主犯。一开始可能是老板胁迫，但如果行为人在随后的犯罪中，慢慢地犯意坚定了，犯意变得越来越强大了，而且也打算为好处费、酬劳坚决实施犯罪了，那么这种情况下，就应该转化为主犯。比如，起先是受老板胁迫，然后带着毒品上路了，此时，老板的控制没有了，行为人就有完全的自由意志了，如果不想实施犯罪，行为人可以选择放弃，而且有很多的自救办法，打110报警或直接到检查的卡点去跟侦查人员说你体内有东西。但是行为人没有选择自救，而是坚持要把毒品运输到目的地，这个时候就很难讲存在胁迫了。此时就应该转化为主犯。为什么是主犯？因为实施了运输的实行行为，肯定就是主犯，并且实施的是主要的实行行为，还不是次要的实行行为，不是次要的实行犯。比如体内运毒的，毒品又不会长脚，是行为人通过体内的方式把它从甲地带到乙地的，怎么能说是从犯呢？这个实行行为就是行为人实施的，而且在这个共同犯罪里面行为人起到的也是主要作用。两个人开车运输毒品，一个人开车，一个人在旁边帮看看路，对这个人勉强说起个次要作用还可以理解。但是毒品就是行为人通过身体从甲地带到乙地的，现在还说是从犯，这个理由就行不通了。这种情况下，就应该认定为主犯，要与幕后指使者共同对运输的毒品承担刑事责任。而如果在随后实施的犯罪里，进一步受到老板的胁迫，仍然是胁从犯。比如老板还找一个人看着行为人，一路进行监视和控制，这个时候行为人的人身自由进一步受到限制，进一步受到胁迫和控制，此时，仍然还是胁从犯。

如果行为很积极，犯意很坚定，一定要把犯罪实施完，应当认定为主犯。但这种情况下，在量刑的时候要注意贯彻刑罚的个别化原则，要和幕后指使者这种级别的主犯进行区分。比如毒品已经达到死刑标准了，老板到案了，具体的马仔也到案了，两个人是不是都得判死刑？这个不一定。《大连会议纪要》里明确说是可以有所区别的，但是这个有所区别不一定是要把马仔认定为从犯。所以尽管应该都是主犯，但量刑时也要贯彻刑罚的个别化，要根据他们在这个案子里面具体的社会危害性、人身危险性，做出一个适当的刑罚裁量。具体的马仔和老板要有所区别，不仅是可以的，而且是必要的。

5. 以人体方式运输毒品与共同犯罪

以人体方式运输毒品的行为人的共同犯罪问题，也是争议很大的问题。我的观点是不同情况不同对待，具体来说可以区分为以下五种情况：第一种，各行为人虽然是在同一个地方接到毒品，甚至是藏入体内，但把这个毒品吞到肚子里，就各走各的了，相互之间不联系，也不知道别人的路线是什么，这个是常态。因为如果一个人被抓获了，他可能会供认，所以老板要刻意地不让他们知道有哪几个人在一起，路线是什么，以保证其他人的安全。如果是这种情况，就不构成共同犯罪，各人对各人体内运输的毒品承担刑事责任。

第二种，各行为人虽然有各人的行走路线，也已经相互散开了，只是偶然同乘一班飞机，或者是一趟客车、一班渡轮，但相互之间并不交谈，装作不认识，也没有任何共同行为的，一般也不构成共同犯罪，各人对各人运输的毒品承担刑事责任。例如，两个人在老板那儿见过，我看你眼熟，你看我也眼熟，但是两人没有任何交流，还是各走各的，是因为偶然因素走到一起了，这种情况之下也不构成共同犯罪。

第三种，各行为人约定一起出发，同乘一班飞机或者客车、渡轮，请注意是约定了一起走，为什么呢？可以壮个胆，大家相互鼓励，心安一点，好歹坐牢也有个伴嘛。这种情况下，即使相互之间装作不认识，装作没联系，也没有任何共同行为，也要构成共同犯罪。为什么？因为有前面的约定，约定就是意思联络和共同故意的形成。这种情况下构成共同犯罪，虽然各行为人没有共同的实行行为，但可以理解为是一种无形的帮助，这个情况在其他犯罪里面也是有的。比如，甲要杀掉乙，就跟丙说他要杀乙，结果丙说："好样的！我顶你！就是该把他杀死！"虽然丙没有实施任何具体的帮助行为，仅仅是一种精神上的鼓励和支持，但是坚定了甲的犯意，这个就是帮助犯。

第四种，各行为人约定一起出发，并在运输的过程中相互帮助，相互配合，相互协调，构成共同犯罪。这种情况下，毫无疑问应该构成共同犯罪，并且共同对被查获的全部毒品承担刑事责任。比如这个行为人50克，那个60克，后面还有个80克，所有的毒品大家共同承担刑事责任，因为各行为人不仅有犯意，而且还有具体的配合行为了。

第五种，各行为人约定通过各自身体，分批分次运输一批毒品的，不论各行为人是一起出发还是分开行进，都构成共同犯罪，各行为人共同对运输的全部毒品承担刑事责任，这种情况和第四种情况是相似的。

这五种情况中后三种是成立共同犯罪的。但是要注意的是，第五种情况之中，各行为人都是共同正犯，按照部分行为全部负责的原则，对运输的全部毒品共同承担刑事责任。

第三种情况是精神上的一个帮助，第四种情况是有具体的帮助行为。这两种情况下，虽然都是共同犯罪，但是要注意一个细节，各行为人对自己体内运输的毒品是正犯，但对他人体内运输的毒品应该是共犯，即帮助犯。虽然都共同承担刑事责任，但是对自己吞服的毒品承担主犯的刑事责任，对他人吞服的毒品承担帮助犯的刑事责任。

（十）制造毒品

对制造毒品中制造的理解，最初就两种，一种是用毒品的原植物提取，比如从罂粟果里提取鸦片，从鸦片里提取吗啡，从吗啡里提取海洛因。还有一种是用化学方法加工配制毒品，比如甲基苯丙胺是合成类的毒品，它是麻黄素和其他一些化学物质，放在一个反应锅里通过化学反应的形式形成的。

后来发现还有一种物理方法加工配制毒品，很难讲它不是制造毒品，比如现在比较流行的麻古。麻古是怎么来的？就是用甲基苯丙胺或者是其他苯丙胺类毒品和其他的毒品混合以后形成的，从某种意义上来讲，也是一种制造的过程。所以现在制造毒品有三种方法，一种是提取，一种是化学方法，一种是物理方法。

如果对毒品单纯进行添加，例如添加一些非毒品物质的，一般不认为是制造毒品。这个很普遍，像海洛因，如果是经验丰富的司法人员，能够从纯度来判断到哪个环节了。一般海洛因做出来以后，派发到一级批发商手里的时候纯度是很高的，一级批发商派发到二级批发商的时候纯度就降低一点，慢慢到了吸毒人员手中纯度是最低的，因为如果是纯度很高的海洛因，人体是受不了的，所以海洛因都有一个添加稀释的过程，加入蛋白质、脑复康这种东西，一来降低纯度，二来还可以增加重量。实际上对这种行为，刑法典是严厉打击的，所以不以含量来进行折算。虽然你人为添加东西进去，但是你添加的这些东西，最后也是作为毒品卖给吸食者的，所以添加的越多，认定的毒品数量也越多。通过这个方式，其实是反向的对添加其他非毒品物质的行为进行一种遏制。这种情况不认为是制造毒品罪，构成什么犯罪就按照什么犯罪去处理，运输就定运输毒品罪，贩卖就定贩卖毒品罪，走私就定走私毒品罪。

（十一）毒品犯罪的主观明知

主观明知历来是毒品犯罪审判中的重点和难点，因为它关系到犯罪人究竟是有罪还是无罪。主观明知的，构成犯罪，主观不明知的，就不构成犯罪，所以这个历来是审判中的一个重点，自然也就成为了刑辩的一个焦点。主观明知有两种情况，一种是确知，一种是推定明知。确知就是通过行为人的供述，配合证人证言或者其他的一些证据，进行的一个认定。比如，行为人自己承认了，说他知道是毒品，这就可以进行认定了。或者通过其他证据，比如证人证言，行为人跟证人说过，这个也可以进行认定。

除此之外就只能用推定的方法了，即推定明知。用推定这种方法来探知行为人内心的明知状态，在司法实践中进行过很长时间的摸索，相对成熟以后，最高人民法院才通过司法解释予以认可。这就是2007年两高一部颁布的《办理毒品犯罪案件适用法律若干问题的意见》，在这个司法解释中明确了八种情况，这八种情况都是在司法实践中使用比较多而且较成熟的推定方法。

　　其中第一条，要求行为人如实申报，在口岸、机场、车站、港口或其他检查站检查的时候，要求行为人申报。这一条是怎么来的？这个要从形迹可疑开始说起。对于形迹可疑的认定我们的观点就是透视。但是后来发现这个点虽然比较合理，但侦查人员在其中的行为随意性较大，这种随意性会导致透视说变得不太客观。怎么讲呢？比如根据抓获经过，如果上面写着行为人透视前讲了，他就是自首，如果写着透视后才说的，这个就不是自首了。还有，有时候侦查人员在抓获经过中忽略了，没有注明，事后发函给侦查人员，侦查人员如果回函说时间太久，我们也记不清了，那又该怎么办？如此一来，一个很严肃的法律问题就变得很随意了。所以，后来，我们就设想能不能搞一个现场盘问或是申报笔录，要求侦查人员先询问有没有替他人携带违法物品？如果有，现在主动交代，视为自首，如果现在不交代，以后查明了，查到了，就没有自首了，就是这么一个告知的过程。如果当时侦查人员这么问了，行为人说没有，那么侦查人员就带他去透视，一透视有了，就没有自首了，如果一问，行为人就主动申报了，说替别人带了一个包，包里有一个盒子，他不知道是什么，侦查人员一看是毒品，他现在主动申报了，如果他是故意的，存在自首，如果他一点故意都没有，就可以走了，非犯罪化处理，我们当时是这么设计的。

　　但是后来我们发现它还可以用来印证什么呢？主观明知。所以我们提出来的这个现场盘问就具有双重意义了，一方面可以作为判定自首的一个根据，另外一方面可以推定主观是否明知。别人给了你一个什么东西，侦查人员现在来问你，作出了如此提示，你还不说实话，还抵触交给侦查人员，还抵触侦查人员进一步的盘问和检查，那就说明你对这个盒子里面装的是不是毒品是有某种认识的。

除此之外的其他几种推定方法，也是司法实践中比较常用的，比如运输的路线、交接货的方式，以及酬劳等等，这些实际上是从经验法则里面挑选出来的。经验法则是很丰富的，不限于这些。所以第八条请大家注意，它说其他有证据，足以证明行为人应当知道的，这里是一个概括性的规定，可能还会有其他的经验规则帮助我们进行认定。

对于推定明知，需要注意三个要点：第一，要认识到经验法则的例外性，不是所有的经验法则都是有效的，会有例外情况。第二，要允许被告人进行一个反证，这个反证不是说要他举证，而是要他作出一个合理的解释，给出一个合理的说明，当然如果他能够举出证更好。比如，申报的问题，你现在不申报，那你为什么不申报？我现在认为你应该知道是非法物品，那你现在就要作出合理的说明。申报了以后，如果是合法的物品，侦查人员检查一下，肯定就还给你了，你就接着上路了，你为什么拒绝申报？要作出一个合理的说明。第三，我们要注意到个体差异性的问题。经验法则并不是百分之百可靠的，它要受这三个条件的限制。

《武汉会议纪要》里关于主观明知的问题，和2007年这个司法解释基本是一致的，就是做了一些补充，故意绕开检查站点，以虚假身份或者地址办理托运手续，实际上这个也是从经验法则里面来的。只是《武汉会议纪要》里面明确规定，应当依据被告人实施毒品犯罪行为的过程、方式、毒品被查获时的情形等证据，结合被告人的年龄、阅历、智力等情况，进行综合分析判断。这个所谓被告人的年龄、阅历和智力就是我说的个体差异的问题。相同的人面对同样的情况，可能会作出不同的反应，不同的人对不同的情况反而可能会作出相同的反应，所以说心理学是一个很复杂的学科，人类现在能够通过心理学探知的心理现象实际上是非常有限的，这个就是个体差异的问题，是要引起注意的。

（十二）共同犯罪

1. 毒品犯罪集团

对于犯罪集团中的首要分子来说，直接按刑法典的规定来处理就行了。对组织领导犯罪集团的首要分子，按照集团所犯的全部罪行处罚，这个是没问题的。下面我们要讨论的是犯罪集团中，其他参与人员之间是否成立共同犯罪？按照《南宁会议纪要》，仅在客观上相互关联的毒品犯罪行为，比如买卖毒品的双方，不一定构成共犯。在《大连会议纪要》里面也明确了，仅在客观上为相互关联的毒品犯罪上下家，不构成共同犯罪。似乎这个纪要的规定对其他参与人员的共同犯罪持一个否定的态度，实际上要看怎么理解这个相互关联的问题。

在毒品犯罪里面相互关联，这种客观上的相互关联有两种情况，第一种情况就是我们《南宁会议纪要》里面明确的，买卖的双方，也就是买的一方和卖的一方，在刑法理论上我们把这种行为叫作对象犯，对象犯不一定成立共同犯罪。《南宁会议纪要》认为这种买卖的双方不构成共犯，这是符合刑法理论的。第二种情况就是客观上已经构成了共同犯罪，但是缺乏主观的内容。比如几个行为人一起替老板运输毒品，他们的行为已经有客观的联系了，但是没有主观上故意的形成和意思的联络。这也是一种相互关联性，但对后者来说，它并非必然不构成共同犯罪。大家要注意，《大连会议纪要》和《南宁会议纪要》相比，就是明确了对于后一种客观上的相互关联性，如果有共同故意，甚至有意思联络了，就应该肯定是构成共同犯罪的，这样才符合刑法理论。所以说不能一概进行排斥，还要具体分析，客观上有关联性，主观上有共同的故意和意思联络了，那么就应该成立共同犯罪。

在毒品犯罪集团中，如何解决其他参与人员之间的共同犯罪问题呢？比如，老板丁安排甲走私，乙运输，丙贩卖。甲、乙、丙、丁四个人都到案了，甲、乙、丙之间的行为是有客观关联性的，一个走私，一个运输，一个贩卖，但是如果他们并没有这种意思上面的联络，也没有共同故意，他们就单独和老板之间形成一个共同犯罪，比如甲就走私和老板构成共同犯罪，乙就运输和老板形成共同犯罪，丙就贩卖和老板构成共同犯罪。但是如果说他们之间现在是一种相互固定的形式，相互固定的意思就是说他们之间相互对于对方的存在和相互的犯罪行为是熟悉的，这个链条很完整，搞了很多年，一直没有被侦查人员破获，甲知道有个乙在搞运输，有个丙在搞贩卖，乙也知道，丙同样也知道。这种情况下，刚才我们讲了，是构成共同犯罪的，因为主观内容和客观行为都有了。

在具体的定罪和量刑上面怎么来考量呢？应该就他们所了解的他人犯罪的实行行为来确定罪名。比如甲如果知道乙是在运输，知道他走私来的是乙进行运输的，他们两个就应该和老板构成走私、运输毒品罪。如果现在连丙的贩卖他们都知道了，那么四个人都是走私、贩卖、运输毒品罪。具体的量刑呢，因为毕竟他们是一个人一段，甲是走私，乙是运输，丙是贩卖，个人对自己所实施的实行行为承担刑事责任就可以了。因为我们说过选择性罪名，即使实施了数个行为构成数罪，也不并罚。况且各行为人对他人的犯罪行为，可以理解为是一种广义的帮助，如果行为人四个行为都实施了，也只是数罪，不并罚，况且现在只实施了一个行为，剩下的行为是广义的帮助行为，正犯行为都不并罚，何况共犯的行为呢！所以从这个当然解释的角度来讲，罪名上面尽可能按照他们主观内容来确定，但是在具体的量刑上，注意根据实行行为进行量刑。这样的好处是处理起来简洁明快，在具体的操作上也很方便。

2. 主、从犯认定及处罚

下面我们再研究一下主从犯的认定和处罚问题。《刑法》第25条、第26条、第27条对此有明确的规定。在共同犯罪中，起主要作用的就是主犯，起次要作用或者辅助作用的就是从犯。但是在毒品犯罪中怎么理解主要作用和次要作用呢？

《南宁会议纪要》里提出了三种人，一是起意者，二是出资者，三是毒品所有者，这三种人起的是主要作用，除此之外的都是次要作用。大家要特别注意学习《南宁会议纪要》中对共同犯罪的表述，不能因为其他共同犯罪人未归案，而不认定为从犯。比如行为人帮助他人贩卖毒品，结果被抓住了，贩卖者跑掉了，那么就他一个人到案，因为他这个行为就是一个辅助的行为，应当认定为从犯，不能因为正犯没有到案，就不认定为从犯。

大家不要把共犯从属性理论和具体案件中主从犯的确定混淆起来。共犯从属性理论是说共犯的犯罪性和可罚性是从属于正犯的，正犯不成立犯罪，那么共犯也不成立犯罪，这个是共犯从属性理论。但是司法实践中，认定主从犯跟这个理论没有对应关系，大家不要把它们混淆了。因为现在没有主犯了，从犯因为不能处理，就把从犯认定为主犯，升格处理，这个是不行的，不要把二者混淆起来。而且只要认定了从犯，就要援引从犯的法律规定，从轻、减轻或者免除处罚，这是第一个要点。

在《大连会议纪要》中，在主要作用的认定上又比《南宁会议纪要》进了一步，其提出还有三种情况也可以考虑主犯的存在，一种是具体行为的分工，一种是实际分得赃款的多少，一种是共犯之间的相互关系。还可以从这三点对主要作用和次要作用进行理解，进行主犯和从犯的区分。如果毒赃分多少是明确的，多的就可以考虑主犯，少的可以考虑从犯。比如收益有几百万，老板拿了几百万，就给马仔一万块钱，哪个是主哪个是从，肯定很明显了。但大家要注意这个多少不是绝对的，有时候还要结合其他情况来分析。接下来，什么是具体的分工？什么是相互关系？所谓具体的分工，策划、纠集、组织、雇佣、指使的是主犯，起次要或者辅助作用的是从犯，对受雇佣、受指使实施毒品犯罪的，应根据其在犯罪中实际发挥的作用，具体认定为主犯或者是从犯，这个和《南宁会议纪要》基本还是一致的。

（十三）犯罪未遂

下面我们要讲现在争议比较大的，司法解释至今还没有涉及的一个领域，就是犯罪的未完成形态，因为时间关系，这里主要讲一下未遂的情形。从理论上来讲，毒品犯罪有没有未遂？应该是有的。因为毒品犯罪被认为是行为犯，而行为犯不同于举动犯，只有举动犯是不存在未遂的，只要实施了构成要件的行为，即为既遂。因此，从理论上来讲，行为犯应该是存在未遂的。但是司法解释中关于毒品犯罪的未完成形态，也就是未遂，规定得很少。

司法解释中对未遂的规定大概就是两次，第一次是在贩卖假毒品时出现过未遂。行为人如果不明知是假毒品，去进行贩卖了，认定为贩卖毒品罪的未遂，如果他知道是假毒品还去贩卖，构成诈骗罪，这是司法解释明确的。但是大家注意，贩卖假毒品的处理方式，在走私、运输毒品等中都是一样的。在学理上还认为非法持有假毒品也是未遂，毒品是假的，但是行为人不知道，因此非法持有了，这种情况下，构成非法持有毒品罪的未遂。

第二次是制造毒品中的预备和未遂。预备，我看到的司法解释大概就是在制造毒品里出现过。这个司法解释都有，就不展开讲了。

实际上除此之外，还有一些地方作出了准未遂的规定。为什么说是准未遂的规定呢？因为司法解释里没有明确出现未遂的字样，但实际上只能通过未遂的原理来解释为什么要从轻处罚，这个我把它称为准未遂。出现在哪里？《南宁会议纪要》认为，因特情介入，其犯罪行为一般都在公安机关的控制之下，毒品一般也不易流入社会，其社会危害程度大大减轻，这在量刑时，应当加以考虑。实际上这种情况从未遂的理论来讲，应该是可以算作未遂的。行为人跟侦查人员交易，是不可能成功的，比如你现在有毒品要卖给侦查人员，把毒品卖给侦查人员，这肯定是不可能完成的。

《大连会议纪要》还规定，对不能排除"犯意引诱"和"数量引诱"的案件，在考虑是否对被告人判处死刑立即执行时，要留有余地。为什么这么规定呢？可能有同志会说这就是一种死刑政策的考量，要审慎地判处死刑。其实这是表面上的东西，不能排除就说明有这个可能，有这个可能，是因为犯意引诱和数量引诱不被判死刑立即执行。那为什么犯意引诱、数量引诱可以不被判死刑呢？说到底还是个未遂的问题，所以我个人认为这两种情况是准未遂的规定。

和司法解释相对应的，在司法实践中也很难看到未遂的案件。为什么会出现这种情况呢？其一是对未遂的规定很少，自然也就适用得少了。其二是毒品犯罪的特殊性。毒品犯罪的认定，有时很依赖口供。打个比方来讲，行为人现在要运输毒品，拿到毒品了，打算第二天去运输，然后就被侦查人员抓住了。行为人会不会如实说打算明天运输？一般来讲，行为人可能会说他不打算运，就是摆在家里。除非有其他的证据，否则也只能采信行为人的说法。这种情况本来可以认定为运输毒品的未遂或者预备，但是由于证据的问题，最终就只认定为非法持有毒品了。其三，也和司法工作者的认识有关。总的来说，主要是因为毒品犯罪在证据收集中存在的特殊性，导致很多应该构成预备或者未遂的，被当成其他的罪去处理了，甚至未按犯罪处理。

还有个问题也值得讨论，为什么立法包括司法解释对毒品犯罪中的预备、未遂规定得很少？有学者对此进行过专门的分析，根本原因就是我们把毒品犯罪的客体理解为国家对毒品的管理制度。这个怎么讲？如果把毒品犯罪的客体理解为国家对毒品的管制，那么会导致两个结果：第一，既遂的标准提前了，容易将未遂认定为既遂。这个很容易理解。比如贩卖毒品罪中，行为人对贩卖毒品罪犯罪客体的侵犯从什么时候开始？显然不是从行为人实施贩卖行为时才开始，而是从非法持有毒品的时候就开始了，为什么？国家对毒品的管制是不是始于非法持有？也就是说，行为人从持有毒品之时，就已经对毒品犯罪的客体造成了侵犯，因此，自然就把既遂的标准提前了，很多未遂就被当成了既遂。第二，毒品犯罪的着手标准被提前，处于预备阶段的行为也完全可能被认定为实行行为。我比较赞同这种观点，这可能是主要的原因。

但是现在刑法通说还是认为，毒品犯罪的客体就是国家对毒品的管理制度。在坚持通说的情况下，怎么解决这个问题呢？我个人的观点是，不能把国家对毒品的管理制度抽象化的理解，而要进行一个具体化的理解，这样的话，这个问题可能容易解决一些。比如，走私毒品侵犯的客体是国家对毒品管理制度中不允许毒品走私的那个部分，运输毒品侵犯的客体就是国家对毒品管制中不允许毒品运输的那个部分，依此类推，对毒品犯罪客体做具体化的理解，可以在一定程度上缓和这个问题。当然，要彻底解决这个问题，还得从刑事政策、刑法理论、立法、司法解释等诸多方面入手。

具体来说，就走私毒品而言，我同意到达说，携带毒品进入我国境内时就视为既遂，比如跨越边境线进入我国境内，就是既遂。我国和邻国的陆路边境在有的省份很复杂，比如云南就是如此，有时候越过一个小山坡或是跨过一个小水坑，往南就是缅甸，往北就是中国，没有海关，也没有检查站。因此，只要实际上已进入我国境内，就可以认定为既遂。走私有没有未遂呢？肯定是有的，比如过海关的时候被查获了，或者偷越国境时被截获了，就应该是未遂。

就运输毒品来说，应把行为人携带毒品进行物理的位移作为着手，行为人拿着毒品开始出发了，或者上车、坐船，或者走路，这个位移一开始，就是着手。但一着手并非马上成立既遂，因为走私、贩卖、运输、制造毒品罪并非举动犯，而是行为犯。有学者提出过类似的观点，着手以是否开始搬运毒品作为标准，开始搬运毒品了，就是着手。

就制造毒品来说，应以实际上制造出了毒品为既遂标准。

贩卖毒品的既未遂问题复杂一点，要稍微展开一点讲。贩卖毒品的情况很复杂，需要分两种类型来讲。第一种，以贩卖为目的的非法收买类型，我们前面已经讲过了，这种类型下的贩卖毒品是目的犯。这个要说清楚，需要引入目的犯的相关理论。根据德国的刑法理论，目的犯分为两种，一种是断绝的结果犯，一种是短缩的二行为犯。日本刑法中则称为直接的结果犯和间接的结果犯。二者有什么不同呢？断绝的结果犯中的目的，是只要实施符合构成要件的行为就可以实现的目的，盗窃罪就是典型的断绝的结果犯，行为人只要实施了秘密窃取行为就可以实现非法占有的目的，不需要行为人在盗窃之后还要有诸如使用盗窃来的财物或是变卖的行为。短缩的二行为犯中的目的，仅仅通过实施符合构成要件的行为还不够，还需要行为人或第三者实施其他行为才能实现，贩卖毒品中的以贩卖为目的的非法收买类型就是如此，行为人购买了毒品并不能实现贩卖目的，还需要实施后续的贩卖行为才能实现这个目的。根据短缩的二行为犯理论，虽然完整的犯罪行为由两个行为组成，即前一个符合构成要件的行为和后一个实现目的的行为，但犯罪的成立并不需要行为人实施实现目的的行为。换句话说，只要行为人以实施后一个行为为目的而实施了前一个行为，就不仅成立犯罪，而且是既遂。因此，对于以贩卖为目的的非法收买类型，只要行为人以贩卖为目的实施了购买行为，即为既遂。

在具体的司法实践中，怎么来认定行为人实施的购买行为呢？是不是一定要一手交钱，一手交货呢？这个是不一定的，我的观点是可以适当提前一点，就是买卖的双方只要达成一个对毒品买卖的合意即可。借用民事法律上的概念，就是毒品买卖的合同只要成立了，就可以认为行为人已实施了购买行为，不需要行为人拿到毒品。当然，司法实践中的情况千差万别，并不能都这么处理，很多问题还要根据罪责刑相适用原则深入研究作出妥当的处理，比如，毒品卖家控制了毒品，然后和毒品买家达成了买卖合意的，自然可以认定为既遂，但假设毒品卖家尚未拿到毒品就和毒品买家达成买卖合意了，或者毒品卖家打算先谈好毒品买家再去弄毒品，此时也是既遂吗？这些问题都需要认真研究。

第二种，非法销售类型。司法实践中有一种观点，认为这种类型不存在未遂的问题。为什么呢？行为人非法销售的毒品是怎么来的？如果是买来的，那早就是既遂了。根据短缩的二行为犯理论的确是这样，如果前面购买已经构成既遂了，后面再认定未遂就不合适了。这种观点是有一定道理的。但仔细分析这种观点，会发现这种观点是建立在一个推定上的，即毒品贩卖者的毒品都是其买来的。应该说在大部分案件中这个推定是成立的，但我们前面已经讲过，对于推定是可以反证的，而且从证据裁判原则的基本要求出发，也不能那么简单地处理这类案件。

对于非法销售类型，要区分两种情况来处理。第一种，如果对贩卖者的毒品来源是清楚的，也就是说可以认定贩卖者的毒品是此前其非法收买来的，那么贩卖者不管毒品有没有卖出，都可以认定为贩卖毒品罪的既遂，甚至贩卖者还处于不确定的待卖状态，也成立既遂。为什么？大家可以去研究短缩的二行为犯理论，这个地方我就不展开了。既然贩卖者此前的以贩卖为目的的非法收买已经构成犯罪而且是既遂，那么其此后的非法销售就是贩卖毒品罪成立后的伴生行为。对于这种伴生行为，可以根据不可罚的事后行为理论处理，既然前行为的构成要件对客体的评价已经包含了后面这个行为，那么后面的伴生行为就不可罚了。也可以认为构成同类数罪，都构成贩卖毒品罪，鉴于数罪为同一罪名，而且犯罪对象是同一批毒品，毒品数量不累计计算，按一罪处理。贩卖者此后的非法销售情况怎么样，有没有卖出，卖的情况怎么样，原则上对定罪和量刑都没有影响。

第二种，如果贩卖者的毒品来源是不清楚的，比如贩卖者拒不交代，不知道、不清楚，不像前一种，前一种不仅清楚，而且是有证据支撑的，后面这种是不清楚的。此种情况下，认定既遂的标准就是合意，这个前面已经讲过了。通过合意这个标准的设置，可以把非法销售和以贩卖为目的的非法收买类型既未遂的认定统一起来，从而避免了贩卖毒品罪里面买方和卖方既遂点标准认定不统一的尴尬局面。

当然了，学术界对此有不同的观点，有的学者就认为要以转移为标准，毒品实际上转移给买方了，就构成既遂。这个理论是有合理性的，比较严格，有利于准确地追究犯罪人的刑事责任。但是这种既未遂的认定标准，在司法实践中会导致认定过于偶然的情况。比如，司法实践中的毒品交易，基本是两个人找个地点，一个交毒品，一个交钱，如果假设两人在去的路上就被破获了，是既遂还是未遂？鉴于毒品并未转移，应该构成未遂。如果侦查人员下手慢一点，等他们交易完了，再把人拿下，此时毒品已经转移，那就是既遂了。这样一来，既遂和未遂的判断，就和这个案子没关系了，而和侦查人员的侦查行为有关系了。这样就把司法实践中很严肃的一个问题，让位给根据一些很偶然的因素来判断了。有同志可能会说，让侦查人员等他们交易完再去抓人行不行？如果等两个人交易完了，一个人拿着毒品走了，一个人拿着钱走了，这个时候再把两个人抓了，会增加侦查中取证的难度，所以，侦查人员一般都选择买卖双方开始接触，但还没有进行毒品转移的时候进行抓捕。如果严格按照毒品转移标准，是不是都是未遂？

（十四）毒品犯罪与死刑

在毒品犯罪中，毒品数量是量刑的重要情节，也可以说是主要情节，但不是唯一情节。对此，《大连会议纪要》中是明确的。

在死刑量刑的时候要考虑什么？毒品数量、犯罪情节、危害后果、被告人的主观恶性、人身危险性以及当地禁毒形势等各种因素，还要做到区别对待。这里有两个要点，一个是当地的禁毒形势，另一个是区别对待犯罪人。

毒品犯罪的死刑问题还用从刑事政策的角度把握。毒品犯罪的刑事政策首先是从严惩处毒品犯罪，比如不以含量折算，这就是一种从严的态度。其次，就是宽严相济刑事政策提出之后，毒品犯罪仍然要接受这个刑事政策的调整，不能一味地理解为从严惩处，因为宽严相济刑事政策强调的是，该严则严，该宽则宽，以宽济严，罚当其罪。

具体而言，怎么来把握死刑标准呢？主要就是两个标准，一个是犯罪人标准，另一个是犯罪行为标准。犯罪人的观点，是刑事近代学派提出来的。这一点在《大连会议纪要》中是明确的。犯罪人标准是什么？就是判处死刑的得是毒枭、职业毒犯、再犯、累犯、惯犯、主犯等主观恶性深、人身危害性大、危害严重的毒品犯罪分子，这个就是犯罪人标准。当然，仅具有犯罪人标准肯定是不够的，还需要满足犯罪行为标准。所谓犯罪行为标准就是，具有将毒品走私入境，多次、大量或者向多人贩卖，诱使多人吸毒、武装掩护、暴力抗拒检查、拘留或者逮捕，或者参与有组织的国际贩毒活动等情节。

《武汉会议纪要》重申了《大连会议纪要》的一些规定，但是有一个明显的变化。在《大连会议纪要》中，为了和刑法典相衔接，明确规定行为人即使满足了犯罪人标准和犯罪行为标准，也仍然要达到罪行极其严重的程度。而在《武汉会议纪要》中，则修改为要严格审慎地决定死刑适用，确保死刑只适用于极少数罪行极其严重的犯罪分子。这就是宽严相济刑事政策的具体体现。对毒品犯罪固然要严厉打击、从严惩处，但限制和减少死刑乃大势所趋，不能因片面强调从严逆这个趋势而动。

那么在具体的司法实践中，怎么来认识毒品犯罪中的罪行极其严重？这个就要说到死刑的数量标准问题了，也就是说衡量罪行极其严重的标准之一就是毒品的数量，也可以说是主要的标准。但是大家要注意，毒品数量并不是唯一的标准，还需要考虑其他的情节。

早在 1991 年，最高人民法院在《关于十二省自治区法院审查毒品犯罪案件工作会议纪要》中就明确规定，毒品犯罪案件情况复杂，各地的情况不同，判处死刑的毒品数量标准不可能绝对一致。各高级人民法院可根据《关于禁毒的决定》，结合本地区的实际情况和与毒品犯罪作斗争的形势的需要，提出一个供本地区内部掌握的死刑数量标准。在《大连会议纪要》中，也规定审理毒品犯罪案件掌握的死刑数量标准，应当结合本地毒品犯罪的实际情况和依法惩治、预防毒品犯罪的需要，并参照最高人民法院复核的毒品死刑案件的典型案例，恰当把握。结合这两个司法解释，由于毒品犯罪案件情况复杂，各地的情况也不同，因此，各地的死刑数量标准是有差异的，为什么会出现这种差异？主要就是各地的禁毒形势不同。所谓禁毒形势，就是本地区的实际情况和与毒品犯罪作斗争的形势的需要。毒品犯罪作斗争的形势的需要就是《大连会议纪要》中的依法惩治、预防毒品犯罪的需要，其实都是一个意思，只是表述的角度不同。如果禁毒形势严峻，对毒品犯罪的打击就会严一点，毒品犯罪的死刑数量标准就会低一些，如果相反，那么数量标准就会高一些。这种各地在数量标准上的差异性，不仅不违反法制的统一原则，反而是从普遍正义出发实现个别正义的有效手段。

怎么获知各地不同的死刑数量标准呢？现在除了少数几类文书不上网之外，其他所有的法律文书都要求上网，所以，可以通过研究各地法院的上网文书来解决这个问题。可能有同志会说，死刑文书我们看不到呀！的确是这样，死刑文书是不上网的，但判处死缓、无期徒刑和有期徒刑的文书要上网呀，把这些文书都收集来做一个实证研究不就清楚了？还有就是，根据毒品之间的相互比例关系，如果明确了海洛因的死刑数量标准，那么其他毒品的死刑数量标准也就清楚了。比如，《武汉会议纪要》中就明确，甲基苯丙胺片剂的死刑数量标准一般可以按照甲基苯丙胺（冰毒）的2倍左右掌握，而甲基苯丙胺（冰毒）与海洛因是1：1关系，也就是说甲基苯丙胺片剂的死刑标准就是海洛因的2倍。再比如，氯胺酮的死刑数量标准一般可以按照海洛因的10倍掌握，海洛因的死刑数量标准乘以10，不就是氯胺酮的死刑数量标准了吗？

三、毒品犯罪与程序

程序问题有必要作为一个重点拿出来单独谈谈。过去由于我们对程序正义的认识不够，刑事诉讼偏重于查明案件事实真相，忽视程序的独立价值，所以不太重视毒品犯罪中的程序性问题。现在随着人权司法保障制度的不断完善，特别是以审判为中心的刑事诉讼制度改革的提出，程序问题已经变得越来越重要了，特别是以审判为中心的刑事诉讼制度改革中的庭审实质化问题，要求刑事辩护律师和公诉人展开有针对性、实质性的对抗，法官通过这种对抗来了解案情，查明真相。以审判为中心的刑事诉讼制度改革无疑对刑辩律师提出了更高、更多的要求，这就要求刑辩律师重视和善于发现毒品犯罪中的程序性问题。因为时间关系，不能把毒品犯罪中的程序性问题完全展开，只能以一个具体的个案为例，从该案刑辩律师的程序性辩护出发，给大家一些启发和提示。

这个案例是这样的：乙在甲的住处将毒品贩卖给甲。尔后，乙拿着毒资离开房间后被侦查人员抓获。紧接着，侦查人员进入101室将甲抓获，查获了乙卖给甲的毒品。甲被抓获后，供述其在当地某大厦704房间还有一批毒品，侦查人员随后进入704房间查获了该批毒品。

针对这个具体案情，刑辩律师提出了如下辩护意见：

第一，根据搜查笔录，侦查人员对704房间的搜查时间为8月29日，呈请搜查报告书的制作时间虽然也为8月29日，但审批时间为8月31日。而且，搜查证上侦查机关印章所署的日期为8月31日。这说明什么问题？说明侦查人员是无证搜查，是先搜查然后才补的搜查证。因此，侦查机关对704房间的搜查为无证搜查，通过搜查取得的毒品证据为非法证据。《刑事诉讼法》在2012年修订以后，明确了对非法证据的排除，因此，704房间搜查取得的毒品证据存在作为非法证据予以排除的可能。当然，非法证据除言词证据外并非一律排除，收集物证、书证不符合法定程序，可能严重影响司法公正的，应当予以补正或者作出合理解释，只有不能补正或者作出合理解释的，对该证据才予以排除。

这里还想和大家讲讲瑕疵证据的问题。刑辩律师对瑕疵证据的关注度远远不及非法证据。什么是瑕疵证据？瑕疵证据是在取证程序中存在瑕疵的证据，这种瑕疵是一种轻微违法行为，比如讯问的笔录，被讯问人没有签名，侦查人员没有签名，因此，瑕疵证据不是非法证据。非法证据必须予以排除，而瑕疵证据在进行相应的补正或是进行了合理说明的情况下，是可以作为定罪量刑的证据的，可能就是因为这个原因，刑辩律师不太重视针对瑕疵证据的辩护。但大家要注意，不要小看瑕疵证据问题，如果该瑕疵足以导致证据虚假或不真实的，也是要排除的。

刑辩律师提的第一个辩护意见非常好，侦查机关没能予以补正和作出合理解释。根据《公安机关办理刑事案件程序规定》，紧急情况下不用搜查证也可以进行搜查，但704房间是甲一个非常隐秘的住所，只有他一个人知道，也只有他自己有钥匙，符合紧急情况下的那一条？所以，这个案例中根本不存在紧急情况，那么按照《公安机关办理刑事案件程序规定》的规定，搜查是必须出示搜查证的。大家还要注意，对于非法收集的物证、书证，要予以排除的话，除了不能补正或者作出合理解释以外，还必须是可能严重影响司法公正，如果甲对704房间搜查到的毒品种类和数量并无异议的话，也不一定要予以排除，因为并未严重影响到司法公正。但甲现在对704房间搜查到的毒品种类和数量明确提出了异议，这就严重影响到案件的公正审理了，对于非法搜查取得的毒品证据就应当予以排除，所以后来这批毒品被拿掉了。

第二，刑辩律师根据《公安机关禁毒民警执勤行为规范》和《公安机关缴获毒品管理规定》的相关规定，对毒品的提取、称量、扣押、取样、封存、交接、保管等等提出了异议，这实际上就是证据体系完整性的问题，当然除了完整性还有取证合法性和相互印证的问题。在这个案件中就存在证据体系内相互矛盾和取证不合法的问题，虽然提取、称量、扣押、取样、封存、交接证据一应俱全，但扣押后经过了取样，到移送保管时，毒品的数量居然没有变化。既然已经取出了检材去鉴定，那么移送保管的数量就要减去检材的数量，但保管的数量和扣押时的数量还是一样的。还有，称量是个比较简单的小程序，但《中华人民共和国计量法》及其实施细则对称量标准器具及称量程序都有明确规定的，不是随便拿个什么秤来就可以称的，还有称量的程序，首先静止状态要拍个照片，指数为零拍个照片，合格证拿出来，然后第一次称量、第二次称量，这些都有具体要求的。检材的数量和鉴定意见中对检材数量的描述也不一致，这就很让人怀疑取出的检材和送检的检材是不是同一批次？毒品的取样方法大家也不能轻视，如果取样方法不规范，对毒品鉴定意见的真实性也会有影响的，比如，对于粉状毒品，要将毒品混合均匀后随机抽取一克作为检材，而颗粒状毒品要随机选择三个以上不同的部位，各抽取一部分混合作为检材。再比如，对于同一组内两个以上包装的毒品，少于十个包装的，应当选取所有的包装。从 2016 年 7 月 1 日起，两高一部的《办理毒品犯罪案件毒品提取、扣押、称量、取样和送检程序若干问题的规定》开始施行，建议大家认真学习和研究这个规定。

第三，案件中关于毒品的鉴定是由一个县级市的鉴定机构的作出的，刑辩律师提出该鉴定意见无效，理由是根据《公安机关鉴定机构登记管理办法》的相关规定，只有地市级以上公安机关的鉴定机构才能对毒品进行理化检验鉴定，而县级公安机关的鉴定机构是没有这个鉴定资质的。这个细节大家注意到没有？如果没有，恐怕还要认真研究这些规定。在很多鉴定意见中，都是鉴定人签个名，复核人签个名。根据《公安机关鉴定规则》的相关规定，鉴定的实施，应当由两名以上具有本专业鉴定资格的鉴定人负责。复核人是不是鉴定人？在鉴定意见中还出现助理鉴定人的称谓，刑辩律师根据《全国人民代表大会常务委员会关于司法鉴定管理问题的决定》等提出了质疑，助理鉴定人是什么岗位，是否具有鉴定人资格？这些问题都要研究，不能想当然去理解。

大家在审查鉴定意见时会不会注意鉴定使用的仪器设备和鉴定标准？这些都是有国家标准的，刑辩律师经过认真核对，提出鉴定机构使用的鉴定标准是被淘汰了的标准。对这个问题，鉴定机构是承认的，他们没有及时更换新的标准，而是沿用以前的鉴定标准。既然鉴定标准是废止的标准，鉴定意见还能科学客观？

第四，侦查机关抓获甲之后，对其住处进行了搜查，这次搜查是有搜查证的，但刑辩律师对搜查笔录中的见证人资格提出了异议。《最高人民法院关于〈中华人民共和国刑事诉讼法〉的解释》第 67 条对见证人的资格进行了规定。在侦查机关制作的搜查笔录中仅有见证人的签名，见证人是否符合见证资格不得而知。

第五，这个刑辩律师阅卷也非常仔细，他发现在证人的辨认笔录中没有见证人的签字，有一份辨认笔录中，证人没有在当事人一栏签名摁手印，还有一份辨认笔录中，记录人一栏没有公安民警签名，这些都是很重要的程序性问题。

除了程序性问题，这个案件的刑辩律师还提出很多实体上的辩护意见，都是和目前毒品犯罪审判的司法实践密切相关的，这说明这个刑辩律师不仅水平高、能力强，工作态度也是很认真的。所以这份辩护意见，我个人觉得辩护质量是相对比较高的，特别是对司法程序严格进行审查的辩护思路值得提倡和推广。

讲了那么多，是我这么多年办理刑事案子的一个总的体会，可能我的很多观点并不符合刑事辩护的内在规律，也可能和大家的认识有差异，有不妥甚至错误之处，还请大家批评指正。谢谢！

杨　俭　原系云南师范大学教师，2000 年开始专注从事律师工作，擅长刑事辩护和民商事案件的代理。现为云南睿信律师事务所主任。2006 年度被评为云南省优秀律师。曾成功代理四川警察李国清持枪杀人案，云南金座公司非法集资 4 亿元案，"亚洲第一"毒品案，央视同一首歌资深策划人胡继国贩卖毒品案等在全国有影响的案件。

03 杨　俭
毒品犯罪辩护经验分享——从个案出发

谢谢王桂萍教授的主持，能够在金秋十月、首都北京见到大家，我感到十分荣幸和开心。今天我主要是把这些年的一些经验和不成熟的看法，给大家做一些交流、分享和汇报。

我来之前打算对一些比较有代表性的案件做一个经验分享。我考虑一方面从地域角度讲，比如结合云南、重庆、贵州、新疆、广东等地域的毒品犯罪活动的特征及辩护律师在里面起的作用和辩护的方法做一些交流；另一方面，从民族的角度做一个更全面的阐述，比如贩毒活动比较多的一些民族，如彝族、回族、维吾尔族，对这些具有代表性的、比较常见的毒品犯罪的规律和辩护的方向和策略做一些交流，但可能时间上来不及。

今天我主要是从个案开始，既考虑到男性被告人的情况，也考虑到女性被告人的情况，总结我们毒品犯罪辩护律师在辩护工作中的一些规律，和大家进行交流。我主要从实证的角度进行研究，从个案开始，提炼出一些可以形成一定规律的东西，和大家分享。

一、口供在构建证据体系中的作用

（一）杨某国贩卖毒品案

我下面所说的案件都是我自己亲自代理的案件，都不是从其他地方收集到的资料。第一个案件是杨某国贩卖毒品海洛因 17 公斤案，检察院最后对这个案件做了不起诉决定，当事人被释放。

1. 犯罪嫌疑人的基本情况

杨某国，男，彝族，1977 年 2 月 5 日生，居民身份证号码是 513＊＊＊＊＊＊＊＊＊＊210，住在四川省宁南县披砂镇小田坝村 11 主 21 号。2010 年 10 月 26 日，杨某国因犯强奸罪，被四川省西昌市中级人民法院判处有期徒刑 5 年。2013 年 6 月 7 日，四川省西昌市中级人民法院裁定将杨某国假释，假释的考验期到 2015 年 3 月 1 日。因为涉嫌毒品犯罪，杨某国于 2015 年 1 月 25 日被云南省盈江县公安局刑事拘留，2015 年 2 月 27 日，经盈江县人民检察院批准，同日由盈江县公安局依法执行逮捕。盈江县是云南的边境城市，与缅甸金三角隔了一条河，通过这条河只需要几分钟，这里也是毒品重要的来源地。

杨某国身高一米八，非常魁梧，胸前、手臂上都有龙虎的文身，圆脸，脸上有三寸长的刀疤，一看就让人联想到黑社会；他一只眼睛因为打架受过伤，不能闭合，头发很短，头上有大小不规则的伤痕。杨某国在说话的时候，嘴唇会颤动，情绪偶尔会激动，和他说话的时候会有随时可能被攻击的感觉。给大家介绍这些，主要是我们一起来研究各种毒品犯罪嫌疑人的人生历程、心路历程、外部特征、性格特征，为我们后面的辩护寻找一些方案和思路。

杨某国 10 岁读书，读了八年的一年级，属于文盲，辍学以后就回家种地和放牛。他在家里面排行第七，上面有四个哥哥和两个姐姐，下面有一个妹妹。杨某国的父亲和母亲都是农民，主要靠种马铃薯和荞麦为生，家庭十分贫困，可以用家徒四壁来形容。在杨某国 7 岁的时候，他的父亲得了肺炎，因为没有钱医治死了。从记事以来，杨某国一直没有吃过一顿饱饭，一直到 16 岁来到西昌打工前，杨某国没有洗过一次澡。这些都是我亲自通过和当事人深度交流而了解到的情况。每个案件我都做深度的交流。曾经有一个死刑的案件，我问当事人："现在你跟我说句实话，如果到了最高人民法院，改判过来了以后，你出来还做吗？"他说："杨律师我肯定要做，我不做这个我干什么？我出来都 60 岁了。"我们律师和公检法机关地位不同，可以获得当事人的信任，他们会跟你讲一些内心深处最深层次的想法和动机。

即使在寒冷的冬天，杨某国都是衣不蔽体，饥寒交迫。杨某国在家的时候没有买过一件新衣服，所有的衣服都是上面的哥哥传下来给他穿的。杨某国有四个哥哥，两个娶了老婆，其余的两个至今单身。四川凉山是毒品犯罪的高发地带，艾滋病和毒品泛滥。在这个地方讨个老婆相当不容易，娶妻讨媳妇是非常昂贵的。娶一个农村的文盲的女孩子要多少钱？至少是 20 万的彩礼钱。他们要用一个竹子编的簸箕，把钱放在里面，结婚的时候很多人要围观的。娶一个初中学历的女孩子至少要 30 万，娶一个高中学历的女孩子至少要 40 万，有大学学历或者工作的女孩子至少是五六十万，甚至 100 万。在座的是政法大学的，有的同学是博士或者硕士，如果是在凉山州那不得了，给父母的钱至少是100 万，我估计政法大学的可能要上升到 500 万。因此，彝族的男子娶妻讨老婆是件非常困难的事情，或许这个就和很多的彝族男子铤而走险去贩卖毒品有一定的关系。

古人说家贫出孝子。杨某国非常孝顺，对自己的母亲非常好，几乎每天都要打电话去问候自己的母亲，这个习惯一直保留到出事被抓，为了这个电话的事情，杨某国和他的妻子还闹过矛盾。17 岁时，杨某国已经长大了，身高一米八，走到哪里也没有人敢欺负他了。杨某国非常喜欢武术，经常学习武术，一般三五个人近不了他的身。18 岁那年杨某国参军入伍，到了西安的一个部队服役，21 岁的时候退役回到老家。他无法忍受在老家凉山州贫困的日子，到四川的西昌寻找发展的机会。这基本上是我的当事人的一个人生历程。

2. 犯罪嫌疑人的生存背景

杨某国出生在四川省凉山州宁南县披砂镇小田坝村，这是一个十分贫困的山村。披砂镇在新中国成立前是披砂乡，1956 年披砂乡和惠田乡合并以后，成为披惠乡，1958 年，与景星合并为东风公社，1984 年才建披砂镇，面积 66.1 平方千米，人口 2.4 万，人口不多，省道西（昌）巧（家）公路过境。这里的土地十分贫瘠，海拔较高，缺少水源，很少种植水稻，除了种植荞麦和马铃薯以外，没有办法去种植其他的农作物。这里轻度地发展畜牧业，有少数人靠饲养绵羊和山羊为生。如果一家人有 30 头羊，那将是一笔让同村人眼红嫉妒的巨额的财富。大家开车去那个地方要注意，路上有很多鸡，如果你的车辆不小心压着一只鸡，很麻烦，可能要赔几千到一万元。个别彝族老乡是这样算账的，他这只鸡生了蛋再生鸡，鸡再生蛋，你想想损失有多大，不会让你走的。

我前一次去金阳开庭，路上车胎坏了，想找个补胎的地方。我让老乡给我一个电话，一个电话的信息费是多少？400块钱，400块钱提供给我一个补胎的电话，所以这个地方非常贫困。

用绵羊毛编制的披风，是当地人喜爱的贵重衣服。当地彝族家庭大多贫困，但家庭人口较多，一般有三到五个孩子。贫瘠的土地和人口数量的增长，导致这里一直是国家级贫困县。

有人说贫穷是犯罪的根源，或许贫穷是毒品犯罪的根源，文盲和法盲也是毒品犯罪的根源。这里的彝族同胞备受毒品的危害，不少人吸食毒品海洛因，有的是一个村一个村的吸。他们同时也备受毒品犯罪的危害，这里不少的家庭，夫妻、父子、兄弟都因为涉嫌毒品犯罪被抓、被捕，甚至被判处死刑。但是由于他们是文盲，也是法盲，导致不少人在毒品犯罪的道路上越走越远。

前不久尚权搞了一个最高人民法院收回死刑复核十周年会议，当时大家讨论了死刑。我认为，死刑从刑法立法的本意上讲，是来震慑犯罪，警醒社会的。但是在这些特殊地区，针对这些特殊人群却鲜有作用。他们实施毒品犯罪以后，即使被抓、被捕、被判处死刑，也仅仅将其归结为运气不好。所以我认为死刑案件对某一类特殊人群的毒品犯罪的威慑作用是有限的。

彝族老乡进行毒品犯罪有一个特征，就是家族式地进行毒品犯罪活动，比如夫妻、父子、兄弟等一起进行。但这种家族式特征不仅存在于彝族老乡中，5月份我去了安徽临泉，安徽临泉的毒品犯罪也具备这样的特征，包括河南、新疆、广东，都具备这样的特征。为什么具备这样的特征呢？因为毒品犯罪的危险性太大，犯罪成本太高，人与人之间需要非常高的信任度，才可以进行这样的犯罪活动。为什么呢？一方面，他们相互之间很了解，有很深的信任关系，另外一方面，彝族的老乡之间保留着原始的纯朴的信用制度，这种信用制度被引用到毒品犯罪中来不得了。像咱们汉族人之间，文明地区的，一般来讲，重大的经济交易活动都以书面合同为准，口说无凭。但在彝族老乡之间，他们直接可以用语言做保证。这是一种很深的信任关系，一种纯朴的信用制度。这种信用制度是怎么应用到毒品犯罪中来呢？我给大家举个例子，比如安排一个马仔从缅甸运输一块海洛因到凉山地区，在缅甸，毒品价格是熟人3万一块，甚至2万多一块（标准块，每块350克），如果说不是熟人，可能在4万左右，当然价格和成分也有关系。缅甸地区毒品的纯度是非常高的，我所遇见过的毒品含量最高的有91%，一般来讲在50%左右。毒品的含量也是最高人民法院还有全国各地中级人民法院在量刑、判处死刑的时候，必须要考虑的一个重要的因素。

彝族人基本上只做海洛因生意，甲基苯丙胺类毒品很少，现在也开始有了。甲基苯丙胺就是冰毒或者是麻古，或者是摇头丸，或者是神仙水，但这个不多，在发达城市会多一些。海洛因被运输到凉山地区后，售价为10万块钱，扣除运输毒品的运费1万块钱和3万块钱的本钱，每一块毒品的利润就是6万块钱，十块就是60万，一百块就是600万。跑一趟如果运气好，利润就是600万。购买毒品通常是由家族朋友集资来进行的，因为一个人要筹集那么多资金是非常困难的。如果运输毒品的马仔被抓了，按照每块2万到5万不等，对家属进行赔偿。赔偿的费用由购买毒品的出资人筹集，但前提条件是被抓的人不得供述其他人，否则他将得不到赔偿。除了赔偿以外，还要对被抓的人的家庭和孩子进行帮助和抚养，这个不得了，这个善后制度导致了毒品重灾区的人前赴后继从事毒品犯罪活动。他们之间没有书面的文字合同，只是依照口头的约定和惯例行事。这种善后制度是毒品屡禁不绝的部分原因。

毒品会给当地的彝族老乡带来另一个严重的威胁——艾滋病。在四川的凉山州，艾滋病已经非常普遍了。在昭觉县、布拖县等地方，很多村庄集体沦陷，村民大部分都有艾滋病。有一次我看见百度上讲了一个故事，有两个孩子，大的 13 岁，小的 6 岁，陪着妈妈去卫生院看病，妈妈后面就不行了，发高烧死了。当然新闻是从正面来进行宣传的，其实我们都知道，但是不能说，很多家庭在和死亡做斗争，有的亲人因为贩毒被抓、被判刑，孩子无人抚养，有的家庭则是受到了艾滋病的侵害，大人死了，留下几个孤儿。我们现在搞了一个活动，就是刚才王桂萍教授介绍的，拯救毒品犯罪孤儿行动，就是针对有艾滋病的孩子或者是父母被抓、被判刑的孩子。

在我办理毒品案件的过程中，有六个当事人是在开庭以前艾滋病发作死亡了，有九个是在监狱服刑期间艾滋病发作死亡了。还有一些，虽然查出了艾滋病，但尚未发病。前一次我去雅安开庭，审判长让我离被告人远一点，那是一个 18 岁的花季女孩，也是一个小孩子的妈妈。

曾经我有一个当事人在四川的凉山州被抓获。案情是这样的，一个马仔在云南昆明购买了一辆二手车，开到中缅边境进行了改装。这个马仔通过改装的现代越野车运输毒品 118 块（每块 350 克的海洛因），也就是一次运输了 41 公斤，41 300 克海洛因。公安机关的情报非常准确，马仔什么时间在中缅边境交货，什么时间出发，途经哪个地区，掌握得非常细致、准确。从云南到四川西昌，必然要经过云南的楚雄州永仁县。大家都知道云南楚雄，北有兵马俑，南有恐龙国，楚雄就是全中国唯一的大规模发现恐龙化石群的地方。四川省凉山州公安局禁毒局的民警就在永仁县高速公路设卡拦截，伺机抓获该马仔及毒品，当马仔李某驾驶着装着 40 多公斤海洛因毒品的车辆到达了永仁县高速公路收费站的时候，有 10 多只枪指着他的头，并大声喊停车，马仔在车上被吓蒙掉了，束手就擒。禁毒民警将马仔控制以后，在永仁县公安机关的配合下，将车辆开到了永仁县汽修厂进行检查。但是检查了一个多小时，没有发现毒品，只好将马仔和车辆放行。马仔驾驶现代越野车继续途经攀枝花，驶往西昌方向，于当天晚上 12 点到达了西昌，并将车辆停在一家宾馆的地下停车场。

第二天凌晨 1 点，凉山州公安局禁毒民警再次展开行动，连同马仔本人，抓获了犯罪嫌疑人八名。除了马仔和我的当事人以外，其余六人因为没有证据证明参与贩卖毒品的活动，当天被释放。禁毒民警将该越野车再次开到了西昌的一个汽修厂进行检查，检查的时候发现该车藏匿毒品的位置非常特殊，和以往的改装部位都不同。怎么发现的？这个修理工到处查，到处找，把所有车辆的部件都卸了下来，却找不到毒品。但公安的情报是非常准确的，不可能是情报错误。最后修理工也很不耐烦了，用那么长的电钻到处钻，钻到什么位置？钻到大梁位置的时候，车的大梁是车的最重要的承重部位，安全系数都要靠它保证，粉末就掉下来了。原来这伙人不顾自己的生死，把车辆的大梁改装以后，把毒品全部藏在了大梁里面。至此，本案毒品被查获。可见为了获得高额的利润，贩毒的人敢于冒任何风险。

我的一个当事人是一个 28 岁的年轻女士，身体健康，思维敏捷，上过中专，这种学历在当地彝族老乡中是非常少见的。她被抓获以后就如实供述了自己和老公一起安排马仔运输毒品的犯罪事实。为了争取最好的辩护效果，我从昆明飞到西昌去会见该当事人，前后会见了 33 次。之前见她的时候，她都很健康，最后一次见她的时候，已经是春节的前三天，农历的腊月二十八。她说她的膝盖非常疼痛，无法行走，站立起来都非常困难。她说她幺爸，就是她的叔叔，有痛风，关节都变形了，走路是弯着腰的，她说她现在这种疼痛比她幺爸的还厉害。她说她嗓子疼，连呼吸都疼，还咳嗽，一直在咳嗽。咱们律师在会见当事人的时候，如果当事人有这种重感冒的特征，一定要离她远一点，因为现在会见的时候都是面对面的。

她恐怕见不到叔叔了，我就鼓励她，要坚持服药，积极配合医生的治疗，不会有事情的，一定要坚持住。她艰难地点头答应了，接下来凉山州中级人民法院确定了开庭时间，就是在春节过后的第一天，在开庭的前一天我到达了西昌，我在认真研究案件的卷宗材料，准备辩护词，下午还准备去见她。我的习惯是，作为辩护人，开庭前一天一定要去见我的当事人，让她熟悉第二天开庭的程序，要做好开庭前的辅导，包括心理辅导。中午的时候，她的爸爸急急忙忙地打电话给我，让我到西昌的医院，那是一个主要治疗传染病的医院，实际上所谓传染病就是艾滋病。

我去了以后，她们家的人已经到齐了，情绪非常激动，要找看守所的麻烦。安慰完家属，我到病房查看情况，这是间套房，她的妈妈趴在女儿的尸体上，很悲惨，双手捧着女儿的脸一直摇啊摇，叫女儿醒醒啊，醒醒啊，撕心裂肺，惨绝人寰。自己的妈妈亲自看见自己的孩子死掉了，这种悲惨不是一般人能够承受的。

这是一间套房，共有两个房间，外面是职守看管的民警休息的房间，里面是病人治疗的房间。为什么外面有警察职守呢？主要是担心犯罪嫌疑人逃跑，曾经凉山州有一个被判处死刑立即执行的犯罪嫌疑人，戴着脚镣和手铐跑了。怎么跑的呢？他用水把牙刷的那个塑料烫到一定的程度，插在脚镣的钥匙孔里面，就变成一把钥匙了。他们就那么聪明，每天都研究，每天都思考。然后当这个戴着脚镣手铐的人到了医院，他说他肚子要疼死了，装得也很像，脚镣被打开就跑了。押解的警察将近 60 岁，跑不动，他那个叫夺命狂奔，就是为了逃命而去，但最后也是法网恢恢，疏而不漏，一个月以后被抓获了。

我进了房间以后，看到一床被子下面蜷缩着一个小小的身体，应该就是我的当事人的尸体。医生告诉我，她是艾滋病发作，导致肺炎，不治身亡的，并提供了她的病例材料。这是一个当事人艾滋病发作，在开庭前一天死亡的案例，毒品和艾滋病在当地的形势非常严峻。所有公务员每年都要体检，艾滋病是必查的项目。

前两天有两个副县级的领导提拔公示的时候就没有任用，也没说原因，但大家都在议论，认为肯定是因为查出艾滋病来了。为了让当地彝族老乡认识到毒品、艾滋病和毒品犯罪的危害，党和政府加大了法律知识的普及。我们中华毒品犯罪辩护联盟已在当地开展了拯救毒品犯罪孤儿行动，希望通过我们的努力，给留守儿童一点阳光，一点温暖。大家想象不到那里有多么落后，普及法律知识有多么困难。前年我去四川凉山州的时候，沿着公路的两侧处处都是标语，这个标语很有意思——努力推进板凳工程建设，也就是说咱们的老乡吃饭不坐凳子，是蹲在墙边、蹲在边上就吃的，他们是从奴隶社会直接进入了社会主义社会，所以很多原始的习惯至今还保留着。

3. 杨某国运输、贩卖毒品案简介

2015年1月21日，本案的另一个犯罪嫌疑人林某辉携带毒品，驾驶车牌为云ND＊＊＊＊的越野车，前往四川省西昌市与杨某国交易，当日林某辉途经盈江县时被抓获。民警当场从林某辉驾驶的车牌为云ND＊＊＊＊越野车后备厢暗格内查获海洛因50块，经称量，净重为17 580克。2015年1月22日15时，杨某国驾驶车牌为川WP＊＊＊＊的黑色轿车来到四川省西昌市美丽阳光宾馆对面的马路，和林某辉交易毒品的时候被云南省盈江县公安局禁毒大队警察现场抓获。

上面的案件情况是根据公安机关的起诉意见书原文进行介绍的，但实际情况比这个复杂。这个案件的情报来源十分准确，和上面提到的案件一样，这批次毒品什么时间从缅甸进入我国境内，什么时间从盈江县起运，一切尽在公安机关的掌控之中。根据公安机关掌握的线索情报，这批货是缅甸的毒枭卖给四川西昌的下家的。之前双方已经进行过多次的毒品交易，林某辉仅仅是该宗毒品的马仔，负责从云南的盈江县运往四川的西昌交货。盈江县属于云南省德宏州管辖，和缅甸接壤，边民长期往来，边贸比较繁荣。尤其是玉石翡翠、木材根雕，非法贸易就是毒品。因此，由于盈江县特殊的地理位置，这里成了毒品运往内地的重要通道。盈江县公安局禁毒警察的任务非常繁重，人数编制又有限，导致有时候几百克海洛因的毒品他们都不会去查，都是打击大宗毒品犯罪。

盈江县气候炎热，主要居住的是傣族居民，傣族的饮食非常有特色，酸酸辣辣的，很多都是野菜，味道也非常鲜美。但是傣族很少做海洛因，他们主要做的是小麻、麻古、甲基苯丙胺。话说林某辉被抓获以后，马上就交代了他在四川西昌的毒品老板杨某国。林某辉是四川德宏州芒市人，曾经在 2002 年 12 月 20 日因为贩卖毒品罪，被广东省高级人民法院判处死刑缓期两年执行，经过减刑，刑期自 2008 年 2 月 21 日至 2025 年 3 月 20 日，2012 年 7 月，因为患病被保山监狱批准保外就医，因为涉嫌贩卖毒品，于 2015 年 1 月 21 日被盈江县公安局刑事拘留。2015 年 2 月 27 日，经盈江县人民检察院批准，同日由盈江县公安局执行逮捕。盈江县公安局非常重视这一线索，立即通过云南省公安厅，联系四川省公安厅，指派四川省凉山州公安局禁毒局协助盈江县公安局行动。四川凉山本身就是毒品的重灾区，凉山禁毒警察和盈江县在云南边境口岸一线的禁毒警察十分熟悉，经常互相协助，共同作战。警察兵分两路，一路人按照法律规定的程序，上报手续，要报到省厅，另一路人马上押着林某辉上路，赶往西昌，去抓捕杨某国。要知道时间是非常有限的，对禁毒工作来讲，到达西昌的时间早了或者是晚了，都会引起毒贩的高度怀疑，哪怕是突然电话联系不通，也会引起怀疑。贩毒的人非常迷信，他们主要依靠直觉，如果在交易之前突然心情不好，或者是天气变坏，或者是窗帘的某一角塌下来了，或者是汽车点火总是点不上等等，都会终止交易，因为他们认为这是不好的兆头。

从盈江县到达西昌有一千多公里路，两辆警车，九个警察，警笛长鸣，警灯闪烁。林某辉坐在第一辆警车的后排座位，戴着手铐，由左右各一名警察控制。一行人风尘仆仆，长途奔袭，赶往西昌。一路上林某辉和西昌方面的货主保持电话联系，到达西昌以后，换乘了凉山州公安局提供的民用牌照车辆。根据货主对林某辉的指示，警察把车开到了西昌一家五星级的酒店美丽阳光酒店对面的马路上，要求对方接货，对方回答马上过来。一会儿杨某国就开着一辆大众途观车到达了距林某辉和警察车辆五米的地方。杨某国走出车门，林某辉在车内伸出头来，并向杨某国伸手挥手致意，同时向杨某国说"你要的东西我带过来了"，一边说，林某辉一边把装毒品的包提下车。杨某国往林某辉方向走去，还未到林某辉跟前，说时迟那时快，警察突然从四面八方包围了杨某国，杨某国被控制。警察从杨某国的车上搜出了五张银行卡，六部手机，盈江县公安局的禁毒民警非常有经验，立即把杨某国押往他的住处，对其住处进行搜查。像搜查这一类的法律文书，禁毒警察根据案件的需要，会在搜查之前就准备好备用，法律手续是不会有问题的。但这次在杨某国的家里面没有搜出任何有价值的东西，包括毒品和现金。搜查完以后，杨某国被带到当地公安机关进行审讯，但杨某国拒绝认罪，他辩解道是别人叫他过来拿东西的，什么东西他根本就不知道，他也不认识林某辉。

随后杨某国和林某辉分乘两辆警车，被带回了云南省盈江县看守所羁押。公安机关对林某辉进行了八次讯问，林某辉的供述都相当稳定，说自己平时受雇于杨某国，帮杨某国运输毒品到西昌，可以获得 3 万元的好处。杨某国拒绝认罪，均做无罪的辩解。杨某国被盈江县公安局刑事拘留以后，其家属依法委托了我担任他的辩护人，为他进行辩护。接受委托以后，我在 2015 年 2 月 27 日杨某国被逮捕以前，六次从昆明飞往德宏州的州府芒市，又从芒市坐两个小时的车前往盈江县看守所会见杨某国。我们刑事辩护的律师还是挺辛苦的。

第一次会见，必须要到盈江县禁毒大队办理会见手续。当天到达盈江县看守所已经是下午 4 点 50 分，被告知需要前往禁毒大队以后，我立即打了一辆出租车前往。禁毒大队在县城的郊区，也就是隔着盈江大河，那条大河就是云南境内流往缅甸的一条河。禁毒大队的领导在会见犯罪嫌疑人专用介绍信上签署意见以后，我立即赶往看守所，已经是下午的 5 点 30 分。还好，看守所的民警比较好商量，我说我是昆明来的，要赶回去，今天要见一下人，他们就让我会见了杨某国，专门加了一下班。杨某国对我说他没有贩毒，他是无辜的，同时他受到了刑讯逼供，他的脸上和头上都有新伤。他被抓的时候有一枚金戒指，被警察拿走了，没有在扣押物清单上记录。这个事情可以调取抓获他的监控记录证实他是戴着戒指的，后面戒指就没有了。

另外杨某国涉及 2013 年的另一宗案件，因为做毒品的人一直会做毒品。这宗案件当时是有三个人在盈江县购买毒品，被德宏州边防支队的民警抓获了。现在打击毒品犯罪，有警察，有武警，还有海关，我们办理的案件中，除了人民解放军以外，所有的司法机关武装力量都在打击毒品犯罪，国家对这块是非常重视的。这三个人被抓获以后，杨某国就被边防支队纳入了侦查的视线范围。各位要注意，现在这 50 块海洛因的毒品案件，办案的单位是德宏州盈江县公安局禁毒大队，2013 年的办案单位是德宏州边防支队，2013 年的毒品案件是 20 公斤海洛因，被告人有两个是被现场抓获的，第三个被告人是根据第二被告人检举立功被抓获的。第三被告人和杨某国一起到达了瑞丽，他们自己留存了证据。什么证据？大家知道远征军当时打日本人，从缅甸过来修了一条公路，叫滇缅公路，通过它把武器、补给从缅甸运过来。有一个纪念馆叫作远征军纪念馆，他们四个人一起去远征军纪念馆照相留念，就把这个照片留在了手机上。该案已经由云南德宏州中级人民法院判决，第一被告人被判处死刑立即执行，第二被告人、第三被告人被判处死刑缓期两年执行，杨某国的情节和行为与第三被告人相似，只是杨某国还多了一个行为，就是在 2013 年的案件中，杨某国通过自己的银行账户转账给第一被告人，该行为被德宏州中级人民法院认定为出资购买毒品的行为。该案经过三被告人上诉到云南省高级人民法院，云南省高级人民法院维持原判，最高人民法院依法核准第一被告人死刑。

会见被告人的目的是了解案件的事实，确定辩护的方向，找准辩护的策略。其中反向侦查是非常重要的，具体来说，就是要通过会见杨某国，了解办案机关的下列情况：

第一，杨某国被讯问过几次，每次是如何供述的；

第二，杨某国有无被刑讯逼供的情形；

第三，杨某国一路从西昌被押送到云南德宏州盈江县看守所，路途一千多公里，一路上办案人员的交流和对话；

第四，杨某国是否被威胁、欺骗和引诱；

第五，办案人员每次讯问的表情、语气；

第六，办案人员的单位与侦查人员的姓名。

通过上述反向侦查的工作，我了解到确定辩护方向和辩护策略的一个重要信息，即杨某国被讯问了三次，都做了无罪的辩解。我的辩护方向就是无罪辩护。杨某国在路上的时候曾经有警察对他说"你不说你就死定了"，这看似简单的一句话，证实了一个问题，公安机关还没有掌握杨某国贩卖毒品的重要的直接证据，杨某国的口供对办案人员来说非常重要。另外，每次办案人员讯问杨某国时的情绪，都是一开始很好，最后暴跳如雷，拍桌子，砸板凳，这说明办案人员希望获得口供的目的没有实现，杨某国的有罪供述对本案有决定性的作用。

另外，本案的三次讯问均存在威胁、欺骗和引诱；最后是办案单位与侦查人员的问题，其中第二次是德宏州边防支队的武警来讯问的。这个信息不是一般的重要，他们的出现说明杨某国2013年的案件完全暴露在武警的视野中，他们一直在跟进，把杨某国的行为和2013年那个案件的第三被告人相比较，得出的结论是严重的。第三被告人被判了死缓，杨某国比第三被告人多了一个通过账户转送毒资的行为，因此，边防支队武警的出现动摇了我为其做无罪辩护的方向。只有确定好正确的方向，才能制定好有效的策略。

但是根据我多年办理毒品案件的经验，我相信无罪辩护的方向是正确的。因为2000年之前，我在云南师范大学工作，2000年以后，我一直在办理毒品案件。我对毒品的价格、获取途径、毒品犯罪的犯罪方式比较了解，前后已办理过近上千件的案件，包括亚洲的第一毒品案件，627公斤毒品的案件，包括中央电视台同一首歌资深策划人胡继国的贩卖毒品案。我相信我确定的无罪辩护的方向是正确的，具体从下面的内容进行分析。

下面我要给大家通报、交流的是本案的证据情况。我接受杨某国家属的委托，前后十余次会见他，对案件的证据情况有了大致的判断。因为大家都知道在犯罪嫌疑人被移送审查起诉之前，辩护律师不允许查阅案件的卷宗材料，我们只能根据经验去推测，当然这个推测有的时候并不完全正确，但一般出入不大，证据材料应该有这些：

第一，抓获经过；

第二，林某辉关于杨某国是老板的供述；

第三，杨某国的无罪辩解；

第四，现场抓获的录音录像；

第五，讯问的同步录音录像；

第六，现场照片；

第七，毒品的照片；

第八，毒品称量记录照片；

第九，毒品检材提取笔录及照片；

第十，毒品成分鉴定和含量鉴定；

第十一，林某辉的辨认笔录；

第十二，电话通话记录和短信记录；

第十三，电话存储的照片；

第十四，银行卡及交易记录；

第十五，手机卡的所有人；

第十六，搜查笔录；

第十七，车辆行车证及车辆本身；

第十八，尿检记录，所有的犯罪嫌疑人都要做尿检的，是否吸毒，阴性还是阳性；

第十九，2013年案件同案供述的案件材料。

上述证据，杨某国的无罪辩解和林某辉的有罪供述是主观证据，其余证据均属于客观证据。对于客观证据，毒品、车辆等客观物证，在本案中由于无法提取到指纹和DNA，进行STR分析，因此，可以判断客观证据不能够证实杨某国构成犯罪。最危险的是林某辉的有罪供述和辨认笔录，还有2013年案件第二被告人的有罪供述和辨认笔录。上述证据看起来已经非常充分，但仔细分析下来，并不能满足《刑事诉讼法》关于指控犯罪嫌疑人需要的证据确实充分的要求。

4. 辩护思路和辩护工作的开展

确定了辩护的方向，就着手开始辩护工作。我们辩护律师从第一次会见开始，辩护工作其实已经展开。本案的辩护方向是无罪辩护，具体分为三个环节的辩护：

第一，检察院批捕前的不捕的辩护；

第二，检察院起诉阶段不诉的辩护；

第三，法庭庭审阶段的无罪辩护。

上述三个方面都属于无罪辩护的范畴，即广义的无罪辩护，所以我们今天所说的都是无罪释放的案件，但是经过法院判决无罪的，我这里没有。因为昆明市检察院或者是其他市检察院和中级人民法院有一个协定，如果一个案子到了法院，经法庭审理，认为证据不足，要做无罪判决的话，要通知检察院撤诉。如果通知它撤诉，它还不来撤诉，就要做无罪判决。所以我这里每年可能得有10多个无罪的处理，但是法院宣判的没有，都是通过撤回起诉的方式来确定无罪的。

上述前两个阶段就是批捕和起诉阶段，犯罪嫌疑人被不捕或者不诉，我们也认为是无罪释放，也是辩护成功的一个标志。当然在司法实践中，前两个阶段无罪释放的提法很多人是不赞同的，尤其是公安和检察院的同志，他们不认为犯罪嫌疑人是无罪的，他们认为即使是人被释放，也不等于犯罪嫌疑人无罪。但是也有很多人赞同，主要是犯罪嫌疑人的家属和他自己，认为这个是最厉害的、最有效的辩护。刑事案件的律师一直以法庭审判为中心，进行有效辩护，但辩护律师工作是否有效，不能只通过我们自己对自己的辩护工作进行评判，而是应该接受裁判员的裁判。因此，要熟悉裁判的打分规则及其内心作出决定的心路历程。在我们律师的辩护工作中，给我们打分的裁判员有两个：一个是办案人员，包括检察院的案件承办人和法院的案件承办人。你这个律师是否具有专业度，是否认真，应该由这边的裁判员来打分。另外一个裁判员是谁？这个是非常重要的，就是犯罪嫌疑人及其家属，也就是我们的委托人。只有他们对我们律师工作认可了，这才叫作有效的辩护。律师自己认为自己做了有效辩护是没有用的，自己不能同时是运动员和裁判员。

当我们的观点得到了司法机关的重视和采信，我们律师的观点就会被写进检委会的意见，写进审委会的意见，最终就在不予起诉决定书或无罪判决书中进行表述，我们的辩护意见就成了国家意志。因此，我十分重视裁判者对我的辩护工作的打分，我的辩护工作要以一种看得见的方式展示出来。

具体到本案中，我首先进行的辩护工作就是到盈江县检察院沟通我的无罪辩护意见，争取杨某国不要被逮捕。同时积极做好逮捕后到起诉环节的辩护的准备工作。我去了盈江县检察院侦查监督科五次，前两次公诉科的科长都不在。第一次批捕科的都去开会了，检察院的全院大会，只留了一个刚刚参加工作的小伙子。既然我已经来了，检察院全院大会随他开吧，我不会放弃任何的机会表达我对本案的看法，表达杨某国是被抓错的看法，或许他会接受我的观点，在科长回来的时候，他可能会把我的意见进行一个完整的表达，这样为我下次找到批捕科科长，打下一个先入为主的基础。

当时公安机关还没有将案件移送到检察院的侦查监督科，大家都是办理刑事案件的专家，都知道在办理证据存在问题的案件时，公安机关一般都要把时间用完，即把拘留的期限用到第三十七天，所以我们毒品案件的辩护律师就有一个提法，叫三十七天黄金时间。我就是要打这个时间差，多次反复到批捕科强调我认为杨某国是无罪的观点，引起办案部门的注意，达到先入为主的目的。第二次我也没有找到科长，是一个40岁左右的女检察官接待的我，她认真听取了我的意见，并记录在纸上。她告诉我，等科长回来以后一定如实地汇报。第三次我还是没有见到科长，一直到了第四次和第五次才见到，她 30 岁不到的样子，是一个年轻漂亮的女检察官，一个对律师意见很重视的检察官。我把本案杨某国无罪的意见跟她进行了口头的沟通交流，同时也把书面的辩护意见提供给了她，当时是杨某国被拘留的第二十四天。我在辩护意见中还提到，根据杨某国的会见陈述，他有被刑讯逼供的情况，会见他的时候，他头上、脸上有新伤，同时他有财物金戒指下落不明，未被记录在扣押的物品清单里面的情况。科长对这些情况非常重视，在杨某国被拘留的第二十八天的时候，她通知我去办公室，就本案我反映的问题给我正式的答复。杨某国的头上、脸上确实有新伤，但那是在抓捕的过程中杨某国进行反抗导致的，侦查机关现场抓捕录音录像，记录了整个过程。杨某国金戒指的去向他们已要求侦查机关作出说明，侦查机关认为他们不存在私自占用杨某国财物的行为。这次我更为全面地论证了本案证据存在的问题，只有他人的口供，无法形成一个证据体系。所以今天第一个课题所讨论的就是这个问题，从本案的情况来看，假设杨某国确实进行了贩卖毒品的犯罪活动，也没有确实的证据去证实，杨某国是在同案林某辉提供线索的情况下，被公安机关抓捕的。公安机关在四川省西昌市美丽阳光大酒店对面的马路上对杨某国抓捕的时机也是不成熟的，当时我跟科长说，假设他真的就干了这个事，咱们的抓捕时机也是不成熟的，抓捕过早。当时林某辉向杨某国招手，并说"你要的东西已经带来了，过来拿"。如果抓捕的时间推后一分钟，等杨某国把毒品提在手上，这个时候就可以人赃俱获了。所以案情如果是这样，本案进行无罪辩护的难度就相当大了。本案虽然有毒品、毒品的称量、毒品鉴定等客观证据，但只有林某辉一人的辨认指认，而杨某国做的是无罪辩解，无法形成一个证实杨某国进行毒品犯罪活动的证据体系。林某辉的辨认和指认是《刑事诉讼法》规定的证据的一种，杨某国的无罪辩解也是《刑事诉讼法》规定的一种证据。也就是说关于有罪的辨认指认，在本案中缺少其他证据进行辅助证实，不能形成一个完整的证据锁链。本案二人的言词证据截然相反，又无其他证据佐证的情况下，就属于孤证，孤证属于疑罪从无的范畴，本案应当对杨某国作出不捕的决定。

关于本案的证据。侦查人员从杨某国驾驶的车辆中搜出了大量的银行卡和手机，由于手机和银行卡和林某辉的犯罪行为之间没有任何的关联性，不应该认定为是本案杨某国的犯罪证据，即杨某国没有发送短信给林某辉商量过毒品的事情，也没有在电话里面商量过毒品的事情，杨某国的银行账户也未转款到林某辉的银行账户上。因此，本案缺少其他辅助证据证明林某辉的辨认指认是真实可信的，不应当认定杨某国有贩卖毒品的犯罪行为。

另外，关于2013年的案件，一个证据是第二被告人的供述，和2015年的案件是一样的，仅仅是一个人的言词证据，不能够形成完整的证据体系。2015年应该采用更严格的证据标准去审视2013年的案件。关于杨某国曾经打款给第二被告人的情况，杨某国已经说得很清楚，其实是向第二被告人买车的尾款。关于一起去瑞丽，并且在远征军纪念馆照相的事情，只能说明几个人一起去这个地方游玩过，并不能证明杨某国参与毒品犯罪活动。从毒品犯罪的行为来看，具体分为提出贩毒的犯意、商定价格、准备资金、联系毒品、联系马仔、准备运输工具、交付毒品、藏匿毒品、交付毒资、实施运输等行为，但两起案件中均无证据可证实杨某国参与到贩卖毒品的犯罪活动中来。《刑事诉讼法》规定，指控他人犯罪的证据，必须要达到确实充分的要求，本案的证据达不到这个要求。科长表示她对这个案件会重视，有必要的话，会提交检察委员会讨论。

在杨某国被拘留的第三十七天的早上，科长电话告诉我，他们认为杨某国贩卖毒品的证据还是充分的，已经决定逮捕。这些检察院对工作是非常认真的，包括在西安，我们提供意见以后，回到昆明两天，西安的检察院就打电话过来了，就把我们的意见，什么情况，案件处理，在电话里面进行了告知。杨某国被逮捕以后，情绪十分低落。我多次去看守所对他进行心理安慰和辅导，如果他本人都放弃了争取无罪的机会，那么对于辩护律师来讲，无罪辩护已经没有任何意义。杨某国贩卖毒品一案由盈江县公安局于 2015 年 4 月 24 日移送盈江县人民检察院审查起诉。盈江县人民检察院于 2015 年 4 月 30 日向德宏州人民检察院报送审查起诉。在审查起诉阶段，我六次与承办人交换意见，并分别将我的辩护意见交到了检察委员会成员每个人手上。经过多次口头的沟通和交流，承办人对无罪辩护的意见表示赞同。检察院公诉处将本案移送公安机关，两次退回补充侦查，延长审查起诉期限三次，本案关于杨某国进行毒品犯罪活动的证据，没有任何新的发现。在毒品案件中，尤其是贩卖毒品的案件中，犯意的提起、毒品的准备、毒资的筹集、交通工具的购买、毒品的交接等行为，要和毒品本身、毒品称量、毒品鉴定等客观证据相互印证，形成一个完整的证据体系，才能够认定犯罪嫌疑人构成犯罪。在司法实践中，我们通常所说的证据体系，是指有罪的证据体系，不是指无罪的证据体系。在贩卖毒品的证据中，要寻找到主观明知的证据非常困难，所以公安机关在抓获犯罪嫌疑人的时候，把突破心理防线获取有罪的供述作为重中之重的工作。为了获得主观明知的证据，有的承办人甚至会采用威胁、欺骗和引诱等手段。

（二）口供在构建证据体系中具体作用的分析

在本案中，客观证据都比较充分，但要证明杨某国主观明知是毒品，明知林某辉带来的就是毒品，很困难。因为杨某国自始至终都是做无罪的供述，因此在认定毒品犯罪的过程中，口供对证据体系的建立起到了至关重要的作用。这个就是接下来我们要讨论的问题，口供对证据体系的建立起到了至关重要的作用，我们具体来进行分析和研究。

1. 口供在一人和二人涉嫌毒品犯罪中，对构建证据体系的影响

在一人和二人包括二人共同犯罪的案件中，口供对构建有罪证据体系的影响是非常大的，只要犯罪嫌疑人做无罪的辩解，就很难认定犯罪嫌疑人的行为构成犯罪，需要对犯罪嫌疑人的无罪辩解作出是否具有合理性的判断，来判断其真实性。举几个案例：

案例一，2009 年 6 月，西藏人达瓦从云南的西双版纳州购得了马铃薯一车，准备运往甘肃的兰州进行销售。途经昆明的时候，昆明市公安局五华分局禁毒民警在该大货车上查获了毒品海洛因 13 公斤，达瓦做了无罪的辩解。但法院根据市场的规律，把西双版纳州的马铃薯价格和甘肃兰州的价格进行对比，发现甘肃兰州的价格比西双版纳州的价格还要低。再考虑到达瓦到达兰州需要经过 3000 多公里的路程，还要支付油钱和过路费等等，因此达瓦辩解不知道是毒品的理由不具有合理性，所以判决达瓦有罪。所以无罪辩解不一定都管用。

案例二，2012 年 3 月，新疆人买买提在昆明火车站的进站口被查出来随身携带的双肩包内装有毒品海洛因一块，净重 349.45克，买买提辩解，其是到昆明旅游和考察，做干果生意的，自己

被朋友陷害，不知道包内的毒品是什么时候被放进去的。在庭审过程中，法庭对买买提发问，既然来昆明旅游，到过什么地方，买买提回答说到过了世博园，但对世博园的位置、门票、景点一无所知。法庭发问买买提昆明的干果市场的位置，以及常见干果在乌鲁木齐和昆明的价格，买买提支支吾吾，无法回答。因此，法庭判决买买提有罪。

案例三，2013 年 9 月，山西人杨某驾驶自己的桑塔纳轿车，在昆明盘龙区行驶，昆明市公安局禁毒支队三大队的民警根据情报线索，将其抓获，并从其车辆的后备厢查获了毒品海洛因 1107 克，麻古、甲基苯丙胺 5500 克。杨某做无罪辩解，称其驾驶的车辆被他人借去使用过，其对后备厢的毒品不知情。经查，该桑塔纳轿车在案发前一天，确实借给他人使用过，故检察院认为认定杨某运输毒品罪的证据不足，不予逮捕。杨某在 2013 年有过三次同样的行为和同样的辩解，三次都是同样被检察院不起诉放掉了。

案例四，2014 年 5 月，广东人王某在深圳市宝安区一偏僻的道路上停车等候赵某，赵某拿着毒品麻古 3110.82 克上车的时候，被宝安区公安局禁毒民警抓获，现场查获了毒品麻古 3110.82 克，还缴获了犯罪工具车辆一辆，手机五部，银行卡六张。赵某供述和指认王某就是购买毒品的人，王某做了无罪的辩解，称不知道毒品一事，是赵某要求他去接人的。两名犯罪嫌疑人被拘留到第三十七天，赵某被逮捕，王某被不予逮捕，理由是证据不足。这也是我们通常所说的孤证。该案和杨某国贩卖毒品一案有异曲同工之妙。

2. 三人包括三人以上涉嫌毒品共同犯罪中，口供对构建证据体系的影响

三人以上要做无罪辩护，很难。一人二人还容易一点，三人以上非常难。

案例一，2014 年 4 月，湖北人钱某在湖北黔江家里面经营打理自己的网吧，被派出所的民警传唤到派出所，当天就被云南省西双版纳傣族自治州公安局禁毒支队的民警带走了。2014 年 2 月，有两个湖北人张某和王某到西双版纳州运输毒品海洛因 3900 克被查获。张某和王某均供述钱某是老板，安排他们至西双版纳州运输毒品，为此，钱某还打了 5000 块钱给张某。张某和王某共同出资 5 万元，在景洪市购得二手本田车一辆，用于改装运输毒品。但张某和王某供述的时间有一点不一致，张某供述是 2014 年 1 月 19 日，钱某在湖北黔江的宾馆和他们二人商谈运输毒品事宜，而王某供述的时间是 2014 年 1 月 18 日，一个 19 日，一个 18 日。钱某辩解，5000 块钱是寄给李某的，其去过景洪市人民医院看望缅甸警察李某的女儿，当时缅甸警察李某的女儿生病了。该案二审是由我来代理的，我们亲自到了缅甸，亲自到了湖北的黔江，收集到了缅甸警察李某的证人证言，证实他女儿确实生病了，住在景洪市医院。我们调取了钱某在湖北黔江过高速的录像以及出站后去汽修厂修理汽车的书证、物证、证人证言，这些证据用于证明我的当事人钱某没有作案时间，因为本案只要确定当事人没有作案时间，他肯定就是无罪的。同时我们也收集到了湖北黔江宾馆的大数据，用于证明钱某没有开过房，张某和王某的供述和指认不真实。我们还向法庭提供了钱某从汽修厂上高速公路前往张某、王某供述的宾馆正常行驶的速度、里程及所需的时间实测的一个数据，也证明钱某在张某和王某交代的时间内无法完成到宾馆商议运输毒品事宜，并返回修理厂的所有事情。但是最后云南省高级人民法院依然判决钱某死刑缓期两年执行，这是一个不成功的辩护案例。

案例二，2015 年 9 月晚上 9 点，吉某从新疆某兵团出租房打着一把手电筒出来接他的老乡舒某，被抓获。警察在舒某所提的手提包内查获毒品477克。舒某逃跑，因为新疆黑得早，晚上跑出去看不见路，他就摔在水渠里面。舒某逃跑被抓获，警察又在其所穿的军大衣里边查获毒品44克。该案是由乌鲁木齐市公安局线人及特勤提出需要购买毒品，由禁毒大队准备毒资，特勤联系舒某，舒某联系吉某购买毒品的案件，是典型的特勤引诱犯罪的案件。吉某被抓获以后做了无罪的辩解，但舒某和两个特勤均指认吉某就是卖毒品的人。该案一开始是放了舒某的，但由于证据无法确定吉某贩毒，一个月以后，禁毒大队又把舒某抓了回来。该案由昌吉州人民检察院提起公诉，昌吉州人民检察院认为吉某的行为构成犯罪，证据确实充分，昌吉州中级人民法院在2016年8月2日开庭审理本案，我做的是无罪辩护。到今天为止，尚未宣判。

刚才说到杨某国的这个案件，接下来是裁判结果，辩护律师做了大量的辩护工作以后，最后就需要得到检察机关、人民法院一个裁判的结果。2015年8月10日，德宏州人民检察院依法作出了德检公诉刑不诉（2015）15号不起诉决定书，决定书载明，本案由盈江县公安侦查终结，于2015年4月24日移送盈江县人民检察院审查起诉，盈江县人民检察院于2015年4月30日向本院报送审查起诉，本院受理后，已告知被不起诉人有权委托辩护人，并退回补充侦查两次，延长审查起诉期限三次。云南省盈江县公安局移送审查起诉认定，2015年1月21日，林某辉（另处），携带毒品，驾驶车辆为云ND＊＊＊＊越野车前往四川省西昌市，与被不起诉人杨某国交易。当日林某辉途经盈江县时，被盈江县公安局禁毒大队民警抓获。民警当场从林某辉驾驶的车牌为云ND＊＊＊＊越野车后备厢暗格内查获毒品海洛因50块，经称量，净重为 17 500 克。2015 年 1 月 22 日 15 时许，被不起诉人杨某国驾驶车牌为川 WP＊＊＊＊黑色轿车来到四川省西昌市美丽阳光宾馆对面的马路和林某辉交易毒品时，被盈江县公安局禁毒警察大队民警抓获。下面这个是最重要的，本院认为指控杨某国参与毒品犯罪的直接证据不足，不符合起诉条件。经本院检察委员会讨论决定，依照《中华人民共和国刑事诉讼法》第 171 条第 4 款之规定，决定对杨某国不起诉。至此，本案尘埃落定，杨某国被无罪释放。这个就是今天要给大家分享的第一个课题，口供在构建证据体系的过程中所起到的作用。所以从上面的案例研究总结出来，一般来讲，一个人两个人的案件，口供对我们律师做无罪的辩护，突破有罪的证据体系起到至关重要的作用。

二、以子之矛攻子之盾

我要讲的第二个课题是以子之矛攻子之盾，时间不够，我们讲快一点。

（一）何某某贩卖毒品案

1. 犯罪嫌疑人的基本情况

何某某绰号叫可可，女，汉族，1986 年 9 月 1 日出生，云南省昭通市人，小学文化程度，无业，身份证号码 532＊＊＊＊＊＊＊＊＊＊＊2942，户籍所在地是云南省昭通市宜良县。因为涉嫌贩卖毒品罪，于 2015 年 10 月 1 日被重庆市公安局沙坪坝分局刑事拘留。2015 年 11 月 6 日，经重庆市沙坪坝人民检察院批准逮捕，2015 年 11 月 6 日，由重庆市公安局沙坪坝分局执行逮捕。2016 年 9 月 28 日，该案在重庆市第一中级人民法院开庭审理，现尚未判决。

何某某出生于云南著名的野生天麻生产基地——昭通市宜良

县。何某某的母亲感情曲折，生活比较艰难，经历了两次婚姻，两次婚姻中都是靠何某某母亲艰辛的劳作，苦苦地维持家庭，把孩子们拉扯长大。何某某和同母异父的姐姐关系特别好，只要有任何困难，哪怕是小时候被人欺负，她姐姐一定会维护她、帮她。这次她因为涉嫌贩卖毒品罪被采取强制措施以后，也是她同母异父的姐姐为她聘请了我担任她的辩护律师。由于家境不好，何某某19岁就嫁人了，但何某某婚姻不幸，生育一个女孩以后离婚了。离婚以后，何某某只身一人来到昆明，在一家公司上班。何某某在昆明期间认识了不少朋友，在一次去昆都酒吧玩耍的时候，在一个朋友的劝说下，第一次吸食了麻古。大家都知道吸食完麻古以后，话会特别多，总是想说话。几个人在一起都会抢着说话，从童年说到成年，从悲伤的事情说到开心的事情，从天南说到地北，说到开心的时候，大家一起开怀大笑，说到悲伤的事情，大家一起抱头痛哭。吸完麻古以后，一个星期左右精神和体力都特别好，没有睡意，一个星期以后需要睡觉，睡觉的时候也会起来吃饭和上厕所，完了继续睡，一间卧室一间卧室地换着睡，需要睡到一个星期左右。如果一个人突然联系不上一个星期，行踪诡异，十有八九是吸食毒品去了。吸食麻古会致幻，就是甲基苯丙胺，想什么来什么。如果想钱，到处都是钞票，如果想美女，看见电线杆都是美女。

何某某的一个朋友，也是我代理的案件中的当事人，被释放后的一天，吸食了麻古，突然担心警察来抓他，就看见很多警察来抓他，他往28楼爬楼梯跑啊跑，到楼顶差点累死了，因为他认为坐电梯不安全。到了楼顶，他在楼顶上写了几个字"妈妈，我对不起你"，然后跳楼自杀了。吸食麻古以后，想要尽快解掉，就像酒醉要解酒一样，怎么办？饮两瓶冰啤酒，立解。

何某某自从染上吸食麻古的毒瘾后，一直在吸食，隔三岔五就要约朋友一起吸食。他们交易前要在一起爽一爽，就是吸食，吸食麻古都是大家一起，一个人吸是会疯掉的，包括摇头丸，都是找个房间大家一起吸食，圈内的人叫 high，甚至配有专门的陪 high 妹。何某某在被抓获的时候，警察在她租住的出租房客厅里面查获了 21 粒尚未吸食完的麻古。何某某在昆明交了一个男朋友，叫何某峰，也是老家的人，他做事情非常小心，每次通话都是用不同的手机，通话完毕以后，要用毛巾把手机多次擦拭，直到自己认为无法检出指纹为止。何某峰随身携带五六个手机，何某峰让何某某做什么事情，何某某就做什么事情，她跟何某峰以后，就什么事都不做了。何某峰很喜欢枪支和跑车，他拥有三支世界名枪，比如勃朗宁。何某某陪着何某峰去了缅甸好多次，他们去缅甸还参观了缅甸的罂粟种植园，亲眼看到了鸦片的提炼过程。缅甸的气候、土壤等因素，非常适合罂粟的生长。1840 年，英国的殖民者曾在缅甸和中国毗邻的地区大规模种植罂粟。

我也曾经到过缅甸，亲眼看见了鸦片的提炼过程。罂粟成熟以后，烟农在每天凌晨的四五点钟左右，用弯弯的一把小烟刀，在罂粟上划一条小口子，一边划一边往前走。划完以后就回来，把罂粟从刀口流淌出来的浆汁收拢，沾在植物的叶子上面，把它赶在一起，攒起来，越攒越多，最后全部存放在一口锅里。烟农把全部收割好的罂粟的浆汁放在锅里面，加上适量的清水，加火熬制，用纱布反复过滤，去掉残渣和杂质，最后再提炼出纯正的大烟膏，就是鸦片。把鸦片经过化学处理，深加工以后，就成了白色的粉末海洛因。

还有罂粟会结一种斗篷，小孩子很喜欢吃，里面的籽很好吃，不会上瘾，我觉得也很好吃。我观察过电视剧里面吸食鸦片的姿势，都是不正确的。正确的方法应该是人躺在床上，斜躺，角度45度，眼睛的视线可以看到烟枪的尽头，烟筒的位置。吸食鸦片最舒适的方式就是45度斜躺在床上，由他人帮你制烟炮，将烟炮放进烟斗以后，用专门的钳子将烟炮插出一个洞来，点火，轻轻抽吸即可。制作烟炮非常讲究水平，太稀，像糖稀一样，堵塞了吸烟口，无法吸食，因为空气进不去，太稠，不易着火，不好吸食。因此，仔细观察电视剧里面吸食鸦片的演员都是不专业的。

话题说远了，我们把话题收回来。何某某和她男朋友一起，有两部跑车，从来不缺钱花。别人看到他们整天过着无忧无虑的生活，其实不然。做毒品生意的人心理压力非常大，常常要面临严峻的法律后果。怎么排解呢？何某某和她男朋友就靠近似疯狂的购物和消费来排解，因此他们是很多娱乐场所的贵客，一直到被抓，何某某都有高消费、一掷千金的习惯。

2. 案件的情况

2015年9月1日，重庆市公安局禁毒总队根据情报线索，确定了一名叫蒋某某的重庆男子，长期从事贩卖毒品的犯罪活动。蒋某某近期准备前往昆明接一批麻古，为此，重庆市公安局指定重庆市公安局沙坪坝分局受理本案。2015年9月1日，重庆市公安局沙坪坝分局受理了本案，并立案侦查。2015年9月14日，蒋某某前往昆明，接送一批毒品，返往重庆贩卖。2015年9月24日，蒋某某再次准备毒资139万元，从重庆的北碚区出发，自驾车前往昆明购买毒品。沙坪坝分局在掌握准确的线索后，立即组织警力前往蒋某某接到毒品回来的必经之地——贵州省毕节市松坎检查站设卡抓捕蒋某某。2015年9月28日，蒋某某驾驶装着8800克麻古的奔驰车到达贵州省松坎检查站的时候被抓获。2015年10月1日，重庆市公安局沙坪坝分局在昆明市公安局禁毒支队的配合协助下，在云南省昆明市，将何某某、何某峰、张某等人抓获。抓获何某某的时候，公安民警看见何某某的床有微微颤动的情况，随即用枪指着床下，大喊一声"马上出来"，席梦思床垫打开，一名男子躲在床下瑟瑟发抖。经查，此人与本起贩毒活动没有关系，当场予以释放。2015 年 10 月 2 日，本案全部涉案人员被带到了重庆市沙坪坝公安局看守所羁押。

3. 本案的证据情况

本案的证据包括以下 28 份：

第一，指定管辖的决定书；

第二，受案登记表；

第三，搜查证；

第四，扣押决定书；

第五，扣押清单；

第六，鉴定意见通知书；

第七，鉴定文书；

第八，调取证据通知书；

第九，协助冻结财产通知书；

第十，现场检测报告书；

第十一，犯罪嫌疑人蒋某某的讯问笔录；

第十二，犯罪嫌疑人何某某的讯问笔录；

第十三，犯罪嫌疑人何某峰的讯问笔录；

第十四，证人李某的证言；

第十五，证人刘某的证言；

第十六，检查笔录、搜查笔录；

第十七，扣押封存笔录；

第十八，称重提取笔录；

第十九，辨认笔录；

第二十，指认照片；

第二十一，到案经过；

第二十二，情况说明；

第二十三，户籍资料；

第二十四，银行清单、通话清单；

第二十五，住宿登记及高速公路发票；

第二十六，房屋租赁合同；

第二十七，收押证明；

第二十八，光盘。

4. 辩护策略和辩护的工作

本案由重庆市检察院第一分院提起公诉，公诉机关认为被告人何某某贩卖毒品甲基苯丙胺（俗称麻古）8828.7克，其行为已经触犯了《中华人民共和国刑法》第347条第1款、第2款第1项之规定，犯罪事实清楚，证据确实充分，应当以贩卖毒品罪追究其刑事责任。鉴于何某某在共同犯罪中起主要作用，系主犯，对其处罚时，还应适用《中华人民共和国刑法》第26条第1款、第4款之规定。

经过认真研究案件卷宗材料十七遍，会见犯罪嫌疑人六十余次，我确定了本案的辩护策略就是以子之矛攻子之盾，具体的辩护工作逐步展开。

（二）辩护词分析

下面我和大家分享的是我一审出庭的辩护词，请大家批评指正。为了获得更好的辩护效果，我和北京中盈重庆律师事务所的周凯律师准备了投影仪等多媒体设备，采用文字、口头、图片等多种形式进行辩护。

起诉书指控我的当事人是主犯，我的辩护策略和观点就是要如何把她的主犯和是否构成犯罪这块给打掉。

何某某贩卖毒品一案辩护词

审判长，审判员：

根据法律的规定，受被告人何某某家属及其本人的委托，云南▆▆律师事务所指派杨俭律师，北京▆▆▆律师事务所指派▆▆律师担任本案何某某的辩护人，依法出庭为被告人辩护，并发表辩护意见供合议庭参考。

辩护人认真多次阅读本案的卷宗材料，针对本案的所有材料，采用形式对比，内容对比，嫌疑人性别统计，嫌疑人性别占比，嫌疑人扣押财产统计，嫌疑人扣押财产占比，通话次数统计，侦查时间统计，审查起诉时间统计等多种方法进行研究，最后发现：

一、没有何某某是主犯的客观证据。

1.没有发现何某某组织、指挥、策划本案的客观证据。

2.没有发现何某某是本案毒品所有人的客观证据。

3.没有发现何某某是本案毒资筹集人的客观证据。

4.没有发现何某某是贩毒利益的主要受益人的客观证据。

5.没有发现何某某积极参与本案，积极促成本案犯罪结果发生的客观证据。

二、没有发现何某某主观明知是毒品而积极参与犯罪的证据

第二张幻灯片，我们对整个案件卷宗材料进行研究以后，不提我们"认为"，因为"认为"是主观的，所以我们所提的都是"发现"。通过辩护人认真多次阅读本案的卷宗材料，针对本案的所有材料，我们采取的是形式对比、内容对比、嫌疑人性别统计、嫌疑人性别占比、嫌疑人扣押财产统计、嫌疑人扣押财产占比、通话次数统计、侦查时间统计、审查时间统计等多种方法进行研究，最后发现没有何某某是主犯的客观证据。既然是主犯，必须要满足下面五个条件：①组织指挥策划本案；②是本案毒品所有人；③是本案毒资筹集人；④是贩毒利益主要受益人；⑤积极参与本案，积极促成本案犯罪结果发生。因为从主犯的角度讲，行为人要么是毒品所有人，要么组织指挥策划本案，要么是犯罪利益的主要受益人，但是我们从这些地方进行研究的话，没有发现这些情形。

何某某贩卖毒品一案辩护词

一、我们发现本案存在事实不清、证据不足。

二、我们发现本案中存在应该追究的人没有得到追究，不应该追究的人反而受到追究。

三、公诉机关3月17日认为"本案事实不清，证据不足"，7月29日认为本案"事实清楚，证据充分"，我们没有发现有新的核心证据出现。

四、我们发现本案证据存在诸多违背常理之处

上述结论是假设被告人江某某和陈某的供述都是真实的，没有考虑何某某无罪的辩解。具体我们在下面进行阐述。

我们看第三张幻灯片，我们还发现本案事实不清，证据不足。我们发现本案中存在应该被追究的人没有得到追究，不应该被追究的人，就是何某某，我的当事人，反而受到追究的情况。公诉机关3月17日认为本案事实不清，证据不足，7月29日认为本案事实清楚，证据确实充分。我们没有发现有新的核心证据出现。

何某某贩卖毒品一案辩护词

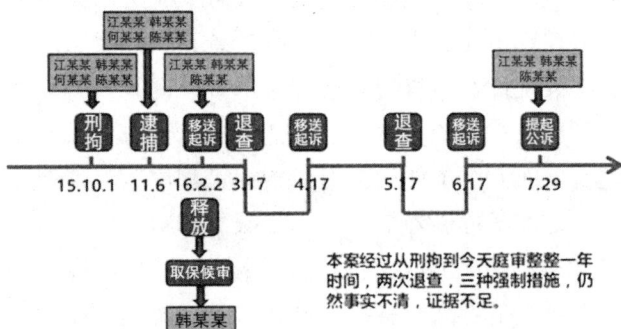

何某某贩卖毒品一案时间轴：

第四张幻灯片，我们发现本案存在诸多违背常理之处，下面进行一个阐述。我们可以制作一个何某某贩卖毒品一案的时间轴，这个是非常管用的。通过时间轴，我们研究司法机关办理案件的过程中是否超期，是否违反法律规定，就可以得到非常明确的结论。侦查机关从 10 月 1 日刑拘逮捕，释放，释放采用的方式是取保候审，3 月 17 日退查，4 月 17 日移送起诉，5 月 17 日退查，7 月 29 日提起公诉，这个就一目了然了。所以本案经过从刑拘到庭审的过程，整整一年的时间，两次退查，三种强制措施，仍然事实不清，证据不足。

何某某贩卖毒品一案辩护词

一、本案没有发现何某某是主犯的证据

我们看下一张幻灯片，下一张幻灯片是大的标题，本案没有发现何某某是主犯的证据。

何某某贩卖毒品一案辩护词

1.上家"小胖"打电话给江某某说有货。
2.江某某联系重庆下家，统计需要的毒品数量和收取定金。
3.江某某回电话给对方需要10万粒麻古。
4.同意10万粒。
5.江某某去电话问什么时间可以回来。
6.何某某回复电话中秋节款可以回来。
7.江某某在重庆北培区中国银行取款200000元，加上下家119万元，准备购毒资金。
8.江某某准备好运输工具渝BDA888奔驰车从重庆-鱼洞-界石到昆明。
9.何某某梆江某某到天怡峰景小区23-1。
10.江某某、何某某、韩某某和另外两个男的在天怡峰景23-1确定价格和总价款。
11.韩某某要求试货验货，江某某验货。
12.江某某付款46万。
13.韩某某收款46万。
14.江某某要求发货。
15.韩某某打电话联系毒品。
16.韩某某安排"小惠儿"把货提过来。
17.韩某某让小惠儿把吸食剩下的麻古装中华烟盒放奔驰车上。
18.小惠儿放毒品在车上。
19.江某某把渝BDA奔驰车交给韩某某。
20.韩某某藏好毒品20沱，并交给江某某渝BDA奔驰车钥匙。
21.韩某某告诉江某某毒品已经藏好。
22.韩某某告诉江某某差3沱6000颗麻古。
23.江某某打电话问韩某某差的毒品3沱是否装在车上。
24.何某某接电话告知江某某叫人拿过来。
25.何某某打电话让陈某拿3沱毒品给江某某。
26.陈某打电话给江某某。
27.江某某和陈某确定交货地点。
28.陈某和一个男的送3沱毒品给江某某。
29.陈某要江某某奔驰车钥匙。
30.无名男藏匿和伪装好毒品将奔驰车交陈某。
31.陈某把奔驰车交给无名男。
32.江某某从昆明-贵阳-遵义到松坎检查中被查

本案的犯罪过程至少由32个细节行为构成

我们再往下翻一张幻灯片，这一张幻灯片是本案的犯罪过程，一共是多少个细节行为，给法庭提出来，法庭很震撼。我们把整个贩卖毒品的行为细分为 32 个细节行为，我的当事人在里面有多少个行为，一目了然，全部给它统计出来。

何某某贩卖毒品一案辩护词

找不到何某某是主犯的证据

第二十六条 组织、领导犯罪集团进行犯罪活动的或者在共同犯罪中起主要作用的，是主犯。在共同犯罪活动中起主要作用的犯罪分子，即在共同犯罪活动中，是犯罪结果发生的主要原因，对社会危害性负主要责任的人。这主要包括两种情况：一是在犯罪集团中虽然不是组织、领导者，但出谋划策，犯罪活动特别积极，罪恶严重或者对发生危害结果起重要作用的犯罪分子。二是在其他共同犯罪中起重要作用，直接造成严重的危害后果，或者情节特别严重的犯罪分子。

何某某行为在本案的占比
9.68%

- ■ 本案有32个细节行为构成
- ■ 何某某仅有3个行为

没有发现何某某积极参与本案，积极促成本案犯罪结果发生的客观证据

我们再往下看下一张幻灯片，这是一个有图表的幻灯片，大家看见了，我们发现找不到何某某是主犯的证据。为什么呢？何某某的行为在本案中的占比是多少？9.68%，那么大一个饼，人家只占了 9.68%，本案由 32 个细节行为构成，何某某只有 3 个行为，所以我们没有发现何某某积极参与本案，积极促成本案犯罪结果发生的客观证据。而按照《刑法》的规定，组织领导犯罪集团进行犯罪活动的，或者在共同犯罪中起主要作用的是主犯。但是我们研究了整个卷宗材料，没有发现相关证据。这个对法庭来讲也是很震撼的。从来没有人通过这种方式向法庭表达犯罪嫌疑人、被告人在共同犯罪中起的地位和作用，我是第一个。

何某某贩卖毒品一案辩护词

何某某财产状况显示其不是犯罪活动的主要受益者：

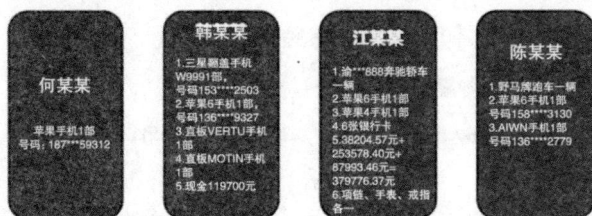

何某某	韩某某	江某某	陈某某
苹果手机1部 号码：187***59312	1.三星翻盖手机 W999l部， 号码153***2503 2.苹果6手机1部， 号码136***9327 3.直板VERTU手机 1部 4.直板MOTIN手机 1部 5.现金119700元	1.渝***888奔驰轿车一辆 2.苹果6手机1部 3.苹果4手机1部 4.6张银行卡 5.38204.57元+ 253578.40元+ 87993.46元= 379776.37元 6.项链、手表、戒指各一	1.野马牌跑车一辆 2.苹果6手机1部 号码158***3130 3.AIWN手机1部 号码136***2779

没有发现何某某是贩毒利益主要受益人的客观证据。

接下来一张幻灯片是何某某的财产状况，可以显示她不是犯罪活动的主要受益人。何某某在本案中被搜查的时候，只有一个苹果6的手机，尾号就是59312。而另外一个人就是刚才说的何某峰，有三星翻盖手机W999一部，苹果6手机一部，直板VERTU手机一部，直板MTIN手机一部，现金119 700元。而接货的人就是从重庆到昆明购买毒品进行贩卖的这个人，有奔驰车一辆，牌照好得很：888，所以你看见外面车牌好的，要么就是真正的大老板，要么就是贩毒的。他还有苹果6手机一部，苹果4手机一部，六张银行卡，总计被公安机关冻结的款项379 776.37元，有项链、手表、戒指一枚。另外一个被抓的，有跑车一辆，苹果6手机一部，AIWN手机一部。我们通过这种客观的研究证据以后，向法庭阐述一个问题，何某某不是贩卖毒品利益的主要受益人。这个就是刚才有一个律师提出来的问题，向检察机关，向公安机关提供意见的时候，是否要有所保留。我们一开始的时候向检察机关提供意见，不提供还好，提供以后，我的当事人就变成主犯了。所以向公诉机关提供证据的时候要有所保留，要有策略，根据不同的案件提供不同的情况，不能全盘地向公诉人提供自己的辩护观点和证据情况，否则他会去做补强，到法庭开庭的时候，会陷你于被动。

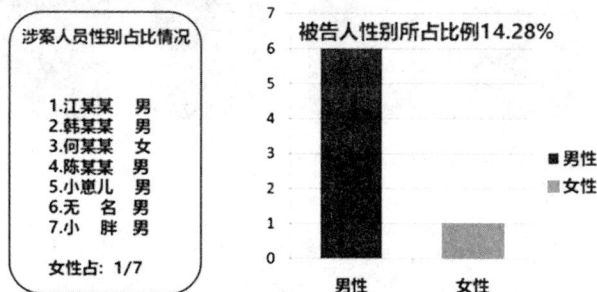

接下来一张幻灯片，是用来证明何某某不是主犯的一个性别占比图，大家看这个柱状图，男性的那么高一根柱，女性的那么矮一根柱。我们研究本案发现，本案有七名涉案的犯罪嫌疑人，而我的当事人是唯一一名女性。我向法庭表达一个观点，要让一个20多岁的女性来控制其他的六名男性，可能吗？你看她像大姐大吗？像吗？不像。就不可能是一个女的去控制本案所有的人员，一个女孩子在六名男性犯罪嫌疑人之中，只能属于被利用、被欺骗的对象，因为我们认为女性通常要比男性善良。

何某某贩卖毒品一案辩护词

二、我们发现本案中存在应该追究的人没有得到追究，不应该追究的人反而受到追究。

接下来是何某某贩卖毒品的辩护词第二大点，我们发现本案存在应该被追究的人没有受到追究，不应该被追究的人，就是我的当事人，反而受到追究的情况。

何某某贩卖毒品一案辩护词

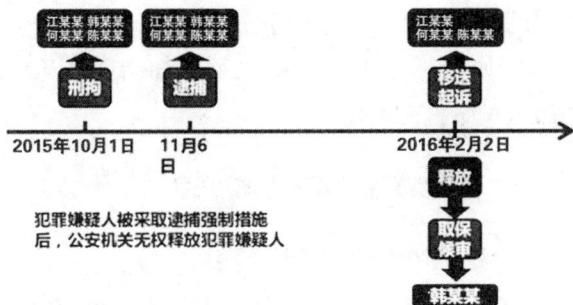

何某某贩卖毒品一案时间轴：

再下来一张幻灯片，何某某贩卖毒品一案的时间轴，2015 年 10 月 1 日，她被刑拘，是四个人，10 月 6 日被逮捕以后，也是四个人，到 2016 年 2 月 2 日移送审查起诉的时候，移送审查起诉的只有三个人，放掉了一个人，所以我们认为存在应该被追究而没有追究的人。

何某某贩卖毒品一案辩护词

> **第一百六十条** 公安机关侦查终结的案件，应当做到犯罪事实清楚，证据确实、充分，并且写出起诉意见书，连同案卷材料、证据一并移送同级人民检察院审查决定；同时将案件移送情况告知犯罪嫌疑人及其辩护律师。
>
> **第一百六十一条** 在侦查过程中，发现不应对犯罪嫌疑人追究刑事责任的，应当撤销案件；犯罪嫌疑人已被逮捕的，应当立即释放，发给释放证明，并且通知原批准逮捕的人民检察院。

接下来这张幻灯片，只是法条的规定。按照《刑事诉讼法》第160条的规定，公安机关侦查终结的案件，应该做到犯罪事实清楚，证据确实充分，并且写出起诉意见书，连同案卷材料、证据一并移送同级人民检察院审查决定。这是本案重要的一个辩点，案卷是否移送同级人民检察院？公安机关要放人，当事人被逮捕以后要放，怎么放？只有两种方式，第一种就是侦查终结以后，共同犯罪的案件要放人，要对被放的人作出一个不再继续侦查的决定，然后侦查工作终结。第二种，如果是一人犯罪的案件，就要作出撤销案件的决定。

何某某贩卖毒品一案辩护词

《公安机关办理刑事案件程序规定》

第三节 撤 案

第一百八十三条 经过侦查，发现具有下列情形之一的，应当撤销案件：

(一)没有犯罪事实的；

(二)情节显著轻微、危害不大，不认为是犯罪的；

(三)犯罪已过追诉时效期限的；

(四)经特赦令免除刑罚的；

(五)犯罪嫌疑人死亡的；

(六)其他依法不追究刑事责任的。

对于经过侦查，发现有犯罪事实需要追究刑事责任，但不是被立案侦查的犯罪嫌疑人实施的，或者共同犯罪案件中部分犯罪嫌疑人不够刑事处罚的，应当对有关犯罪嫌疑人终止侦查，并对该案件继续侦查。

第一百八十四条 需要撤销案件或者对犯罪嫌疑人终止侦查的，办案部门应当制作撤销案件或者对犯罪嫌疑人终止侦查报告书，报县级以上公安机关负责人批准。

公安机关决定撤销案件或者对犯罪嫌疑人终止侦查时，原犯罪嫌疑人在押的，应当立即释放，发给释放证明书。原犯罪嫌疑人被逮捕的，应当通知原批准逮捕的人民检察院。对原犯罪嫌疑人采取其他强制措施的，应当立即解除强制措施；需要行政处理的，依法予以处理或者移交有关部门。

对查封、扣押的财物及其孳息、文件，或者冻结的财产，除按照法律和有关规定另行处理的以外，应当解除查封、扣押、冻结。

下面这张幻灯片是《公安机关办理刑事案件程序规定》，这个程序规定主要说的就是刚才我说的，公安机关逮捕以后放人，要么撤销案件，要么终止侦查，不能够采取取保候审的方式。采取取保候审的方式，说明实际上她还是犯罪嫌疑人，还是要移送检察院起诉部门、公诉部门进行处理，最后作出起诉、不起诉、免予起诉决定三种方式来进行处理。我们发现公安机关是违反法律规定办理案件的。我们律师在辩护的过程中，与不同的部门打交道，就要运用不同的法律武器，对公安机关来讲，就是要用《公安机关办理刑事案件程序规定》作为自己的有力武器。在检察院我们就以《人民检察院刑事诉讼规则》作为武器，来进行辩护。

何某某贩卖毒品一案辩护词

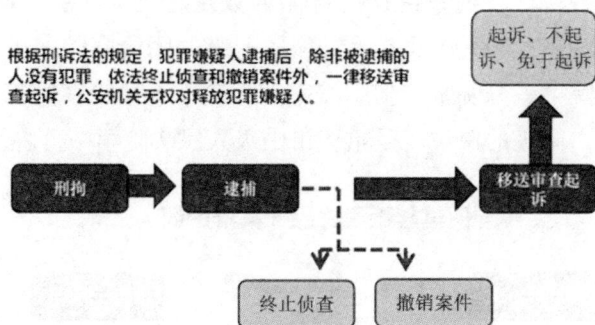

下面这张幻灯片是一个流程图，就是刚才所说的，除了依法终止侦查和撤销案件以外，一律要移送审查起诉。我们用图示的方式，刑拘完了逮捕，逮捕完了要放人，终止侦查和撤销案件，除此以外，只能移送审查起诉、不起诉或者免予起诉。这张图把我们的观点通过图片的方式进行表述，更直观。

何某某贩卖毒品一案辩护词

刑诉法规定的移送程序：

《中华人民共和国刑事诉讼法》第一百六十条 公安机关侦查终结的案件，应当做到犯罪事实清楚，证据确实、充分，并且写出起诉意见书，连同案卷材料、证据一并移送同级人民检察院审查决定

下面这张幻灯片是正常的，按照法律规定移送案件的一个程序。沙坪坝公安局把人抓了，沙坪坝检察院批准逮捕两个月以后，移送审查起诉，移送起诉是移送到哪里？必须要移送给沙坪坝检察院，沙坪坝检察院认为毒品的数量超过50克，现在他们协调是200克，200克以上就要移送上级人民检察院，由重庆市人民检察院第一分院来管辖。然后由重庆市人民检察院第一分院提起公诉，同级的单位就是重庆市中级人民法院第一分院。

何某某贩卖毒品一案辩护词

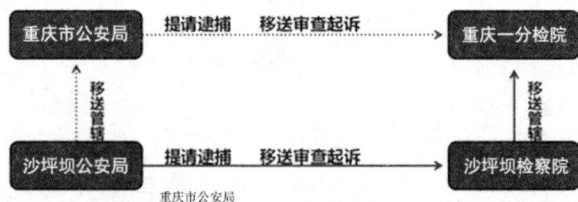

第二十条 上级公安机关指定管辖的，应当将指定管辖决定书分别送达被指定管辖的公安机关和其他有关的公安机关。对指定管辖的案件，需要逮捕犯罪嫌疑人的，由被指定管辖的公安机关提请同级人民检察院审查批准；需要提起公诉的，由该公安机关移送同级人民检察院审查决定。
第二十一条 县级公安机关负责侦查发生在本辖区内的刑事案件。
上级公安机关认为有必要的，可以侦查下级公安机关管辖的刑事案件；下级公安机关认为案情重大需要上级公安机关侦查的刑事案件，可以请求上一级公安机关管辖。

下面这张幻灯片就说明一个问题，关于管辖的问题。在管辖方面，本案程序违法。重庆市公安局已经指定沙坪坝公安局管辖了，沙坪坝公安局如果认为自己没有管辖的权利，要移送重庆市公安局管辖。我们的虚线所说是正当的符合法律规定的移送管辖的模式，但沙坪坝公安局并没有按照这种方式去做。

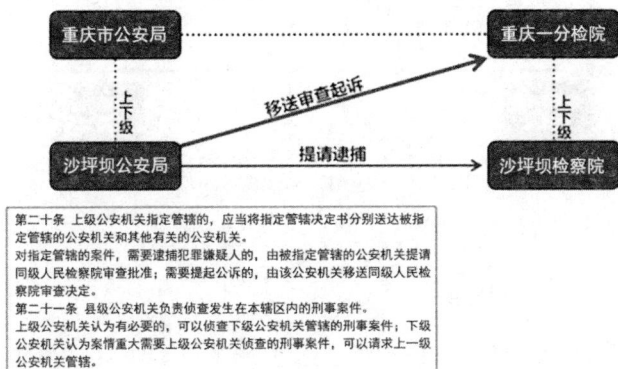

何某某贩卖毒品一案辩护词

从下面这张幻灯片就可以看出来沙坪坝公安局直接把这个案件移送到重庆市一分检进行审查起诉，是违反《刑事诉讼法》和《公安机关办理刑事案件程序规定》的。

何某某贩卖毒品一案辩护词

三、公诉机关3月17日认为"本案事实不清，证据不足"，7月29日认为本案"事实清楚，证据充分"，我们没有发现有新的核心证据出现。

下来这张幻灯片没有图，全部是文字。公诉机关3月17日认为本案事实不清，证据不足，7月29日认为本案事实清楚，证据充分，我们没有发现有新的核心证据出现。

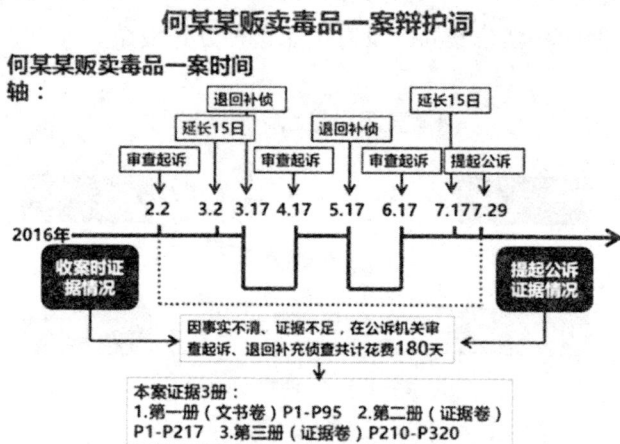

何某某贩卖毒品一案辩护词

何某某贩卖毒品一案时间轴：

下面这张幻灯片直接把公诉人弄蒙了。2016年2月2日，检察院收到案子以后，证据有多少？第一册1~95页，第二册1~217页，而且你仔细研究一下，第三册210~320页，实际上这个卷宗材料是有问题的，第二册已经编到217页了，第三册就应该从218页开始编，但是它是从210页开始的。因为事实不清，证据不足，在公诉机关审查起诉退回补充侦查，共计花了180天，4144小时，我们在法庭上算得清清楚楚，公诉机关干了一些什么工作？

何某某贩卖毒品一案辩护词

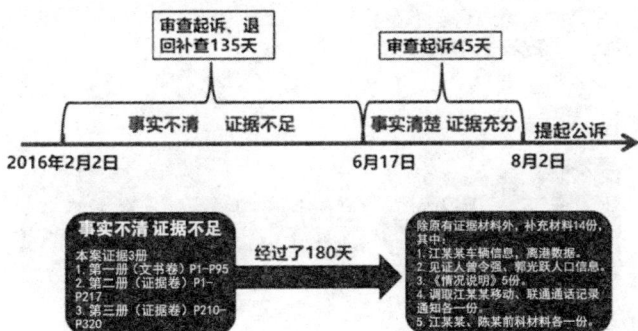

接下来一张幻灯片，我们发现审查起诉、退回补查花了 135 天，审查起诉包括延期花了 45 天。然后我们看证据材料，本案之前是事实不清，证据不足，本案的证据有三册，第一册是文书卷，1~95 页；第二册是证据卷，1~127 页；第三册是证据卷，210~320 页，前后经过 180 天。我在法庭上举了一个例子，我说用一个不恰当的比喻，像酿酒一样，你总得放点佐料，那个粮食 180 天以后才能成为酒。但现在没有核心证据发现，你就把原来事实不清变为事实清楚，我的当事人还是主犯了。180 天以后，除了原有的证据材料以外，补充证据是 14 份，这 14 份就是其中我们提出辩护意见以后，公诉人立马补正的。一是蒋某某的车辆信息；二是见证人的情况；三是情况说明五份；四是接货人的移动、联通的通话记录、通知各一份，还有前科材料。这些都是因为公诉人懒，没有认真搜集证据，我们提出来以后再去补正的。

何某某贩卖毒品一案辩护词

**没有补充材料可以导致本案犯
罪事实、证据发生本质变化：**

下面这张幻灯片，我们就得出一个结论，没有补充材料可以
导致本案的犯罪事实和证据发生本质的变化——事实不清，证据
不足时卷宗材料共计 422 页，180 天以后，增加了无关紧要的材
料 14 份，共计 23 页，就等于事实清楚，证据充分了？这个观点
在法庭上提出来后公诉人非常被动。公诉人和律师相比，在法庭
上是处于强势地位的，但是任何地位的强势都没有仔细研究案件
的证据材料更为强势。所以在法庭上辩论的时候，我说公诉人，
我们没有发现任何我的当事人在本案中是主犯的证据。公诉人慌
了，解释说，他说的主犯是指我的当事人和其中的另外一个被告
人相比较，起的作用更大，因而是主犯。我说公诉人不准退一
步，然后我又强调第二次，公诉人不准退一步，不准退步。我说
根据《刑法》的规定，主犯只能是在全案中对全案负责，对全案
起主要作用的人。你把我的当事人和另外一个被告人相比较，认
定她是主犯，那么和其他的，还有一个被告人相比较，她是主犯
还是从犯？为什么你不做比较？公诉人非常被动。

那天周凯律师去看守所会见的时候，遇到重庆一分检的人，
几个检察官就说："你是周律师是吧？你们那个案件，我们整个
检察院都知道。"所以在我的心目中，任何公诉人的强势地位都

不比我们仔细研究证据材料所产生的强势地位更强势。整个案子的审理，从早上 10 点到下午 3 点，五个小时，都是我方在控制整个庭审。所有的庭审方向，所有的发问，所有的证据，我看了十七遍，他最多看了两遍，每个字、每个标点符号、每段话在哪个地方，我都记得清清楚楚。所以我们就用这种方式来获得在法庭上的主导地位。

何某某贩卖毒品一案辩护词

四、我们发现本案证据存在诸多违背常理之处

接下来这张幻灯片，只有文字。我们发现本案的证据存在诸多违背常理的地方。

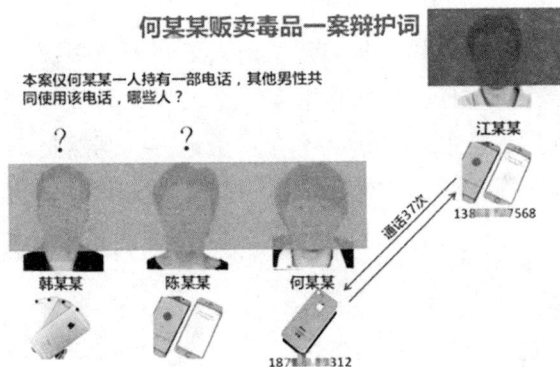

接下来这张幻灯片就是头像的幻灯片。本案只有我的当事人何某某持有一部电话，其他的男性还共同使用了这部电话，哪些

人共同使用的？韩某某、陈某某，还有其他不知名的人。我们统计的数据，公诉人没统计，我说这个 59312 的电话和蒋某某的 7568 的这个电话一共通话了 37 次，37 次里边，我的当事人只说了两次，其他的都是男性在通话。他们都有多部电话，如何来证明我的当事人在里面起主要的作用？

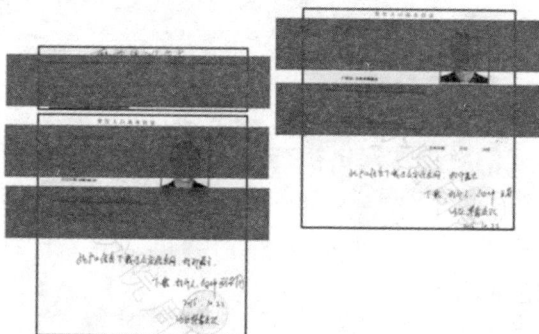

何某某贩卖毒品一案辩护词

韩某某的证言可能不真实

接下来一张幻灯片，我们就从证人证言里面去研究它的真实性。我们这个证人证言里面其中有一个人说和另外一个人是亲兄弟，当时我们看他们的户籍就不在一个地方，既然是亲兄弟，那么出生地应该是相同的，为什么不同？没有合理的解释。

何某某贩卖毒品一案辩护词

本案一开始就由重庆市公安局指定沙坪坝分局管辖，根据法律侦查完毕无需报送上级机关管辖。根据材料确定不了本案事实上已经移送。

接下来一张幻灯片，是案件来源的情况。这个案子是重庆市公安局指定沙坪坝分局管辖的，沙坪坝分局已经接受管辖了，已经侦查完毕了，就没有权力再去移送上级公安机关管辖，一旦指定了，我们从日期上就固定了。因为重庆市沙坪坝公安局把这个案子移送给沙坪坝检察院，沙坪坝检察院不收，直接送到了一分检，为了解决程序问题，就弄了一个假东西，我们认为是假的。为什么是假的呢？在案件来源情况指定管辖里面就说得很清楚，这个是北碚区的男子贩毒，北碚也不属于沙坪坝，所以才指定沙坪坝管辖。但是大家仔细研究移送案件通知书就会发现，重庆市公安局禁毒总队的章是盖在空白处的。我向法庭说，我有理由合理怀疑这就是空白的东西打印出来的，哪个公安机关的收文印章会这样盖在空白的地方？没有时间，没有收件人，盖空白的章在这个地方，请公诉人向法庭做个合理的解释，为什么要这样做？他们不解释，解释不了。公安机关发文、收文、送文有严格的规定，盖章盖在哪个部位，公章的大小、位置、接收人、时间，这个是非常严格的东西。

何某某贩卖毒品一案辩护词

本案收到江某某100万毒资的账户所有人刘██和韩某某为同一住所地，年龄相差2岁。

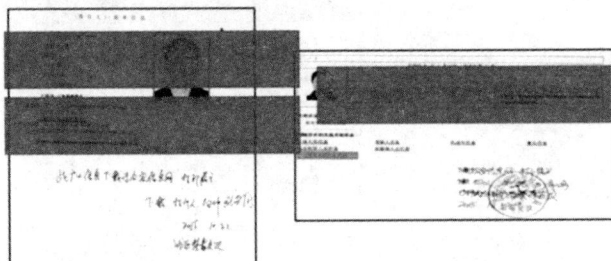

我们再看下一张幻灯片，下面涉及另外一个证人，她的账上有100万，当时被放掉的人说不认识这个女的，就是银行账户所有人，然后我们把被放掉的人和银行账户所有人的户籍调出来做一个对比，相似度81.7%。我向法庭说，两个人的相似度这81.7%，不能够排除合理的嫌疑。

何某某贩卖毒品一案辩护词

起诉意见书渝公诉字（2016）第10-11号，字号意思是两份吗？

接下来是起诉意见书，起诉意见书也是毛病百出。两份起诉意见书，而且重庆市公安局的起诉意见书是第 10-11 号，把我搞糊涂了，我要求公诉人向法庭解释，第 10 号就是第 10 号，第 11 号就是第 11 号，第 10-11 号表达的是什么意思？什么编号？公诉人说不清楚。

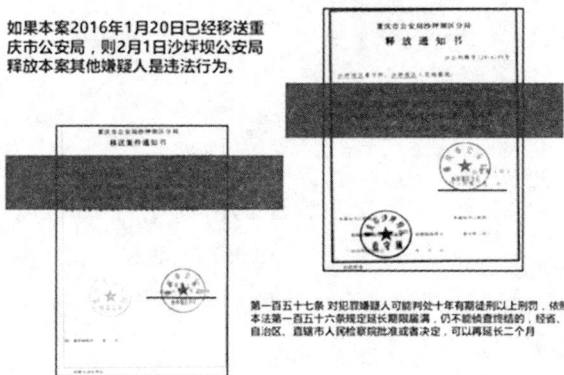

何某某贩卖毒品一案辩护词

接下来一张幻灯片，我们说明一个问题是什么呢？说明沙坪坝公安局是违法的，他说他已经在 1 月 20 日移送到重庆市公安局，由重庆市公安局管辖了，2 月 1 日没有任何人授权给他，他为什么把人放了？凭什么？他没有管辖权，怎么就把人放掉了？所以从时间上一对比，他又出毛病了。总有一个东西是违法的，要么就是移送，1 月 20 日移送到重庆市公安局这个内容是假的，要么就是 2 月 1 日放人是违法的，总有一样是错的，二选一，选择题，总有一样是经不起检验的。所以我们通过将这些卷宗材料进行仔细的比对，发现本案存在的问题太多了。

何某某贩卖毒品一案辩护词

本案2016年1月20日已经移送重庆市公安局后，出现两级公安机关的两份起诉意见书，犯罪嫌疑人人数等发生变化。

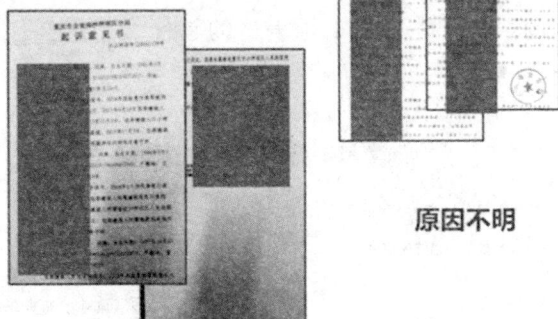

原因不明

接下来一张幻灯片，就是本案 2016 年 1 月 20 日已经移送重庆市公安局，出现两级公安机关的两份起诉意见书，犯罪嫌疑人的人数发生变化，原因不明。我们要求公诉人对法庭解释，公诉人解释不了。

何某某贩卖毒品一案辩护词

公安机关两种理由释放嫌疑人，且公然造假。

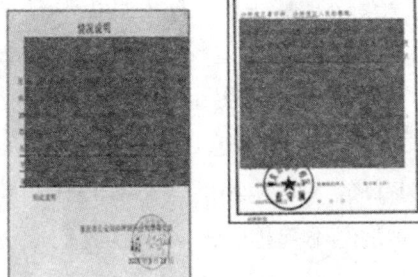

接下来一张幻灯片，我在法庭上就提出来，公安机关两种理

由释放犯罪嫌疑人，公然造假。我敢说这个话，是因为我研究了证据材料，我是根据证据材料发现的情况。情况说明里面我画了红线了，在审查起诉阶段，因为某某某犯罪事实不清楚，证据不充分，根据《中华人民共和国刑事诉讼法》第65条第4款之规定，变更犯罪嫌疑人某某某的强制措施，取保候审12个月，特此说明，2015年3月23日。这份情况说明有两个致命的硬伤，第一，2月1日人被放掉了，2月2日检察院收到本案的全部证据材料，怎么就说是移送到审查起诉阶段了呢？就没有移送嘛！第二，2015年9月份才立案侦查，10月1日采取刑事强制措施的，公安机关先知先觉，在2015年3月23日就做了这个情况说明了。我说公诉人你仔细看了本案的证据材料没有？你对本案的法律，对本案的被告人负责任没有？你发现这个时间错误了没有？错了要叫他补正啊。我说公诉人你和办案机关单位和警察是一样的，都不认真负责。然后公诉人在那里交头接耳的，他们不爱听我说话。我在法庭上很强势，我说公诉人不准交头接耳，法庭有规定的。我们去法庭辩护的时候，法院会给我们一张监督表，上面就有几条，其中最后两条，法庭上接打电话，法庭上交头接耳，这些都是可以举报的。所以我就说公诉人不准交头接耳，法庭一片肃静。咱们都是法庭的组成人员，大家一样都要遵守法律规定，我讲话的时候，你不能在那里交头接耳。法庭的审判人员交头接耳怎么办？我们谈一个小技巧，各位辩护律师都是有经验的，怎么办？我的办法很简单，审判长、审判员在法庭上讲话，我不说话，在那里等着，看着他，所有的人都看着他讲话，他不讲了，我就继续讲，他又讲了，我就又不讲了，这个非常有用。对法庭来讲，所有的人都要遵守法庭纪律，对他的压力非常大，最多两次，他再也不会讲了，你讲话的时候，他一定看着你，一定是要

听的。因为我们律师所讲的有效辩护，是要给法官听的，他听都
不听我的，我怎么有效？我的第一要务就是要让他听。

何某某贩卖毒品一案辩护词

韩某某是本案的犯罪嫌疑人，没有被作为被告人提
起公诉，却在证人名单中出现，原因不明。

　　我们再看下一张幻灯片，韩某某是本案的犯罪嫌疑人，没有
作出法律上的处理，提起公诉，却在证人名单中被提起来，我们
要求公诉人解释。公诉人什么时候把他犯罪嫌疑人身份给去掉
了？作为本案的证人来处理？没有法律手续，那就应该和本案其
他人一起进行起诉，总得有一个处理手续的。法律有规定，关于
另案处理这种打括号的，要向法庭说明另案处理到底是怎么处理
了。公诉人没有一个处理的结果告诉大家。

何某某贩卖毒品一案辩护词

本案各被告人的证据犹如立方体的3
个面，不能相互印证。

再看下一张幻灯片,我们总结了本案各被告人的供述,这个证据犹如一个立方体,陈某某说的是立方体的一面,何某某说的是立方体的另外一面,江某某说的又是立方体的另外一面。本案不能够形成一个有罪的证据体系,不能够证明我的当事人的行为构成犯罪,本案的证据是支离破碎的,不能够有效地组合在一起,起诉书的指控不能成立。

何某某贩卖毒品一案辩护词

> **综合以上几点,我们发现,本案关于何某某犯罪的事实不清楚,证据不充分,请求法庭宣告何某某无罪。**

最后一张幻灯片,综合以上几点,我们发现本案关于何某某犯罪的事实不清楚,证据不充分,要求宣告何某某无罪。到目前为止,本案还没有宣判。

我今天给大家分享的就是以上这些内容,有很多地方也许是不正确的,我来之前也给自己暗暗地鼓了劲,今天就是来接受大家的批评和指正的。谢谢大家!

孙中伟 原缉毒警察，全国首家专业死刑辩护律所——北京孙中伟律师事务所创办人，北京律协首届"北京市十佳青年律师""北京市百名优秀刑辩律师"荣誉称号获得者，第十届北京律协商事犯罪预防与辩护专业委员会副主任，申请律师执业考核委员会副主任，第九届、第十届北京市青年律师联谊会副主席。著有《死刑改判操作指引》《死刑改判在最高法院》等代表作。

04 孙中伟
毒品犯罪死刑案件辩护之五大特点与十大路径

　　首先感谢中国政法大学研究生院做这个活动，非常感谢刑辩大律师讲堂第二季设定了"毒品类死刑案件的有效辩护"作为主题，非常感谢中国政法大学的邀请。另外，非常感谢各位律师同行在周末的晚上还能够来这里一起交流！希望大家通过今天晚上三个小时的交流能有所收获。

　　我今天把我这些年以来做毒品案件死刑辩护的一些个人体会和大家进行交流，也希望和大家互动，有哪些说得不对的，大家可以讨论，其实好多东西是值得去争议和探讨的。我认为在毒品案件死刑辩护领域有很多规定是很模糊的，我们律师每个人有不同的方法，去实现毒品案件死刑改判的目的。

其实讲课的话，我觉得压力非常大。如果一位老师讲课，课件总是不改的话，学生是不满意的，所以我希望每次的课程自己一定要不断地迭代，否则就被别人革命了。我 11 月 12 日还要去云南省讲毒品辩护和死刑复核，这两个月我要讲三场，所以我希望每一场的讲课内容，至少要一半以上不一样，否则就要被学员哄下台了。特别是今天在座的有 10 多个律师都听过我在昆明的课，要让这些老朋友觉得有新的收获，所以我觉得我的课件或者我自己的内容要有所革命和更替。

讲到今天的主题，我认为能够把"毒品类死刑案件的有效辩护"列为这次大讲堂第二季的主题，是一个非常好的标志。我一直说它标志着我们刑辩律师进入了 4.0 时代。刑辩律师 4.0 时代，我简单讲讲我对它的理解。刑辩 1.0 时代的时候，我们叫"刑民不分"，我们的专业水平到 60 分就行了。1.0 时代的刑事辩护是刑民不分的，任何律师都可以做刑事辩护，这也是很多人认为刑事辩护是低端业务的原因。是律师都能干刑事辩护业务，所以很多新律师来也干刑辩，因此 1.0 时代叫刑民不分。

2.0 时代的时候出现了专业刑辩律师和专业刑辩律所。市场需要我们的业务水平达到 70 分以上，比"万金油"更加专业。

3.0 时代的时候，出现了专业的毒品犯罪辩护、职务犯罪辩护、经济犯罪辩护、死刑犯罪辩护律师事务所。其实我认为 3.0 时代的标志是北京市律协把刑事辩护委员会分成了五个委员会。北京市律协在全国第一个划分了职务犯罪、商事犯罪、民刑交叉、刑法、刑诉法这五个委员会，我认为它是 3.0 时代的一个标志。

我认为今天政法大学把毒品和死刑结合起来标志着进入了

4.0时代。我理解的从3.0时代到4.0时代的时间是很短暂的，包括从2.0时代到3.0时代。应该说近10年以来才出现了专业的刑辩事务所。到2.0时代的时候，后来更迭比较快，3.0时代的时候，地方上分了很多专业的毒品犯罪辩护律师、死刑辩护律师。4.0时代的时候，律师们只做毒品案件的死刑辩护，4.0时代的目标是要做到90分以上。我们的专业水平，1.0时代的时候是60分，2.0时代的时候是70分，3.0时代的时候是80分，所以在毒品案件死刑辩护4.0时代的时候，我们的压力是非常大的。这体现在我们要做到90分水平的话，怎么样在毒品死刑案件中找到辩点，怎样找到新的突破点。在实务中体现在如果一个案子中，当事人已经被一审或者二审判处了死刑的时候，我们作为律师，怎么找到新的突破点。不要再去重复一审或者二审的辩护意见，要找到新的辩点。

今天政法大学把这个列为课题，做了一个系列讲座，我觉得非常好。在4.0时代的时候，毒品类死刑案件的辩护有哪些经验，我们可以相互探讨。

4.0时代是刑事辩护精细化、精品化和专业化的一个时代，对刑辩的要求，我们要进一步精细化、精品化和专业化，不能再像过去一样粗放经营。包括我们当事人也一样，50年代的时候，他只需要有一个律师给他辩护就满足了，像人一样，只要吃得饱就行了。当他吃饱了，他就要考虑到营养了，所以当事人对律师的精细化、精品化和专业化的要求变得特别高。特别是我们在接待很多案子法律咨询的时候，有很多当事人特别挑剔。你专业水平比较高，一审或者二审的时候，他和你交往，在二审或者死刑复核的时候可能就会委托你，其实我们是用我们的专业化、精细化的辩护思路征服了他。包括我们在二审或者最高法人民院死刑复核的时候，怎么样去找到新的辩点，让法官觉得你的辩护思路比二审或者一审的时候有所突破，其实这是我们 4.0 时代专业毒品类死刑案件辩护律师的一种责任，承担不起这种责任，我们的辩护意见就得不到法官的尊重，也得不到当事人的认可。

但是现在刑事辩护主要的战略思维，像专业派律师的话，其实是分成两个大的思路，有些律师喜欢宏观的，有些律师喜欢微观的，每个律师的辩护特长不一样。其实不管怎么样，我们辩护的时候都贯穿了宏观和微观的思路。

我们今天的课程，把毒品类死刑案件的辩护分成两个大的方面。第一部分讲的类似于总论，是宏观的，就是毒品死刑辩护的一些特点。第二部分讲很多微观的，即改判的路径，让大家有一个基本的了解。因为时间有限，具体讲宏观方面的时候，我们要了解毒品死刑案件有哪些不同于其他案件的特点，这在我们做微观战术的时候是很有用的，特别是在做二审或者死刑复核改判的时候是很有用的。

一、毒品类犯罪的死刑在我国死刑中的地位

（一）打击毒品犯罪的力度和毒品犯罪的数量同步增加

首先我们说毒品类犯罪的死刑在我们国家死刑中的地位。我们把毒品类死刑案件放在整个死刑体系中理解它的地位，首先要有一个客观真实的了解，了解司法实践中真实的情况。我们知道这 10 多年以来，国家对毒品犯罪的打击力度是越来越大的，同时毒品犯罪数量在同步上升，毒品的使用量也在逐年增多。毒品犯罪的数量在上升，体现在一个数字上：2015 年全年全国的毒品案子是 16.5 万件，上涨了 13.2%，远远高于人民法院同期审判的其他案件量。对毒品犯罪的司法解释的本意是越来越严格的，

对证明标准的要求是越来越低的，这背后的导向是对毒品犯罪的打击力度越来越大。在《2015年中国毒品形势报告》里面，2015整个年度总共抓获的毒品犯罪嫌疑人有19.4万名，就是我们的潜在客户有19.4万人，其实机会挺多的。这19.4万人有一审、二审，还有死刑复核。起诉阶段有19万名被告人，这是很多的。毒品数量同比上升了102吨。全国破获毒品刑事案件数量、抓获毒品犯罪嫌疑人数量、缴获各类毒品数量同比增长了13.2%、15%和48.7%，所以现在毒品犯罪死刑数量首次排名第二，仅次于故意杀人。

（二）毒品犯罪死刑与六大死刑罪名的对比

毒品犯罪案件数量是逐年上升的。我们可以拿毒品犯罪和其他六大类命案罪相PK，常见的命案罪就是故意杀人罪、抢劫罪、故意伤害罪、强奸罪、绑架罪、涉黑犯罪，这六类是我们叫死刑大户的罪名。其实毒品犯罪这个罪名和其他六类死刑罪名相差不多，特别是有一些地方的中院或者高院的毒品案件数量超过了所有死刑案件数量的一半以上。所以毒品犯罪案件这两年是逐年增高的。对我们律师来说，毒品辩护创收的机会比命案更多，因为它比命案收费要高，本身的量也大。

（三）毒品犯罪死刑与非暴力犯罪死刑的对比

我们再来考察死刑犯罪里面同为非暴力犯罪的罪名。毒品犯罪属于非暴力犯罪，非暴力犯罪里面的职务犯罪、经济犯罪死刑案件逐年下降，这两年职务犯罪和经济犯罪被判处死刑的案件基本上听不到了。既然都属于非暴力犯罪，为什么毒品犯罪死刑案件的数量是逆势上扬的呢？这是值得我们反思的。

了解这些宏观思路对我们的辩护是很有利的。毒品犯罪案件很多当事人文化层次是很低的，既不富也不贵，既没有权也没有钱。职务犯罪案件当事人是有权的人，经济犯罪案件当事人是有钱的人。同属于非暴力犯罪，为什么毒品犯罪死刑这么多，职务犯罪死刑这么少？我们说同样是我们的《刑法》规定，同样是我们的 1997 年的《刑法》，当时规定贪污受贿 10 万判处死刑，毒品犯罪是 50 克海洛因判处死刑，2000 年的时候把职务犯罪死刑标准改到 300 万的时候，毒品犯罪死刑标准还是 50 克。1997 年以来刑事法的立法中，罪名的平衡性是值得我们反思的。

（四）毒品类犯罪死刑的未来

对毒品类犯罪案件死刑的未来，我个人一直认为毒品犯罪的死刑适用应当先于命案类犯罪的死刑适用得到控制，经济犯罪、职务犯罪或者毒品犯罪的死刑适用应该是逐年减少的。其实在立法的时候经常有一种讨论，比如运输毒品罪是不是应当尽量不判死刑。大的形势来说，中央有一种导向，非暴力犯罪里面，现在职务犯罪、经济犯罪死刑被逐年控制了，对我们来说，我觉得毒品犯罪将来会有更多的机会。法官的思路转换以后，逐渐会减少死刑的适用，这就是给我们辩护律师的一个时代机会，这就是它的未来。

二、毒品犯罪案件特有的证据要求与证明标准

（一）司法实践中的证据要求和证明标准

我们做辩护的时候一定要理解，虽然刑法、证据法和诉讼法里面对死刑案件证据要求和证明标准没有区分是毒品还是命案，但是我们律师一定要了解，在司法实践中对毒品犯罪的证据要求和证明标准是降低的，这对我们的辩护是很有用的。不能按照命案这么高的证据要求和证明标准去要求毒品死刑案件，如果这么要求的话，毒品犯罪案件判不了死刑。所以这就为我们律师在证

据方面的辩护提供了机会。因为毒品犯罪案件的证据天生是有很多瑕疵和缺陷的，不像命案有犯罪现场。

大家知道，现在对命案和毒品犯罪案件适用的是两个不同的证明标准和证据要求。我经常在网上看到很多律师写的关于死刑复核的辩护意见，我看了辩护意见觉得理论上很有道理，但是最高人民法院一定不会采信，一定会核准死刑，因为他不了解，实务中法院对它的证明标准是会降低的。我经常讲如果命案证明标准规定是100分的话，毒品犯罪案件证明标准只需要80分就可以判处死刑了，普通刑事案子可能60分就达到证明标准了。这些不能写在《刑事诉讼法》里，但是它对我们律师办案是很有用的。

我在培训助理的时候经常讲，实践中对毒品死刑的证据要求、证明标准，体现在内心确信、推定、自由心证等被广泛应用。法官在决定是否该适用死刑的时候，他的证明标准是降低的。

（二）律师的辩护策略

虽然我们经常说在理论上应当严格适用统一的证据要求和证明标准，不能降低，但实际状态其实是降低的，所以说我们律师对这种现状应当反对，不应沉默和认可这种降低的毒品死刑的证明标准。虽然我们知道这种现状，但我们辩护的时候要提出来。一个案件的证明标准没有达到死刑标准，要跟法官提。这样提的后果，分两个方面，定罪和量刑。定罪的时候要求排除一切合理怀疑，得出唯一结论。其实在毒品犯罪案件中很多时候都不能证明当事人主观明知，而是推定的，这种推定就降低了证明标准。

其实我们在二审或者死刑复核辩护中提出，量刑辩护重点是论述被告人是否应当适用死刑。当证明标准和证据要求不严格的时候，我们可能做无罪辩护，法院不可能采纳我们的辩护意见，但会折中，判个死缓，这也达到了死刑辩护的目的。其实我是讲实践中和诉讼法的规定不一样，我们做了很多案子，法院就是这么掌握的，证据有点弱，他不会说就判无罪，而是判死缓，这在毒品犯罪中是比较普遍的。

对这种毒品案件证据比较弱的情况，我们辩护以后得到一个妥协结果，叫审辩交易，就是用死缓或者无期徒刑以排除死刑的适用。其实一个律师一辈子要真正做几个完全从死刑到无罪的案子是很难很难的。从死刑到无罪，需要律师的智慧、专业水平、天时、地利、人和，这样才能得到一个从死刑到无罪的判决结果。很多律师干一辈子都没有这种机会，但我们完全可以做大量的死刑改判的案件，这在实务中是有很多机会的。

三、毒品犯罪案件的特点

（一）毒品死刑案件"无错案"

我写辩护词的时候，经常喜欢研究审理毒品案件的法官的心态。很多毒品死刑案件的主审法官在心理上认为毒品死刑案件不会有错案，没有错案指的是实践中法官不会因为一个毒品案子判死刑判错了被追究责任。中国死刑案件错案被发现有两大必要条件：真凶出现和亡者归来。我们代理的很多命案的申诉其实是很难的，如果真凶不出现，亡者不归来的话，申诉工作特别难。

（二）毒品犯罪死刑案件证明标准较低

毒品类死刑案件"没有错案"，导致法官降低了他内心的证据要求和证明标准。他判断你贩不贩毒的时候，看你的经济状况，把你的经济实力想成是不是贩毒的毒资。他认定你贩毒的时候，看你过去有没有贩毒的经历，这些都会影响死刑的适用。虽然你没有贩毒的前科或者不是毒品的再犯，但是比如他觉得你是农村的，又没合法的工作，没合法的收入，却有很多豪车，或者养了很多情人，就会怀疑你长期以贩毒为生，这些因素会影响到法官的内心确信，影响到死刑的适用。

我们辩护的时候，怎么利用这一点呢？我们在做死刑辩护的时候，很多时候要对被告人的合法收入做一个合理解释，这就相当于去摧毁或者去动摇法官的内心确信。

前两年我们代理云南一个很大的贩毒案。被告人被查获了几栋别墅、几辆车。虽然他在法律上可能没有毒品犯罪的前科，但法官看他一个农村的，有这么多别墅，这么多车，这么多资产，就会怀疑他过去长期以贩毒为生。律师怎么辩护？我告诉法官他这个钱是怎么来的。他首先去云南租了很多地，种香蕉赚了很多钱，后来在贵州买了几个小煤窑，赚了钱，他当时买了很多别墅、车子，后来有钱以后，被别人骗去贩毒，确实是第一次干。这就会影响到是死刑还是死缓的适用。

（三）毒品犯罪案件特有的辩护路径

如果我们把死刑案子分成毒品和命案的话，毒品犯罪死刑改判有它特有的辩护路径。毒品案子中不可能通过赔偿去获得谅解，从而达到死刑改判的目的，虽然这在命案中是很常用的。赔偿谅解是命案死刑辩护中的王牌，只要有被害人谅解，基本上最高人民法院或者二审法院就可以改判，只要不是影响特别大的案子，基本上都可以改判。所以我说赔偿谅解这种死刑改判的王牌方法，毒品犯罪中是没有的。它的好处，我刚才讲毒品案子中没有受害人，所以毒品犯罪死刑案件改判的时候，法官没有压力。

毒品犯罪死刑案件的辩护中有两大王牌——自首和立功的法定情节。毒品犯罪案件中基本没有自首，立功比较普遍。基本上我接的死刑案子中，大多数都有立功，至少有百分之六七十的都有立功，不管是一般还是重大，这是它的特点。但是并非有立功就可以免死，毒品案子中立功不是免死金牌。我们有几个案子，湖南高院判的，一审没有立功，二审搞了两个立功，律师一直和法院死磕，和检察院死磕，对一审的时候是否认定为立功有争议。到湖南高院的时候，辩方和控方死磕，应该认定为立功。后来二审法院认定了，同样维持了死刑，报最高人民法院核准。

刚才讲了宏观方面的，把毒品犯罪案件的死刑放在整个死刑中去讨论，去比较。下面我们可以一起讨论实务中常见的一些毒品死刑辩护的微观技术方法。大家可以进行交流，我希望能够开拓大家的视野。

四、毒品共同犯罪案件的辩护

在毒品共同犯罪死刑案件的辩护中，律师是很重要的，特别是对于排在前二、前三的这几个被告人。我们讲毒品共同犯罪中的死刑辩护，第一点要明确，在毒品犯罪中共同犯罪是一种一般现象，个人贩毒是很少的，基本上共同犯罪特别多。而命案中个人犯罪是比较多的，多人犯罪比较少。

（一）毒品共同犯罪案件适用死刑的原则

毒品共同犯罪适用死刑的基本原则是一个案子中只适用一个死刑。如果案件不是特别特别严重的话，即使有两个主犯，二审判了两个死刑，到最高人民法院死刑复核时改判的可能性也是很大的。这种改判的不核准的案例挺多的，二审判了两个死刑，其实很多时候二审法院想改一个，但二审法院的心态是把这个矛盾推到最高人民法院去，这种心态特别多。我们在讲辩护策略的时候，如果第一被告人的辩护人没有能力让二审死刑改判的话，法官如果把第二被告人判成死刑，第一被告人到最高人民法院还有被改判的机会。如果说第二被告人是可判可不判的，二审法院没有把第二被告人判处死刑，那么到了最高人民法院可能就没机会给第一被告人改判了。所以二审时要引导法官把第二被告人也维持死刑，反正是可判可不判的，到最高人民法院还有一次争取的机会。其实这种案子很多，很多案子在二审的时候判了两个死刑，特别是法院也认为有一个是可死可不死的，可改可不改的，报到最高人民法院，最高人民法院就把秩序颠倒了，翻盘了，第二被告人死刑被核准了，第一被告人不被核准了，我们管这叫改变座次。

我们做二审辩护的时候，如果辩护得好，可能把原来是第一被告人的，辩护成第二被告人了，原来排第一的，反而不被判死刑，排第二的反而被判死刑了，这在案件辩护中是很常见的。包括我们在一审辩护的时候，检察院起诉的时候排第一的，后来反而没死，辩护以后排第二、第三了，原来排第二、第三的反而被判死刑了。

（二）毒品共同犯罪案件解读证据的方法

1. 如何影响法官的内心确信和自由心证

从什么角度去解读证据体系，怎么去影响法官的内心确信和自由心证，特别是在死刑辩护的时候，死刑和死缓的界限是很窄的，不像有罪和无罪，黑和白这么明显，死刑和死缓是很模糊的。我们简单地讲一个真实的例子，可以从两个角度去解读它，第一被告人和第二被告人哪个作用更大，我们想确定这种思维方法。所以有的时候我希望大家能够互动，总结经验。

原来有个案子，天津的，有两个被告人，第二被告人把自己天津的房卖了，凑了24.6万的毒资，拿到广州去，找到另外一个同案被告人，这个同案被告人拿了他24.6万，负责在广州买毒品，联系毒品的货源。把毒品买来以后，这个广州的被告人把它伪装进工艺品里面去，从广州坐汽车运到天津，两个人一起坐车过来的，到天津以后，找人来接毒品的时候就被公安机关抓获了。

这个案子原来在一审和二审的时候，两个被告人都被判了死刑。天津一中院和天津高院认为两个都是主犯，作用很难区分大小，一审和二审就判了两个死刑。律师在接这个案子的时候，第一印象，这个案子至少有 50% 的希望，是可以接的。这个案子毒品数量不算多吧，四五千克海洛因，一定可以改判一个。我们向最高人民法院提辩护意见，第一点，本案中不应当同时适用两个死刑，我不说改判哪一个，只说不能同时适用两个死刑，至少应该改一个。这是第一个我们的论点，让最高人民法院觉得我们特别客观，特别公正。而现有的毒品死刑标准，只对罪行相对更大的一个被告人适用死刑，所以第一点我就向最高人民法院灌输了这种思想。第二点，我们怎么去解读自己的当事人比同案犯的作用更轻。这个案子后来发展特别好，最高人民法院刑五庭发回以后，天津高院把我的当事人改判了，另一被告人被判处了死刑。

这个案子两个人的作用差不多，并且我的当事人还负责到广州去找毒品，找货源，还负责把毒品伪装好，运输是他主要完成的，另外一个被告人只是提供了约定的一部分毒资，两个人同时坐车，同时从广州到天津，后来被抓获了。我辩护的时候要强调，毒资是这个人提供的。我们可以重新理一下辩护思路。我们讲辩护的论证的表达方法，叫图表法和文字法，两种方法，一会儿再讲。用了图表，优点是信息一目了然，上午杨律师也讲了，图表对比 A 和 B 谁作用更大。两种方法各有优点，各有劣势，根据自己的表达习惯，或者最好能够把两个方法结合起来，向最高人民法院和二审法院讲述就比较清晰了。我们怎么去论述呢？基本上几个角度，比如第一步，毒品犯罪的犯意是谁提起的。我们论证不是我们的当事人提起的毒品犯意。很多实务中口供会相互矛盾，特别是三人以上的犯罪会形成 2∶1，两个人犯罪就是 1∶1 了。第二步，毒资的筹措，共筹多少钱，每个人筹了多少钱。第三步，买毒品的时候约定的份额和数量。

有一个案子，重庆高院判的，四川人去云南、缅甸背毒品，背了 6 万多克麻古，当时约定得很清楚，甲的是 5 万克，乙的是 1 万克。我们在辩护的时候经常会讲，一审二审法院按 6 万克麻古给他定罪，但他只应该对他 1 万克毒品负责，这样才更公平合理。法官认为你的辩护有道理，被告人有约定毒品份额的时候，谁占的多和占的少是要进行区分的。

刚才讲的联系毒品的毒源，或者联系来以后，谁去运输，谁进行包装，比如把它伪装到车里面、油箱里面、夹板里面，具体的运输毒品和运完以后毒品的销售谁去负责，还有销售完以后，毒品犯罪所得的赃款如何分配，其实我们可以把毒品犯罪整个过程分成很多细节来论证自己的当事人作用相对较小，这样我们的辩护更有说服力。其实很多时候法官和检察官没有我们律师那么认真，因为他们的案子多，特别像最高人民法院，办这么多案子，天天加班，他考虑的是这么多同案被告人宏观的执行，而我们律师要协助最高人民法院的法官，进一步挖掘，看证据，区分出来谁的作用更大或更小。我们从开始犯意提起，毒资筹集，毒品的份额，联系毒源，毒品买来以后伪装、运输、销售、分赃等环节进行论述，如果我们能够通过一个图表或者通过文字列出来，是很容易说服法官的，至少会让法官觉得我们的辩护是有道理的。

这里面就涉及律师的职业伦理，我们辩护律师是否可以指控同案犯犯罪？我们在辩护中不涉及职业伦理，涉及同案犯的时候，可以论证谁的相对作用更小，这也符合司法解释规定。因为最高人民法院的司法解释规定，毒品或者命案中，都是主犯的，适用死刑的时候，要进一步区分，谁的作用相对较小，谁就可以免除死刑。后来一审二审法院就不想进一步区分，他们确定都是主犯，然后都判死刑，把它推到二审或者最高人民法院。其实很多时候这种共同犯罪里面死刑改判的可能性是很大的，不管是命案还是毒品案。所以我特别喜欢辩护这种同案中判两个死刑的，我觉得特别刺激，就是拼两个律师的辩护专业度，看谁更能说服法官。

其实实践中很多案子当事人的作用大小是很难区分的，关键在于我们怎么对证据进行解读，提出有利于当事人的辩护观点。我再举个例子，怎么让法官判另外一个人死，不要判我的当事人死。云南有一个开警车贩毒的案件，判了两个死刑，两个人开了一个法院的警车，我当事人的同案犯作为司法人员，用警车贩毒，社会危害性更大，应该判他死刑，法官觉得有道理，作为一个司法人员用警车去贩卖毒品，社会影响确实不好。其实每个案子中我们律师要找不同的辩点，比如被告人有前科，有不良的记录，像美国一样，犯罪嫌疑人过去有不良的表现，虽然不是法定的理由，但会影响法官的内心确信。比如立法上也没有说用警车贩毒判得重，但是法官觉得你辩护得有道理，同案犯作为司法人员用警车贩毒，危害性更大，相比的话，比我的当事人作用更大，如果可以改的话，一定改我的当事人，不能改他。

我们讲到共同犯罪以后，又分两种情况，一种情况是共同犯罪的分案审理，一种是非共同犯罪的并案审理。一个案子拆成两个案子，两个案子合成一个案子，两种情况。这对我们辩护是很有用的。

2. 共同犯罪的分案审理

共同犯罪分案审理，分两种情况，第一种情况，你的当事人先归案，同案犯在逃；第二种情况，你的当事人后归案，同案犯已经被判决了。我们在做毒品犯罪辩护或者命案死刑辩护的时候，特别希望分案审理，特别是你的当事人先落网，先被抓。你怎么找理由？因为同案犯在逃，没有归案，其实先归案的人死刑辩护是很容易成功的，比两个人同时归案成功的概率大得多，如果两个人同时归案的话，死刑辩护根本是没机会的。如果分案，我是讲宏观的辩护策略，你的当事人先归案了，同案犯在逃，不管是毒品犯罪案件还是命案，根据最高人民法院的司法解释，你只需要提出合理的解释，不需要达到充分的证明标准，证明在逃犯的作用可能比你的当事人的作用相对更大，就可以免除死刑了。如果同案犯归案的话，开庭之后要共同对峙，或者法庭要看口供，就很难去证明了。

你的当事人后归案的话有两种情况，先归案的被判重了或判轻了，如果先归案的当事人被判重了，他的辩护律师没辩护好，不该被判死刑的被判死刑了，后面的辩护律师就得便宜了，判了一个死刑，后归案的人，当然很容易就不被判死刑了，前面已经判死刑了，判重了。假设前面一个被判轻了，也不用怕，因为前面本来应该被判死刑的没被判死刑，对比而言你的当事人罪行比他更轻，他没死，为什么要判你的当事人死刑？这叫类比辩护法。不管是后归案还是先归案，你的辩护思路都要特别注意，后归案的话，想前面当事人应该被判死刑的没判，判轻了，就把他作为标准，来比较谁的罪行更重。如果能够论证你的当事人的罪行比他相对更轻，他没被判死刑，就不能把你的当事人判得比他更重。所以我讲的是共同犯罪分案审理，其实对律师是非常有用的。不管你是先归案还是后归案，有的时候有的案子是可以人为把它分成两个案子的。我们律师怎么去引导法院分成两个案子，或者一案审理，或者前后判决，辩护的宏观策略是很有用的。

3. 非共同犯罪的并案审理

非共同犯罪并案审理，也就是本来不应该是共同犯罪的，法院给并案审理了。一般分两种情况，第一种是毒品犯罪的上下家，第二种是团伙犯罪、集团犯罪。这对我们做死刑辩护是很有用的。把两个非共同犯罪合并审理，有的时候可能对法院来说，也只判一个死刑，分案审理他要判两个死刑。我们讲的是司法实践中对死刑的把握标准，可能标准和我们《刑事诉讼法》规定是不一致的。我们刑辩律师遇到很多真实的法律现状，关键是怎么用好现有的法律和规则，为当事人争取一个最好的判决结果。我们不是去研究怎么立法更科学。对辩护律师来说，办理好每个具体的案子，根据现有的法律规则和司法实践规则，得出具体的结论，我觉得是最好的。

4. 家庭成员的共同犯罪

还有一种比较特殊的情况是家庭成员的共同犯罪。毒品犯罪的家族化趋势比较明显，而命案中其实是很少的。夫妻之间、父母子女之间、兄弟姐妹之间成为同案犯，这种辩护还是有些空间和技巧的。对家庭成员的共同犯罪，同样我们要找一个大的原则，如果不是家庭成员，没有亲属关系可能判两个死刑，有亲属关系的只会判一个死刑。法院尽量不会把同案犯全部判死，虽然不是同案审理，法院也会考虑到他的家属已经被判死刑了，不会再判他死刑。

关键是我们怎么使用这个原则呢？两个罪行大小区分不开的时候怎么选择呢？如果是夫妻共同贩毒，法院也区分不开的话，应该判死刑的，一般判男的死刑的可能性大。如果是父子或者母女、母子犯罪，判谁死刑？一定判老的判小的吗？不一定。其实很有意思，怎么掌握？兄弟姐妹贩毒怎么区分呢？特别很多时候两兄弟同时委托一家事务所，怎么办？很为难，遇到兄弟姐妹同时委托一家事务所，只能留一个的时候，一定是很纠结的，考验我们律师的智慧。如果把这种案子放在同一个律师事务所，委托同一个人辩护，可能你安排你的同事跟你一起办，你去救谁？两个都想活，兄弟姐妹，不像你说的这种夫妻或者父母子女，法院好区分。有的时候法院区分不了，让家属去选，你怎么选怎么决定？面对这种兄弟姐妹之间共同犯罪，法院答应留的时候，确实律师要经历很多道德、情感的煎熬，选择的时候，关系是很复杂的。

五、充分利用刑法总则理论进行辩护

刚才是讲毒品共同犯罪理论，下面讲毒品死刑辩护中怎么用刑法总则理论来做死刑辩护，我们可以讨论一下。

首先我们确定一个原则，法院级别越高，法官理论水平越高，他就越愿意听律师运用刑法总则理论进行辩护。我们面对死刑辩护，在分则找不到辩点的时候，在二审或者最高人民法院怎么去找到一个说服法院的理由？在法律理论上的理由，凭我的经验，在最高人民法院或者在高级人民法院以上的时候是比较管用的。你讲的东西，只要符合刑法的精神，符合法律的基本公平正义规则，即使没有分则的具体法律的理由，他也可以给你做死缓。

我讲一个具体的，比如刑法分则里面规定的，毒品犯罪无论数量多少都构成犯罪，但是总则里面有规定，犯罪情节显著轻微危害不大的不认为是犯罪。实务中怎么用？有一个真实的案子，两个人是吸毒的毒友，在打麻将的时候两个人都是吸麻古的，一个人的麻古吸完了，就求另外一个人给他一颗麻古吸，花了60块钱。另外一个人本来说送给他吸也可以，但舍不得。两个吸毒人员一起打麻将的时候，为了这颗麻古，法院还真给他判刑了，判了一年，这是真实的案例，湖北黄石中院判的，一颗麻古，法院判了一年多。这种情况下，被告人没有贩卖毒品的主观恶意，金额也特别低，把他作为贩卖毒品犯罪定罪，是明显不符合刑法总则精神的。

这种时候怎么辩护呢？如果在公安机关的时候我们会申请取保候审，行为人的犯罪行为显著轻微，我们认为他危害不大，所以申请取保候审，或者申请公安机关撤案，申请检察院不起诉。到法院以后，申请法院定罪免刑或者申请法院判缓刑。用刑法总则理论来算毒品犯罪里面的规定，贩卖毒品不论数量多少，都构成犯罪。但这种特定的情况下定为犯罪是不符合刑法理论的，是有问题的。不管法院是否认可，如果这么辩论的话，被告人有可能被取保候审，或者被不起诉或者被判缓刑，或者被定罪免刑。但是那个案子很严，真是判了一年，关押了一年，没有取保，后来基本上服刑服完了。如果律师早一点，有可能申请取保，有可能不起诉，有可能判缓刑。

我们再讨论一个用刑法总则理论来进行辩护的毒品犯罪案件，是根据真实案例改编的，我把名字处理过。这个案子很有意思。一个贩毒人员贩卖了10克海洛因，比较贵，卖了5000块钱，500块钱一克，构成了贩卖毒品罪，卖了10克毒品，定贩卖毒品罪没问题。他用这贩卖毒品的 5000 块钱，找了一个吸毒女包月，花了 5000 块钱，说他构成卖淫嫖娼了，公安对他刑拘 15 天，罚款 5000 块钱。他构成两个犯罪违法行为，那个小姐卖淫了，获得了 5000 块钱，她是不是也要被治安处罚？也是刑拘 15 天或罚款 5000 块钱？她再用这 5000 块钱买 10 克毒品自己吸，在买的过程中，买回来在车上被查获了，这个小姐是不是构成犯罪？构成什么罪？是非法持有还是合理吸食？有可能法院还给她判个运输毒品罪，因为是在出租车上被查获的，至少判非法持有，是不是这个小姐也是一个违法，一个犯罪？

这个案子是根据真实案例改编的，确实有这种情况。现在如果把它分开完成的话，一男一女都构成了犯罪，一个是贩卖毒品罪，一个是运输毒品罪或非法持有毒品罪，两个都构成卖淫嫖娼。我们再假设这一男一女直接成交，构成犯罪吗？这个男的和这个女的成交，男的把毒品给这个卖淫女吸，构成犯罪吗？如果这个男的直接把这 10 克毒品给吸毒女吸了，并和她过夜，他既不违法，也不犯罪，因为贩卖毒品的时候，对方给他的不是钱，是一种服务，和她性交易是不构成犯罪的，不构成贩卖毒品罪。

我们再讲另外一个理论，犯罪的既未遂理论，关键讲我们怎么用。我们律师不要单纯去讨论理论问题，而是要知道怎么用既未遂理论，其实实务中要让法院认定贩卖毒品是未遂，确实是很难的，概率特别低。在实践中对毒品犯罪既遂标准掌握是比较低的，没有完全按照刑法总则的要求来认定既未遂的标准。我们律师怎么用呢？被告人从四川买了大量的麻黄草，买到广东，用麻黄草制冰毒，首先做成麻黄碱，用麻黄碱再来做成冰毒，大体是这个过程。在做成麻黄碱的过程中被查获了，这种时候是要定制造毒品罪的未遂还是既遂？它对量刑是很有影响的。由于他是做到一半，到麻黄碱的时候被查获的，麻黄碱到冰毒还有一个流程，我们律师辩护的时候，涉及当事人的口供是怎么供述的，是主观上想做冰毒，还是就是想做一个制毒原料。我的当事人是山东临沂的，他说他只想做制毒原料，不想制毒品，制到一半的时候，他就卖出去了，卖半成品，卖制毒原料，他就买这种原料来做成半成品，做成制毒原料卖给别人。这种情况下，我说就不能给他定死刑，因为他做到一半的时候就不想做了。虽然这种实践中很难认定明确的未遂，但是同样是认定为既遂犯罪，如果我们进一步做精细化辩护，精细化的思路同样可以达到不适用死刑。

我们再举一个例子，其实用的是刑法总则理论。贩卖毒品罪，分为两个行为，买进和卖出。虽然刚刚买进的时候被查获了，即使被认定为构成了犯罪的既遂，它的危害性一定不等同于完成了卖出的。行为人才完成一半的行为，可以说服最高人民法院的法官适用死缓。如果按照国家的规定，死刑只适用于罪行极其严重的犯罪分子，按照联合国的规定，联合国的人权公约规定死刑标准，在保留死刑的国家，死刑只适用于罪行最严重的犯罪。对这种贩卖毒品罪，只是买进的时候，罪行一定是没有完成了卖出的这种危害性大，如果按照刑法的罪责刑相适应的原则，不能说他的危害后果跟完全卖出时是一样的，总要有所区分，因为死刑只适用于罪行最严重的犯罪分子。

还有，同样是运输毒品罪的既遂，理论上只要开始起运，就构成既遂了，行为人开始把毒品装上车发动，构成既遂没争议了吧。但我们举个例子，做死刑辩护的时候，怎么说服最高人民法院应该适用死缓，不该适用死刑。运输毒品常见的路线，基本是从云南中缅边境，从缅甸、西双版纳那边开始，毒品从云南过来以后，从四川、贵州、湖南、湖北到河北、北京、东北、哈尔滨，又到黑河，大体是这么一个流动，毒品的价格是越来越高，毒品的纯度是越来越低。毒品的价格，你们看破获的案子，基本上从云南的100元一克，到了北京，到了东北的时候1000多元一克，价格越来越高，纯度越来越低。

我们讲运输毒品罪的既遂，在云南边境上刚运输了10公里被查获的情况，同运到了中原河南，运到了北方北京，运到了哈尔滨的情况，危害性是不一样的，量刑的时候应该是有区别的。我们在适用死缓的时候，要精细化辩护，说服法官这些罪行是有区别的。虽然同为主犯，我们要进一步区分谁的作用相对更大，适用总则理论，做到罪责相适应。因为运输的距离比较短，危害性比较小，可以定为运输毒品罪的既遂，可以判死缓，可以判无期。我们律师不能够放弃，虽然认可了是既遂，也要精细化辩护。法官和公诉人考虑没那么细，我们律师辩护，只是辩护本案是构成既遂还是未遂，既遂里面没有辩点是不行的。要跟最高人民法院讲这个案子运输刚刚装好，车还没发动，行为人就被抓获了，他的危害性是很小的。行为人运输毒品，距离长短和他的运费报酬是有关系的，运到四川可能毒品的价格还相对较低，运费少一点，运到东北，运到北京的话，毒品价格高，报酬也高。行为人的犯罪所得和他的危害性是不一样的，量刑是应该有区别的。

刚才讲的是同为毒品犯罪的既遂怎么样进一步做精细化辩护，就是从死刑到死缓或者到无期，找我们的辩点。其实很多时候在二审和最高人民法院，我们就是这么实现死刑改判的，你很难找到一个很明确的辩点，而要从里面挖精细化辩护。刑辩4.0时代的要求，要精细化辩护，不能像1.0、2.0的时代，提既遂、未遂、立功、自首，在那时候是很简单的辩护。这种时候到了最高人民法院，我们只能去找这些很细的辩点，去说服最高人民法院法官的内心确信和自由心证，使该案不适用死刑。

我再讲一个真实的案例，用刑法总则改判成功的真实案例，其中只讲一个大的原则。这个是我刚做律师的第一年的第一个案子，当时我是做法律援助的，2001 年，15 年前，那时候《刑法》规定毒品犯罪不以纯度计。被告人贩卖一千零几克毒品，一审判处死刑，贵州高院二审，死刑改判，当时立法和司法解释都没有对毒品纯度进行规定。二审的时候我们做法律援助，那时候死刑复核还没到最高人民法院。那时候刚做律师，胆子比较大，瞎辩呗，反正法律援助没有压力，我就提被告人贩卖的毒品纯度特别低。法院一审判决认为一审辩护律师的辩护理由不宜采信，毒品犯罪不以纯度计，所以提的纯度低不适用死刑的辩护意见是予以驳回的。二审的时候，我的辩护意见得到了采纳。这个案子是我做律师的第一个死刑法律援助案件，二审改判了。

我们律师要大胆地辩，要敢于去辩护，突破现有的司法解释。其实很多时候司法解释是通过律师个案的辩护，通过最高人民法院发布指导性案例，上升为司法解释和刑事法律规定的。

我再讲一个最高人民法院发布的指导性案例，我们辩护的一个案子，《刑事审判参考》第 67 期吉火木子扎运输毒品案，是我在最高人民法院 2007 年做的第一个死刑复核的案子，也是不核准死刑的。我并不是要讲我辩论得多好，而是要介绍一种思路和方法。我们在辩护的时候，如果在刑法分则或者司法解释上走到绝路，没有辩点了，怎么办？

最高人民法院那时候适用什么规则呢？在 2006 年、2007 年的时候，司法解释没有规定，当时有什么突破呢？被告人是在四川凉山州一审被判的死刑，四川高院二审也判了死刑，2007 年最高人民法院刚刚收回死刑复核权救了他。这是我接的第一个死刑复核案子，之前也没有干过，其实那时候压力挺大的。

那个案子是运输毒品罪，按当时的政策，1000 多克毒品能判死刑，按法律和司法解释，四川一审二审法院判得完全不错。到最高人民法院以后，这个案子作为最高人民法院的一个指导性案例，发布在《刑事审判参考》第 67 期上面。最高人民法院确立的裁判规则，如果说有证据证明确实是边民为了少量运费，受雇于运输毒品的，即使毒品的数量达到了死刑适用的标准，一般也可以不适用死刑。我们辩护的时候就提出来，这个案子中，被告人从凉山州很穷的一个布拖县去打工的时候，带了两个小孩，找不到工作的时候，被一个贩毒分子骗了，帮他去运毒品，共有两个女的，一个人得 1500 元，两个人得 3000 元钱，后来她们被查获了。最高人民法院死刑复核的时候，我就从总则理论上讲她的主观恶性，犯罪动机，因为她也没犯罪前科，是少数民族，凉山的彝族，文化程度低。她的小孩没饭吃了，才被毒贩利用，犯罪动机比较值得同情，贩毒以后只得了 1500 元的好处，这完全和贩毒分子的高额利润是不对等的，她不像一些职业运输毒品的毒贩。这个案子当时最高人民法院没有核准，后来发回四川高院改判了。

其实我们在实际的案子中，还有很多用刑法总则的情形，就是分则没有辩点的时候，怎么通过刑法总则尽量去找到辩点，实现死刑改判。因为死刑和死缓可能就是法官的一念之间，不像有罪和无罪这么清楚，界限分明。我们律师的论证有说服力，法官就有可能判成死缓。所以这个案子是 2007 年 10 月份最高人民法院第一批不核准的案子。法院级别越高，就越为我们很多法律理论水平高的律师、专业化律师提供了机会。特别到高级人民法院、最高人民法院的时候，法官有很好的刑法、诉讼法的理论功底，是会听你讲道理的，不像很多基层法院的法官，让找法律规定给他看，法律怎么规定的，被告人就是既遂，律师的辩护不成立，就判他死刑，适用法律比较机械。最高人民法院死刑辩护的时候，法官比较讲究法律精神。

我们讲的只是一个大的思维方法，实务中还有很多用总则理论的情形，包括命案辩护，很多东西都是很有用的。我们听课的目的是学会一种思维方式，我很难教你具体的技术。一会儿我们再继续讲分则里面怎么用分则理论辩护，分则里面也有很多辩点，不仅仅是第 347 条。

六、充分利用刑法分则理论进行辩护

我们刚才讲到了怎么用刑法总则理论进行毒品犯罪死刑案件的辩护，其实是开拓了一种新的思路。我们下面讲怎么用刑法分则理论来做毒品的死刑改判辩护，其实也是和大家一起讨论和交流对死刑改判的一些思路方法。在毒品死刑里面仅仅讲刑法分则的话，就一个条文：第 347 条。大家要学好第 347 条，学好这个罪名，它是刑法里面很赚钱的一个罪名。

第 347 条适用死刑的数量，在很多地方比故意杀人罪还多。第 347 条，如果在今天讲的话，我们需要讲怎么辩护，如果仅仅倒退 10 年，或者 5 年，也就是我们讲刑事辩护的 1.0、2.0、3.0 时代的时候，要求没这么严格。面对第 347 条的规定，我们很多时候根本无法找到辩点进行辩护。不过，我们现在需要讲的是一种思路，在二审或死刑复核的时候，刑法分则的相关条文应该怎么理解。

如果仅仅看《刑法》第 347 条，它规定了四个行为，制造、走私、贩卖、运输毒品，它在立法上是平行的，对四个行为的量刑是一样的，并且它同时也规定了对同一宗毒品，不管是实施了一个行为还是四个行为，都只按一个罪名处理，定罪的时候，量刑的时候，毒品数量也不累计，所以如果我们在毒辩1.0、2.0时代的时候，我们认为是没有辩点的。

但是如果我们做毒品死刑改判，在做精细化辩护的时候，是有辩点的，是可以从里面深挖以后，争取死刑改判的。首先我们讲这四个行为在立法上规定的量刑虽然是一样的，但是我们律师研究的时候，在司法实务中，这四个行为的危害性和量刑其实是不一样的。大家觉得这四个行为里面哪一个的量刑最重？危害性最大？在实践中，大家是怎么理解的？大家认为是制造还是走私？比如一审二审辩护或者死刑复核的时候，我们可能只是去掉了一个行为，对定罪没有影响，但是量刑可能会从死刑改为死缓或者无期，它是有辩点的。

在实务中，如果按照司法解释的规定，这四个行为，大家认为是不是运输的危害性相对最小？大家认为最重的是哪个？制造、走私还是贩卖？虽然立法上没有区别，但是在司法中对死刑的适用是有区别的，这就是我们律师辩护的一个辩点。我们在二审或者死刑复核的时候要找到辩点，特别在大量的毒品犯罪死刑中，很多时候会同时有两个以上的行为，特别是贩卖和运输容易在一起，或者制造和贩卖特别容易并列，这种时候辩点对死刑辩护是很有意义的。第一，按司法解释规定，源头性犯罪，就是制造和走私，在实务中哪个行为的危害性更大，量刑更重，更容易被判死刑？制造和走私，是不是很多人认为是制造？制造是从无到有，而走私是从境外到境内，或者境内到境外，都属于源头性犯罪。其实司法解释里面把走私作为源头性犯罪，仅仅包括了进口型的走私，没有包含出口型的走私。走私分两种，进口和出口，往外和往内，司法解释里面把走私作为源头性犯罪，是考虑进口型的走私。实践中，很多法院认为制造的罪行是最大的，比如是 5 公斤，制造可能就比贩卖、运输更容易判死刑。

很多时候我们做辩护，行为人有两三个行为，我们打掉一个或两个，是可以实现死刑成功辩护的。刚才讲了贩卖，贩卖指的是让毒品实际流入社会，产生实际的危害性。这里面讲几种行为的混合，特别是走私或者运输容易和贩卖相并列出现，还有制造和贩卖特别容易产生交集。这种时候我们面对检察机关的指控，或者一审二审判决以后，很多辩护人在意我们怎么去区分这四种行为罪行的大小，说行为人没参与制造，只参与运输，只参与贩卖。其实很多时候公诉机关指控的时候怕指控漏了，会尽量把能列上去的都列上去，很多检察院是这么做的，一审二审法院认定的时候，会把两三个行为写上去，把能扣的罪名都扣上去。

但是我们在做辩护的时候要区分，特别是很多时候虽然立法上规定行为人是哪个行为对定罪量刑没有影响，但在实务中，对死刑的适用，是死缓还是死刑，是很有意义的。很多时候我们可能要打掉一个行为，或者说我们要把这个行为辩成另外一个行为，才会容易实现死刑辩护的成功。

我们再讲走私毒品，其实立法上可能没有区分出口型和进口型的走私毒品，仅仅说我们刑法保护的法益是国家社会秩序。我认为毒品犯罪里面出口的危害远远小于进口，所以很多时候我们辩护找不到法律理由，就找情理，就可以认为出口型的走私罪行危害性相对小于进口型的，认为可以适用死缓。进口型和出口型的走私对刑法保护的法益危害程度是不一样的，所以很多时候虽然法律上不敢这样直接明确，没有这么写，但是我们很多法院掌握的时候，掌握死刑和死缓尺度的时候，如果说我们提到了，法官可能会将这一点作为他内心的一种理由，可能会影响他判个死缓。

实践中有大量的制毒案件，现在制毒比较多的应该是在广东，特别是在惠州有很多地方制毒的，在广东和广西有个交界的村里面专门制冰毒，制一公斤给多少钱的报酬，一个村全部是制毒师傅。很多制毒的人很明确，制完毒以后，毒品不销到大陆，全部通过深圳走到香港，或者全部出去。这种案子是很多的，很多东西在刑法上没有明确的规定，实务中，量刑应该会有区别，就可以做一个死缓。再讲一个，在广东制毒案子中，一般是制冰毒，容易产生高纯度的冰毒，而在云南的话，毒品最多的是海洛因，海洛因是直接从缅甸进口的，很少有制毒的。其实很多海洛因的纯度基本上是低于冰毒的。

刚才讲的是运输行为与其他行为的交叉关系，特别是与贩卖，与制造，与走私，是一个行为还是数个行为。在法理上，我们律师怎么样把握实践中的单行为还是多行为？了解各行为对量刑、对判死刑的可能性大小不一样，对我们辩护思路的确立是比较有意义的。

在毒品辩护中还有一种情况是比较常见的，叫运输毒品和动态的非法持有毒品，这种案子在实践中，在我们的辩护中，非常普遍，我们可以结合刑法的司法解释进行辩护。我们讲刑法分则吧，一个真实的案子，北京赵某的运输毒品案，赵某本来是个吸毒人员，他去四川旅游的时候，觉得四川的毒品便宜，200多元一克海洛因，便买了几千克带回北京来，进北京收费站的时候，被警察查获了。检察院指控他构成运输毒品罪，我们律师辩护以后，判了无期，没有判死缓。

　　我们讲辩护思路，辩护时我们找了很多证据证明行为人买的毒品数量确实超过了合理的吸食量，数量巨大。行为人确实买了毒品以后，免费给其他人吸食，类似他开个赌场，里面很多人，他发给他们吸，免费，也不收钱，他在北京开了娱乐场，就这么做。后来有证人证明，跟着他吸，他不要钱，也不贩卖。被抓回来以后，他供述，他只是觉得四川的毒品便宜，比北京的便宜，这里面就涉及立法的规定和律师的合理辩护。他在运输途中被查获，把他按运输毒品来定的罪，没按非法持有定罪。虽然那么定罪，为什么法院对他运输这么大数量的毒品只判了一个无期？法院按照现有的法律规定，只能给他这么定罪。但是我们辩护律师有充分的证据证明他这种辩解是真实合理的，有证人能够证明他买的毒品确实是给他麻将室里面的这些员工免费吸食的，他不收钱，不以营利为目的。所以这里面涉及原来司法解释规定的一个合理吸食量，怎么解释这个合理吸食量？我觉得这个立法是有问题的，合理吸食量影响行为人的此罪与彼罪、罪与非罪。什么叫合理吸食量？立法原来规定的合理量，包括喝酒的人合理的饮酒量，有的人喝一两就醉了，有的人喝一斤还不醉，吸毒的人有一天能吸 10 克的，有吸 0.1 克的，什么叫合理的吸食量，是很难界定的。

　　我们律师这么辩护以后，在定罪的时候，很难让法官去突破司法解释，突破刑法的规定，但量刑的时候他会考虑。刚才我们讲的，法院经常会把很多动态的非法持有定为运输，这种案例在实践中是很多的。而在把很多运输毒品罪定为非法持有时，其实涉及运输概念的定义，我们理解它的时候，不能仅仅以地理位置来确定，特别是吸毒人员动态的非法持有，他把毒品从家带到办公室，或者他自己从这里去外地旅游带去，或者他有两个房子，他在北京工作，老家在武汉、云南那边，他吸毒是随身携带，带的毒品在机场被查获，定为运输毒品，数量比较大的话，还不一定给他定非法持有。所以很多案子特别是动态的非法持有的时候，法院会定成运输。这种时候特别是吸毒人员，或者特别是当他在机场、车站被查获，数量比较大的时候，容易被定成运输毒品。在分则里面，如果我们先做一些区分，把动态的非法持有和运输毒品与真是用于自己吸食但超过了合理的吸食量区分开来，然后进一步去细分，去做精细化辩护的话，很多案子是能够找到辩点的。

我刚才讲的是针对数量很大的毒品，被告人有充分的证据，或者有合理的怀疑，证明他确实用于自己吸食，而且在运输过程中被查获了。这种案子实务中是很多的。刚才那个案子，行为人从被抓的时候就一直辩解，他觉得四川毒品便宜，去旅游，反正自己要吸，身上也有钱，就买得多。基于立法的合理性，虽然我们辩护的时候，很难说把他辩成无罪，或者很难改变罪名，但至少不会导致他被判死刑。对毒品犯罪案件，我们在辩护的时候需要使法官达到内心确信，或者形成合理怀疑，这会影响到死刑、死缓、无期的适用。

包括我们讲的按照现在的司法解释，吸毒人员运输途中被查获10克以上的毒品，数量较大，至少定非法持有，或者有可能定运输。对这类案子，我们律师辩护的时候，要学会怎么样去找到充分的证据或者合理的怀疑，来说明这种辩护是有合理性的，行为人确实是用于自己吸食的，并以此说服法官。

七、毒品犯罪案件特有的侦查措施

（一）特情引诱

我们再讲下一个毒品辩护里面常见的辩点吧，就是毒品辩护中比较常见的特情引诱和技术侦查。毒品犯罪案件辩护中怎么用这两个特有的侦查手段？我们讲特情引诱，有的时候有些律师对特情引诱比较好奇，很多律师认为只要有特情引诱，就可以保命了。这是一种错误的认识，特情引诱并不是一个免死的王牌。

特情引诱，只要依法使用，就是一种合法的侦查手段，不影响定罪，也不影响量刑。类似于司法解释里面说的特情贴靠，就是公安机关掌握了行为人贩毒的线索和证据，只是用特情手段去抓捕他，实现了人赃俱获，固定证据。所以，在侦查活动中，它是一种合法的侦查手段，不影响定罪，不影响量刑。

有些律师辩护的着力点，是和公诉人和法院死磕这个特情引诱存不存在，特情引诱即使存在了，对定罪、量刑也没有影响，是没有必要死磕的，辩护这个点是不对的。很多时候对特情引诱，律师有兴奋症，我们要扭转这种情况。其实，实践中特情引诱的不当使用、非法使用和不规范使用，才是我们律师要去找的辩点。

很多时候我们要找的关键是特情引诱的不当使用，不当使用在实务中也有，在司法解释里面规定为犯意引诱和数量引诱两种。为什么会有特情引诱的不当使用呢？尤其是犯意引诱和数量引诱特别多。很多时候许多警察立功心切，怀疑某个人有贩毒的嫌疑，就给他搞一个犯意引诱或者搞一个双重引诱，或者有的时候公安雇了一些内线，特情人员，想完成任务或者想立功，人为地没有按照公安机关的要求正确使用这个手段。犯意引诱本来是被严厉禁止的，是可以做无罪辩护的。如果是数量引诱，是可以不适用死刑的，直接影响到死刑的适用问题。

实务中我们律师应该去发现的是特情的不当使用，特别是犯意引诱，是我们应该重点去强调的。不需要在一般情况下去纠结的问题，其实是我们在辩护的时候比较常见的，叫特情引诱。再进一步讲的话，即使很多时候存在特情引诱，你这么提了，法官内心也信了，他也不会写在判决书上。你提出了合理怀疑，会影响法官的量刑，但他不明写，类似于潜在的默契，类似于审辩交易，他觉得这种辩点有合理性，即使不认，也可能从死刑改为死缓，改为无期的。在毒品死刑辩护中，尤其是这种数量引诱特别多，很多犯意引诱，警察管得比较严格，数量引诱会容易违法违规地被使用，所以我们要特别注意。在这种情况下，只要你提出合理的辩解，合理的怀疑得到法官内心的确信，就会导致死刑改判，即使他判的时候不写。所以很多时候我们如果仅仅看很多最高人民法院裁判文书公布的这些死刑案例，改判的这些案例，根本读不懂他为什么将死刑改判了，包括像我们做的很多命案或者毒品的死刑改判的案例，判的时候根本看不出来为什么改判，只有辩护律师才清楚。

我们再补充一点，特情引诱我们最主要审查的是他的手段是否合法，是否是按程序审批的。

（二）技术侦查

关于技术侦查，其实我们会结合毒品案子中特有的一种证据，叫通话记录、银行流水，两个辩护方法是交叉的。毒品案子中特有的技术侦查，也是《刑事诉讼法》规定的合法的侦查手段。我们辩护的辩点是发现技术侦查的不当使用，比如没有按照程序审批的使用，没有按照审批权限、审批的时间，非法地使用，没有经过审批，或者超过了审批时间，没有继续重新审批，违法使用获得的证据。

我们辩护的重点是去挖掘技术侦查整个程序上的合法性，包括获取的监听记录，比如通话记录，案卷里面都有，监控银行财务异常的动向，监控资金流水，发现了犯罪的线索，侦破了毒品犯罪。对于技术侦查，一般的话，我们要找它的非法性。我们律师只是提出合理怀疑和这种可能性，因为技术侦查的东西，法官可以看，公诉人可以看，律师是不能看的，这对我们的辩护是不公平的。很多时候包括最高人民法院也一样，我们提出技术侦查违法使用或者特情违法使用的合理怀疑，最高人民法院可以去找公安看背后的手续，看监控，听监听的录音，但是不能给律师听。听完以后，最高人民法院就想到这种辩点是成立的，合理怀疑存在，影响到是不是适用死刑。这些证据是不经过法庭质证的，律师是看不到的。律师在暗处，控方在明处，正因为在暗处，所以我们律师要发挥想象力，提出合理怀疑，根据现有的这些不正常之处，破案的异常，同案抓获的人被放掉了，或者破案过程觉得不符合常理，破案过程存在特情的不当使用或者技术侦查的不当使用，没有合法的审批程序，提出这种辩解，有可能就会导致死刑的不适用或者死刑的改判，可能适用死缓。

很多时候，特别是在一审二审在地方法院的时候，法官说律师的辩护理由无证据支持，所以就予以驳回。这种思路是不对的，既然律师提出这种合理怀疑，就不能给排除掉，如果有这种可能性，法官要认可这种辩护意见，就应该适用死缓，不适用死刑，至少排除死刑适用。对于技术侦查，我们律师很多时候会提出合理怀疑，若技术侦查违法的话，和前面的特情引诱一样，二审或者最高人民法院很少直接写出来。技术侦查违法，判决书上不会这么写，即便改判了以后，二审或者最高人民法院只会做一个死刑改判。如果确实是技术侦查违法了，或者特情引诱不当使用了，可能会导致实体上死刑改判的结果，在判决书上不能明确写出来，因为这根本不是作为本案的证据使用。为什么到最高人民法院以后，有的案子死刑复核要复核一年两年呢？最高人民法院这种案子很普遍，有的案子复核两三个月就审结了，长的有两年三年的，最长的有四年五年没有复核结束的，就是因为他要去核实这些证据。核实完证据，最高人民法院可以不经过庭审质证，不管通过公安机关补查还是让地方二审法院补查的证据，特别是证据不太强，判死刑不太够的这种，最高法院有此权力，第一他可以找法医咨询，第二他可以让地方二审高院去补查或者交由公安机关补查。补查完以后，这些证据律师看不到，这其实在诉讼法里面是有争议的，这些证据在诉讼法里面是不能作为证据使用的，没有经过控方的举证，没有经过辩方的质证，没有经过法庭认证，怎么可以作为证据使用呢？但是在实践中，这些补充的新的材料和证据的效力一样，会影响到最高人民法院决定核准还是不核准。

其实在很多案件中，特别是在命案或者毒品犯罪案件中，经常出现最高人民法院需要补查的。最高人民法院有的案子一拖拖一年两年也挺多的，若是一个案子拖半年以上，可能就有不核准的可能性了，可能证据有些问题，没那么利索。有些案子最高人民法院是想核准死刑，但是证据不太够，要退回去地方高院或者地方公安机关补查，补回来以后，继续核准死刑。这些案件中至少证据是不太严密的，没有达到 100 分的标准，特别是很多命案。

我讲的意思是我们提的违法的地方，到最高人民法院死刑复核的时候，我们是没有证据的。为什么我们要提？提以后，要给最高人民法院一个退查的提纲，他觉得你的解释有道理，怀疑有道理，可能就会找公安机关，找二审法院作出合理解释。他如果觉得公安机关或者法院的解释是符合常理的，可能就把律师这种合理怀疑排除了，继续核准死刑，若觉得律师有道理，公安的解释说服不了他，可能就死刑改判了。其实实务中比较多的，特别是在命案中，最高人民法院的死刑核准标准会更高，涉及法医物证鉴定的时候，最高人民法院特别重视。在很多命案涉及法医物证的时候他们怎么复核？最高人民法院的法医会找公安部的法医，因为最高人民法院的法医不专业，很多律师会提出一些合理怀疑，一些解释，特别是很多死刑案的法医鉴定，提出来以后，法院也拿不准律师死刑复核提出合理怀疑有没有道理，就会去找最高人民法院的法医或者公安部的法医，他们会电话或书面去咨询。法院问了以后，也不给律师看，但会影响到对这个案子该不该适用死刑，他在案卷里面会放，向审委会汇报的时候也会出示这些在死刑复核程序中拿到的新证据、新材料。

特别是刚刚收回死刑复核的时候，这种补查证据的情况非常普遍。但是这类证据到最高人民法院的时候，获取的新材料、新证据，不管是找专家咨询还是找法医鉴定，我们的这些合理怀疑，公安机关的解释，都没有经过辩护律师的质证，也没有经过控方的举证，按诉讼法理论，是不能作为证据使用、不能作为定罪量刑依据的。如果按照证据裁判规则，所有的证据必须要经过庭审质证才能作为证据使用。但是我经常讲，我们律师在司法的第一线，要了解实践中最高人民法院或者高级人民法院是怎么掌握死刑运行的。怎么用好这些效力规则，去实现死刑改判，是我们的责任和使命。所以立法或者规定是否科学，我们律师是无能为力的，我们要熟悉这些效力规则，不能因为没有证据，就不敢提辩护理由，也不能因为提了，被一审二审法院忽悠，被驳回了，就不敢再提。最高人民法院还很重视这些理由的，会把这些合理怀疑搞清楚。死刑改判很多时候是一个很小的点，我们提了三个五个十个辩护理由，不知道是哪个辩护理由动摇了最高人民法院内心确信的对死刑的适用标准，可能就不核准了。

死刑辩护非常难，死刑和死缓只在于法官的一念之间。我经常讲，在理论上，80%的案子是可杀可不杀的，80%的案子都核准死刑了，可能只有10%的案子是必须要死或者必须不死的，有10%的案子是律师辩护没有用的，必须判死刑的案子，再好的律师去辩护也要判死刑，或者即使没有律师，也要改判，我认为这种案子只有10%，20%都不到。

我扩展讲一下，这次讲毒品，附带扩展讲一下命案的死刑。实务中什么叫可左可右的？如果承办人员认为这个案子可杀可不杀，他有两种选择，第一，如果他比较懒，核准了多简单，就会核准；第二，他想不核准，就会劝我们律师，去找被害人做工作，赔点钱。人的生命是很可贵的，在做死刑案子的时候，我们发现很多案子被告人的死和活，对法院或对律师来说并不是那么明确的，就在一念之间。如果做死刑做多了，对生命会有更真实的理解，很多人的生命可能只是在最高人民法院的一念之间，或者辩护律师认不认真，负不负责，辩护律师更多努力一点点，可能就成功了。

毒品辩护有它特有的证明标准，不同于命案。命案，法官确实是如履薄冰的。最高人民法院判命案的时候，如果没有被告人的口供，是不敢判死刑的，在被告人有辩解的时候，证据没有达到很确实的时候，也不敢轻易杀。命案的证明标准是远远高于毒品案件证明标准的。掌握最高人民法院的心态，对我们做死刑辩护是很有用的。所以说我们做死刑辩护，比如做命案辩护的时候，如果该案在证据上确实有问题，有硬伤，完全可以不做赔偿，最高人民法院是一定不核准的，也核不了。但毒品犯罪不一样，毒品犯罪律师提的一些辩护理由，比如证据上有瑕疵，有缺陷，程序违法但比较轻，不影响实体的公正的话，毒品死刑同样会被核准。

很多时候毒品犯罪的死刑适用标准不仅仅是我们做死刑辩护的时候没谱，连法官也没谱。不同的合议庭，掌握的适用标准是不一样的。很多时候适用标准，在司法实务中，没这么严格，没这么清楚，死和不死的界限是很模糊的。这同时为我们辩护律师提供了很多机会，80%的案子是可死可不死的，我们律师是有辩护余地、辩护空间的。任何一个毒品案子，全部按照100%的排除合理证据标准，律师都有辩点，毒品扣押和鉴定程序，可以说是毒品案件改判的利器，核心环节。

（三）毒品搜查、扣押与鉴定程序

今年两高一部出了一个最新的司法解释：《办理毒品犯罪案件毒品提取、扣押、称量、取样和送检程序若干问题的规定》。这个司法解释规定得比较详细。且不说司法解释出台了，过去的10多年或者将来的10多年，毒品的搜查、扣押与鉴定程序依然是毒品辩护律师辩护的一个利器，是很容易实现死刑改判的一个重要的突破点，关键是怎么去挖掘。虽然司法解释出台了，但是在将来的5年和10年，实务中很多证据依然是不规范的。

下面我们讲毒品犯罪案件死刑辩护中怎么进行毒品的搜查、扣押与鉴定程序的辩护。这其实是毒品死刑改判里面占了很大比例的一个改判理由，或者不适用死刑的一个理由。这里面我先导入两个案子，先讲一个最新的，上上周，不到 10 天，我到湖北辩护的一个案子，就是三个人全部被死刑改判了，毒品重量是两三千克，也不多，被告人第一次找到我的时候，我就觉得这个案子判三个死刑是重的，一定可以改判，但是我没想到三个全部改判了。

去年我们做二审辩护人的时候，我们从毒品的鉴定程序方面进行辩护，法庭辩论完了，第二轮辩论的时候，公诉人直接提出来，他也认为本案中量刑证据有问题，建议发回重审。后来湖北高院直接发回重审。上上周的时候，中级人民法院判三个人全都不适用死刑，查获的毒品的扣押鉴定有重大的错误，不能够证明扣押的毒品是涉案的毒品，证据有很多矛盾。这个案子二审辩护的时候，我们还有一个辩点是很有杀伤力的，就是刚才讲毒品的鉴定资格，这个案子二审的时候证据补了。这个案子开始的时候，以及二审的时候，我开庭前找审判长沟通这个毒品的鉴定资质，我说真的被我们发现了，一审的时候，公安的鉴定机构不具有毒品鉴定资质，他只具有法医鉴定资质，这个鉴定人鉴定完以后才拿到了毒物化学鉴定资质，鉴定的时候是没有资质的。

还有另一个公开的案子，号称湖南最大的制毒案，这个案子拖了三年了还没判。被告人制完毒以后全部卖到香港，卖到国外去了。为什么开了庭三年之后一审还没判死刑？判不了，法律上，毒品的鉴定、扣押有问题。被告人制造冰毒几吨，当时公安部指挥湖南、广东、深圳海关总署共同作战。公安部督办的案子，整个毒品的扣押、鉴定存在严重问题，后来无法进行鉴定，没有现场扣押的清单，现在想重新鉴定，找不到检材了，没办法。

很多案子，我们在毒品的鉴定、扣押程序里面找到问题或者致命的弱点，会导致死刑改判，或者最高人民法院死刑不核准，或者一审不适用死刑。

其实很简单，我们不要去读这个司法解释，而是把它想象成毒品的查封、扣押、鉴定、保管、送检各个程序，把它理清楚，这样我们辩护的时候就比较容易了。这个规定出台以后，对我们辩护律师有什么好处和坏处？怎么用？辩护的好处是说，因为这个司法解释规定的操作性特别强，每一步扣押、鉴定、称重怎么做，怎么提的检材都特别清楚，我们辩护比较简单，有法可依，只要每条对照，不符合哪一项，就直接说程序违法。这不像过去，过去这个司法解释没出台的时候，或者公安部内部规定的时候，法院会有争议，纠结这个程序违法严不严重，是否影响到实体审理，是否影响到死刑的适用。现在不一样了，现在司法解释里面规定得特别清楚，对我们辩护律师来说，直接和法院每一条去对就行了，所以辩护会比较简单，法院也有法可依，就按司法解释规定，证据不宜采信，予以排除，很明确。

大家有没有想过这个司法解释出来以后，对我们辩护律师不好的地方在哪里？如果说司法解释没有出的时候，公安机关大量的毒品扣押、鉴定程序违法，证据漏洞百出，律师是很容易找到辩点的，现在司法解释出来了，对我们律师有没有坏处？为什么我们律师要有双向思维呢？其实每个规定出来都有利有弊。

你们有没有想过？有人私下跟我聊的，他说是不是这个司法解释出台以后，公安就很规范了，照这个做，一定没漏洞可抓了？缉毒警察全部按照程序来做，解释相当于告诉公安机关扣押、鉴定的一个操作规范，这样做律师就没有辩点了，这种担心有道理吗？或者这种担心有必要吗？是不是司法解释出来以后，公安机关就会很规范，律师就没有辩点了？其实我觉得这种担心是没有必要的。这个司法解释对我们辩护的好处是远远大于坏处的。

首先我们说这个规定出台以后，即使公安机关想去规范执法，再给他五年十年时间，他也不可能规范。我们举个简单的例子，刑讯逼供问题，《刑事诉讼法》规定了禁止刑讯逼供，刑讯逼供是可以构成犯罪的。公安机关为什么屡禁不止？刑讯逼供，非法证据，同样很多。即使排除客观条件限制，主观上公安机关也很难实现规范执法，全国这么多公安机关的执法水平不高。我不是自信，律师平均水平还是高于公安的，整体上律师的法律水平和学历比公安要高，因为《警察法》规定，警察只需要高中文化，而律师至少要本科，还需要考司法考试。我觉得一方面是这种情况，我讲的是比较现实的，这个司法解释在实践中，即使公安想这么去做，他也做不到。

我们还要看他的扣押、鉴定、称重、鉴定人这些程序，即使公安想规范执法，很多缉毒案子，在边境，在云南深山野林里面，好不容易把毒品犯罪分子抓到了，他去哪里找两个鉴定人？公安的人员是不能做鉴定人的，协警是不能做鉴定人的。另外，公安机关是不是随时要背一个经过鉴定的天平秤去给毒品称重？其实还有很多公安机关无法实现规范执法。我觉得这个规定出台以后，对我们律师辩护挺好的。公安想规范规范不了，但是我们律师辩护却有法可依了。所以我觉得这个规定出台以后，在五年到十年之内，对辩护律师来说都是一个很好的工具，特别好用，所以对这个司法解释，每个毒品辩护律师应该好好地研究透，读透。

我经常讲，最好的学习方法就是做一些模拟。律师操作一遍，把自己模拟成缉毒警察，怎么去扣押，怎么去封存，怎么开清单，让当事人签字，怎么去拍照，怎么去移送、保管、送检，全部做一次，就清楚了，特别简单。所以我经常讲，毒品的扣押、搜查和鉴定这个程序辩护是毒品死刑改判的一个利器，这一点只要一有问题，基本上这个死刑就适用不了了，不管数量多大。

最常见的情况，主要是证明，特别是毒品的检材不能被证明和涉案毒品是同一批，你有合理怀疑检材被调包、被换掉，或者被污染的时候，只要提出合理怀疑，法院就可能不适用死刑。上周我在重庆会见那个毒品犯罪死刑案子的当事人，有一个特别好笑的地方，关于毒品的重量，有 15 公斤、17 公斤、11 公斤三个数字，第一次扣押时称重和鉴定时称重，差了五六公斤，我说这不是一个正常的称量的误差，这个不符合情理，所以我说鉴定的毒品不能被证明是涉案的毒品，我的这个合理怀疑，最高人民法院觉得是有道理的。我们经常看扣押的时候，拍照的时候，送检的时候，都有不同的描述，包装不一样，颜色不一样，重量不一样，并且重量会越来越多，这是不符合情理的。

这种时候问题核心是毒品的检材和涉案毒品是否为同一批，如果不能确定，二审或者最高人民法院死刑复核时很可能会改判。涉案的毒品没有查到，没有经过鉴定，不管毒品数量多大，都不能适用死刑，这是司法解释的原则。凡是适用死刑的毒品案子，都要经过毒品的纯度鉴定，如果鉴定意见有合理怀疑不是在案的毒品，就不能适用死刑。这就是我刚才讲的湖南那个比较大的制造几吨冰毒的案子，破案以后那些警察特别高兴，没有拍照，也没有扣押清单，没有这些程序，找几个大卡车把那些混在一起，成品、半成品都混在一起，全部拉到一个仓库里去保存了，放到了几个仓库。后来检察院叫他补证据，补现场照片，厂房是空的，没有现场扣押，还把现场破坏了，这个案子后来导致不能适用死刑，很遗憾。这个是因为公安机关侦查的错误，留下了不可弥补的缺陷和遗憾。公安机关破坏了现场，类似于一个没有经验的侦查人员到了命案现场以后，把命案的全部脚印、指纹破坏了，导致无法认定被告人了，原理是一样的。这是一个很典型的例子，即使是几吨冰毒，同样涉及扣押程序不规范会有可能导致死刑改判。

以后我们要重视从搜查到鉴定的整个程序，开始讲的是从搜查的审批，包括特情的审批，再延伸的话，从毒品案子破案，从线索来源，特情的使用、技术侦查使用规不规范，毒品的扣押、拍照一直到后面的鉴定规不规范，其实这里面是一个特别长的环节。关于搜查到扣押这个程序完全可以讲一个专题，讲三个小时，有很多值得讲的。

八、毒品犯罪案件中的两类证据

我们接下来讨论一个毒品犯罪中特有的问题，清单和银行流水。这两个证据我们怎么用？毒品犯罪常用的通话清单和银行流水账单，在毒品犯罪中会大量出现，是毒案中特有的。很多律师不知道怎么去看这两个证据，打出来之后，卷里面特别多，就看着特别没意思。我们律师怎么用这两个证据？它其实是很管用的，不仅仅是通话清单，现在很多案子中还有 QQ 记录、邮箱、微信聊天记录，类似的通话记录等，案卷里面会有这些证据，特别在共同犯罪里面，作为锁定犯罪的过程。我们律师用的时候，怎么质证？辩护怎么使用？怎么样把它进行否定、反证，用这些证据来作为辩方证据？

最主要的是我们要把这个通话记录用于否定一些同案犯对我

当事人不利的指控，或者用于否定一些法院或者公诉机关对我当事人不利的认定，用通话记录是可以去否定的，就是这种宏观的思路。一般这种书证的效力会比较高，法院也比较容易采信，关键是你怎么样找到里面对你有利的一条通话记录，或者微信记录，或者聊天记录，就是要树立这种证据意识。

还有银行流水，很多时候公安机关把银行流水作为认定毒资流向，买卖毒品上家下家，共同犯罪里面毒品的流向的证据，特别是被告人不认罪的时候，他就通过银行流水，说被告人有大额现金不正常的出入。同案犯会有人指控你，指控证据很弱，银行流水清单就加强了法官的内心确信，认为要判你死刑，或者认为同案犯对你的指控是有道理的。

我们辩方怎么使用呢？我要讲的是流水清单，法院认定我贩毒之前，我银行流水有这么多钱，几百万，类似婚前财产一样，和贩毒是没关系的，我在贩毒之前，账上就有这么多钱的，同案犯指控我付了 100 万或者 50 万，我账上根本没这笔钱，或者数额不一致，就能否定同案犯对我的指控，或者否认检察机关的指控。因为这个书证，第一效力比较高，第二是控方提供的，只要能找出里面的亮点，法庭是很容易采信的。

银行流水和通话清单，很多时候法院打出来放在卷里面，是复印件，律师看不清楚，特别是打印以后时间长了，一般不那么清晰。我们律师以后会见被告人的时候，阅卷的时候，要注意挖掘这两个证据。挖掘出这个，辩护效力是很高的，它是书证，也是毒品案子中基本上必有的两个证据，所以提示大家重点注意通话清单和银行流水这两个证据。

九、毒品犯罪和其他犯罪的交叉

很多时候毒品犯罪会和"黄赌毒"犯罪进行交叉。娱乐场所贩毒，娱乐场所被捣毁，如天上人间，涉及毒品和黄交叉。和涉黑交叉，黑社会里面都涉及毒品，涉及集团贩毒，或者涉枪。这几种比较典型的毒品犯罪里面，我们要树立一个基本的意识，虽然涉黄、涉黑、涉枪这些犯罪本身是够不了死刑的，但是它会加大法院判处毒品犯罪死刑的可能性。所以说很多时候我们辩护涉及多个罪名，到最高人民法院的时候，虽然判死刑的是毒品的死刑，其他的涉黄、组织卖淫，或者涉枪，或者涉黑的罪名都没判死刑，和死刑没关系，但是为什么我们要辩护这些非死刑罪名？说实话，按照刑法总则理论，罪名判三年五年，就被死刑吸收了，不影响到最终刑罚的适用。虽然死刑把这些罪名吸收了，但是如果我们辩护的时候把这些涉黄、涉毒、涉枪的罪名辩得不成立，证据不足，把它打掉的话，很有可能会影响到死刑的改判，这些罪名的存在，会影响到法官的死刑适用。我们需要树立这么一个辩护的意识。

十、公安部挂牌督办的毒品案件辩护

最后再提一点比较有代表性的案件，上次我们讲的毒品案子中有种案子比较特殊，叫公安部挂牌督办的毒品案子。这种案子难度比较大，辩护的时候特别有意思，对律师的挑战和要求会特别高，和普通的毒品辩护是不一样的。公安部督办的案子，侦查时候的手段和普通案子不一样，他会采用特别的手段，技侦、特情、非法审讯，他是有很多特权的。在律师辩护的时候，包括法院对死刑的掌握，证据要求是降低的。法院对公安部督办的案子，证据差一点，也会核准死刑。所以对我们辩护律师来说，压力会更大。公安部目标毒品的案子，地方省公安厅缉毒总队和地方缉毒大队会采用一些手段去破案，破案了以后，为了让这个案子更大，他会采用数量引诱或者刑讯逼供，采用非法证据，在看守所之外审讯。这种案子律师要做无罪辩护是很难的，因为公安部挂牌督办，相当于说公检法这几家要配合办案，要配合给被告人搞死刑。这类案子，我们律师辩护的时候，思想上要把它想成不同于普通的毒品死刑案子。其实我们这么多年也只办过几个，接到这种案子的时候，我们辩护的思路不能按照常规套路，我希望律师能有这种意识。

我今天就讲到这里，谢谢大家！

王光坤　北京大成律师事务所顾问，中国政法
大学刑法学硕士。有四级法院工作经历，在最高人
民法院刑五庭工作 10 年，办理各类死刑复核案件、
请示案件数百件，参与调研起草毒品、走私、危险
驾驶等犯罪司法解释、规范性法律文件若干，作为
承办人起草《关于办理制毒物品犯罪案件适用法
律若干问题的意见》等。2016 年 7 月从最高人民
法院辞职从事律师职业。

05 王光坤
毒品类死刑复核案件中的律师业务

众所周知，毒品类死刑复核案件肯定离不开最高人民法院，
因为从 2007 年 1 月 1 日起，死刑复核案件的核准权都收归到最高
人民法院行使了，所以律师介入死刑复核案件肯定要通过最高人
民法院，这就需要我们的律师了解最高人民法院的工作流程、复
核死刑案件的情况，要有法官的思维，这是我讲座的一个出发
点。另一方面，毒品死刑复核案件和一般的暴力性犯罪的死刑复
核案件相比，有它自己的特点，所以作为律师，我们要对此采取
针对性的辩护措施，这是我讲的第二个角度。

这次讲座的主要内容有三块：第一部分简单介绍一下最高人

民法院复核死刑案件的情况；第二部分是律师介入死刑复核程序需要注意的几个问题；第三部分也是本次讲座的主要内容，毒品死刑案件的特点以及相应的辩护策略。

一、最高人民法院复核死刑案件的情况

（一）死刑复核庭的机构设置以及管辖划分

我们办理死刑复核案件还是要了解一下最高人民法院是怎么复核的。最高人民法院共有五个刑庭，主要是根据职责来划分管辖的，刑二庭主要负责全国范围内的涉外、涉港澳台、涉军职务犯罪、国家安全犯罪以及新疆全部案件。除去刑二庭以外，其他四个刑庭，一三四五主要是按照地区来对死刑案件进行管辖的，并且分时间轮换，现在最高人民法院的轮换时间一般是三年，最新的辖区是从去年年底才刚刚开始轮换的。从现在的管辖范围来看，刑一庭主要负责的是云贵川、重庆、西藏、上海、江苏、江西，刑三庭主要负责的是黑龙江、吉林、河北、广东、广西、海南，刑四庭主要负责的辖区是北京、天津、辽宁、山西、内蒙古、河南、湖北、湖南，刑五庭的辖区主要是陕西、甘肃、青海、宁夏、山东、浙江、安徽、福建，当然这个辖区的划分我们大家可以在网上搜到，这是一般的规定。还有一个例外的规定就是我们一般的内部所称的削峰填谷，就是说在一段时间内，如果某一个刑庭的案件比较多，而另外一个刑庭的案件比较少，这个时候最高人民法院内部有一种机制，就是将案件多的厅室的案子调到案件少的厅室，一般由立案庭来负责，这是办理死刑复核案件的情况。

另外在专项调研指导，出台司法解释方面，最高人民法院也是有分工的。比如说我们今天讲的毒品犯罪，出台毒品方面的司

法解释或者是毒品方面的纪要、批复之类的，一般都由刑五庭负责。大家可能也注意到了这个问题，就是一般由刑五庭的分管副庭长或者庭领导来出席新闻发布会。为什么呢？因为毒品方面是刑五庭来负责的，每个刑庭都有相应的划分。

至于各刑庭在调研指导方面的划分，刑一庭负责的是侵害妇女儿童权益类犯罪、环境犯罪、知识产权犯罪、生产假冒伪劣产品等；刑二庭负责的内容刚才我已经说过了；刑三庭负责的是涉黑、网络犯罪，比如最近比较火的网络诈骗、电信诈骗，将来出台相关的规范性法律文件就是刑三庭来负责；刑四庭负责的主要是重大责任事故犯罪、涉税犯罪；刑五庭负责毒品犯罪、走私犯罪、危险驾驶犯罪等。

（二）最高人民法院复核死刑案件的流程

最高人民法院的死刑复核案件一般都是各个省级高院报送的。一般死刑复核案件先是到法院的立案庭立案，立案以后有一个案号，立案庭会根据辖区划分，转到相关的业务庭室。业务庭内部各合议庭之间也有管辖划分，就是哪个合议庭管哪几个省，或某个省由几个合议庭来分管，然后按这个管辖把案件分到相应的合议庭。合议庭一般有四到五名同志，案件到合议庭以后，合议庭的审判长会指定某一个法官来具体承办案件。案件到了法官手里以后，一般是什么程序呢？法官先阅卷，根据案件的情况写出审查报告，这个报告是内部的文书，我们一般是看不到的。审查报告一般包括被告人、被害人的基本情况，一、二审的审理情况，复核认定的事实和证据，案件需要说明的问题，最后一部分是定罪量刑的意见。

在制作审查报告的同时，根据法律的规定，承办法官会对被告人进行提讯，这个提讯可以是当面提讯，就是说赴被告人所在

的看守所去提讯，也有可能是视频提讯。最高人民法院内部规定
的是如果被告人翻供或者案件比较疑难复杂，一般要求承办法官
去当地进行提讯。对于提讯内容，相关的司法解释是没有规定
的，但一般认为应该包括讯问被告人对一二审文书认定的事实证
据，对定罪量刑是否有异议，也包括承办法官在阅卷过程中发现
的有矛盾的地方，或者没有查清的细节，以及询问被告人是否有
检举揭发。在提讯完毕以后，承办法官会在审查报告中写明处理
意见，对事实清楚，证据确实充分，定罪准确，量刑适当的案
件，一般提出核准的意见；对事实清楚，证据确实充分，定罪准
确，但量刑不当的案件，提出不核准的意见；对事实不清，证据
不足的案件，也是提不核准的意见。承办法官在起草完审查报告
以后，一般要提交合议庭评议，合议庭根据法律规定，由三名法
官组成。除了承办法官以外的其他合议庭成员，在评议之前也需
要对案卷进行阅卷，写出阅卷意见。评议的时候也非常详细，一
般对案件的每个细节都会涉及，主要包括侦破经过、事实证据、
定罪量刑以及影响定罪量刑的各个情节。评议完成以后，由承办
法官起草评议报告、评议笔录和裁判文书。裁判文书起草以后，
一般是由审判长审批，报给分管的副庭长，分管副庭长审核以后
会拿出意见，再报给庭长审批。

　　另外，最高人民法院在内部还有一个设置，就是审判长联席
会议。如果庭领导认为对案件的定罪量刑有疑问，可以提交审判
长联席会议讨论。但这个组织并不是法定的组织，所以它形成的
意见最后是不具有强制性的。根据法律的规定，最高人民法院的
副院长也可以根据案件的情况提交刑事专业委员会讨论，必要的
时候还可以提请审委会讨论。刑专会和审委会的意见，合议庭是
必须执行的，根据《法官法》的规定，它们是一级的审判组织。

此外，最高人民法院对不核准的死刑案件，以及一些核准的死刑案件，如果认为案件疑难复杂，也有可能在报庭院领导同意之后，征求最高人民检察院的意见。

二、律师介入死刑复核程序需要注意的问题

（一）必须重视和利用好最高人民法院的相关规范性文件

规范性文件主要指的是 2015 年 2 月 1 日生效的最高人民法院《关于办理死刑复核案件听取辩护律师意见的办法》，这个办法是辩护律师介入死刑复核案件的重要依据和操作指引。为什么这么说？因为在最高人民法院收回死刑复核核准权以后，一直到这个办法出台之前，最高人民法院的案子很少有律师介入。为什么？因为律师介入死刑复核案件在当时是没有法律依据的，怎么操作也无从了解，怎么会见承办法官，怎么阅卷，怎么提交辩护意见，都不知道有什么途径。而 2015 年 2 月 1 日生效的这个办法，详细规定了辩护律师接受委托以后，可以有哪些权利，如何介入死刑复核案件，所以说从 2015 年 2 月 1 日这个规范性文件发布以后，现在最高人民法院的死刑案件有越来越多的律师介入了。

我今年上半年辞职之前所接待的律师，个人感觉就比之前的 9 年接待的律师总和还要多，可见这个规范性文件的作用。既然这个文件这么重要，我下面简单地说一下它具体是怎么规定的，当然我们大家办案的时候也必须要找来，认真学习，加以利用。这个规定非常简单，主要有 10 条，但非常重要。第 1 条主要规定了律师怎么了解案件情况，以前律师接受当事人的委托，也不知道怎么和最高人民法院打交道，不知道最高人民法院的案子到底由哪个审判庭审理，现在有了这条规定，辩护律师可以向最高人民法院的立案庭查询立案信息。但是这个规定还设置了条件，查

询的时候必须提供本人的姓名、律所的名称、被告人的姓名、案由以及报核的法院和案号。该办法规定，立案庭如果能够答复的，应当立即答复，不能立即答复的，比如案件比较多，可能一时查询来不及，应当在两个工作日内答复，答复的内容主要是案件是不是已立案，以及案件所在的刑事审判庭。

第2条规定了律师提交委托手续和辩护意见的期限，分别是接受委托之日起三个工作日，一个半月，这是对律师提的要求。因为最高人民法院的死刑复核案件比较多，律师提交了委托手续之后，如果迟迟不提交辩护意见，也会影响最高人民法院复核死刑案件的效率。

第3条规定了律师提交委托手续、辩护意见、证据材料，可以由高级人民法院转交或者由最高人民法院的立案庭转交。这针对什么情况呢？针对的主要是死刑复核案件还没有报到最高人民法院的时候。

第4条到第8条主要规定的是律师的权利。律师有什么权利？查阅、摘抄、复制案卷的材料，向承办法官当面反映意见。以前，最高人民法院的承办法官可以说律师介入没有依据，但现在这是律师的权利，如果律师提出来，最高人民法院的法官都是会接待的。

第7条的规定也很重要，就是当面听取辩护律师意见时，应当制作笔录，由辩护律师签名后附卷。辩护律师提交相关材料的，应当接收并开列收取清单一式二份，一份交给律师，一份附卷。这个开列清单，律师不要忘记收取，因为这个书面材料就可以证明律师已经会见过承办法官，并提交了辩护意见。因为死刑复核程序不像一二审程序要开庭审理，当事人是不知道律师有没有做相应的工作的，有这个书面的材料，至少证明律师已经做了相应的工作。

第 9 条规定了律师接收最高人民法院裁判文书的权利，是这样规定的，复核终结后，受委托进行宣判的人民法院应当在宣判后五个工作日内，将最高人民法院的裁判文书送达辩护律师。

第 10 条规定了这个办法的生效日期，也就是 2015 年 2 月 1 日。除了规定了律师介入死刑复核程序的条件、权利，这个办法还规定了相关审判庭的联系方式以及通讯方式，从刑一庭到刑五庭，还有一个审监庭。大家可能有疑问，为什么会有审监庭的联系电话？这个情况主要是这样，判处死刑缓期两年执行的被告人，如果在缓刑执行期间故意犯罪，被判死刑的，这种案件的死刑复核由审监庭负责，所以说审监庭也承担了一部分的死刑复核任务。另外，如果其他五个刑庭在复核死刑案件的时候案件太多，审监庭也可能会承担一部分死刑复核案件的工作，所以就一起公布了审监庭的联系方式。

（二）死刑复核案件的辩护律师应该更积极主动

因为一审二审，死刑案件一般是强制辩护，走什么程序都是由法院通知，而死刑复核案件在审理的时候，如果律师没有提交委托手续，法官是不知道这个案件有没有律师介入的。最高人民法院的死刑复核案件也是有内部的审限的，所以法官在审理案件过程中也不会专门为了了解某个案子有没有律师介入，而等待律师提交辩护手续、辩护意见，所以这就需要我们辩护律师接到委托以后，第一时间与最高人民法院的相关业务庭室联系，告知被委托的情况，这样就不会出现最高人民法院的死刑复核案件已经审结，律师的委托手续才提交到最高人民法院的情况。

另一方面，刚才说这个办法第 9 条虽然规定了送达的情况，就是说复核终结后，受委托的法院应当在宣判后五个工作日内，将最高人民法院的裁判文书送达辩护律师，但我了解个别法院执行得不是特别好，宣判执行以后，辩护律师迟迟收不到裁判文书，导致被告人亲属已经知道了，被告人已经被执行死刑很久了，但是这个辩护律师还不知道。这肯定会影响委托人对辩护律师的满意度，所以这也需要辩护律师在平时与最高人民法院的承办法官联系沟通，这也是主动性的一种体现。

（三）律师如何做好死刑复核案件的辩护

1. 应该全面阅卷

阅卷是非常重要的。最高人民法院非常重视案件的阅卷，在最高人民法院刚收回死刑核准权的时候，要求承办法官、合议庭成员每个人都要做阅卷笔录。只不过由于后来案件比较多，这个内部的规定就变成了非强制性要求，但是也建议承办法官要做阅卷笔录，因为只有细致的阅卷，才有可能发现案卷中存在的问题，而决定死刑案件被告人生命的往往是这种小的细节，比如说关键证据的 DNA 鉴定中存在重大瑕疵。我原来就遇到过这种案子，被告人是故意杀人案件中的一个被告人，这个案子的关键证据是 DNA 鉴定，现场的血迹检出是被告人所留，但是这个被告人是个男的，而 DNA 鉴定的性别染色体上检出了一个女性，哪怕其他方面是正确的，我们也足以有理由怀疑其他鉴定结论是不客观、不真实的，因为这一个小小的细节。而最高人民法院的死刑复核程序是最后一道程序，如果再做 DNA 鉴定，也无法质证，所以这个案件后来就被发回重审了。

这个细节是怎么被发现的？就是通过细致的阅卷才能发现的。对我们律师来说，这个要求也是一样的。不阅卷，无从发现案件证据与证据之间的矛盾，证据与证据之间的关系，所以说全面阅卷是辩护的基础，不进行全面阅卷，就不能达到有效辩护的效果。所以这里就建议律师在阅卷的时候还要把所有的案卷材料全面复制，有的律师去阅卷，可能就复制一下被告人的供述，或者主要证人，同案被告人的供述，有些他认为不重要的证据就忽略了。其实每个证据可能都很重要，小问题往往就是让人不重视的证据，比如被告人的提讯证等等，可能都会起很大的作用。

2. 辩护意见有针对性，不要泛泛而谈

这主要是从法官的角度去谈这个问题，因为我原来在办案的时候也看过很多份的辩护意见，当然有的辩护意见写得非常好，但很多辩护意见没有达到有效辩护的程度。为什么呢？因为可能是走形式，可能是泛泛而谈，提一些大家都知道的内容，比如被告人是初犯，没有前科，归案以后认罪态度好，这些东西是可以提的，必须要提，但是如果只有这些东西，不谈其他的案件事实证据存在的具体问题，这种辩护意见可能很多法官看都不会去看，直接就扔到一边了，因为对他办案没有任何帮助。法官喜欢什么样的辩护意见呢？根据这个案件事实、证据，能提出一些有法律依据的结论的辩护意见。所以说律师提辩护意见的时候，还要有相应的依据，既要具体，还要有依据，有依据才能让人信服，才能打动法官。其实法官并不一定是要对被告人处以重的刑罚，但是他在处理案件的时候必须要有依据，没有依据，就无从下判。所以律师和法官的工作，我认为是一种相互配合的关系，律师去帮助法官处理案件，这个可能是比较科学的关系，这种辩护意见才可能达到最终的辩护效果。

3. 搜集最高人民法院公布的不核准的案例以及一些权威性出版刊物刊载的案例

因为最高人民法院有五个刑庭，都负责死刑复核案件，但是庭与庭之间办理死刑复核案件是相互独立的，这个时候就难免出现在个别案件死刑复核标准上不会完全统一。我们辩护律师平时在工作中要多搜集这方面的不核准的案例，如果自己办理的案件也有类似的情况，尽管案与案之间是不完全相同的，也完全可以提交给法官，供法官参考。其实这个问题不仅仅在死刑复核案件中存在，在其他的案件中也存在。我们最近比较时髦的就是大数据，大数据在律师业务中的运用。前一段时间还有人谈机器人要代替律师，我个人认为一定时间内是不可能的。但是律师完全能够利用好这个大数据，利用好这个机器人，来为自己服务。

4. 多了解一些最高人民法院内部掌握的裁判规则

这个裁判规则不属于法律规定，也不属于司法解释，更不属于规范性法律文件，但是在办案中会用得到。比如民间矛盾激化引发的案件，最高人民法院一般是会做民调工作的；还比如对抢劫类案件，一般不要求做民调，但是如果被告方与被害方达成和解的话，最高人民法院在量刑上也是会考虑的；再比如杀死一名被害人，一般情况下是不核准两名被告人死刑的，当然这说的是一般情况；再比如对一案报核多名被告人死刑的，会非常严格地分析确定各被告人之间的地位、作用，在都是主犯之间，在地位和作用上再进一步地作出区分，看是谁大谁小，而不是说都认定主犯，笼统地都杀掉。所谓知己知彼，百战不殆，我们律师代理死刑复核案件，肯定要和最高人民法院打交道，了解这些东西，就能为律师的工作提供很多参考。

三、毒品死刑复核案件的特点以及辩护策略

（一）毒品死刑复核案件的特点

我认为毒品犯罪案件主要有四个特点：第一个特点就是毒品死刑复核案件的数量占死刑案件数量的比例近年来是越来越高的。之前最高的是杀人和抢劫，现在毒品死刑复核案件的数量逐

年增加，有接近和赶超杀人案件的趋势。第二个特点是毒品案件除了适用刑法的规定以外，在实务中更多的依据是司法解释和规范性法律文件。有的人说毒品犯罪很简单，刑法规定就这几个法条，走私、贩卖、运输、制造、非法持有、容留他人吸毒。我说你错了，刑法规定得非常简单，但实务中的情况是千差万别的，而实务中可能真正起关键作用的还是一些规范性法律文件。对我们律师来说，我们在办理案件的时候更多的是要重视这些规范性法律文件的运用。第三个特点是很多毒品犯罪案件是没有查获毒品实物的。因为毒品犯罪高度隐蔽，它和其他的犯罪还不一样。杀人案件，人被杀死以后，是有尸体，有现场的，毒品犯罪交易完了以后，吸食过了以后什么都没有，所以说很多毒品案件是没有查获毒品实物的。包括现场查获毒品实物的案件，被告人也会供述之前贩卖或运输毒品的情况，这些事实怎么来认定？要不要认定？主要是依靠言词证据来定案。怎么来审核认定言词证据的效力，对毒品案件来说是非常重要的。第四个特点，毒品案件和暴力犯罪是不一样的，它和暴力犯罪的证据标准不一样。有人说毒品犯罪案件的证明标准低，的确是低，但是它仍然还是要坚持事实清楚，证据确实充分这个《刑事诉讼法》规定的证明标准。

　　下面我就把这几个特点先展开说一下。第一个特点是毒品死刑案件的数量占死刑案件的数量的比例越来越大，全国在册吸毒人员大约有几百万吧，加上没有统计在内的，我去年的时候听过一个权威领导的讲话，是有两三千万人。而近年来，毒品的制造成本越来越低，特别是冰毒，这就导致了贩卖、运输单起毒品的数量越来越多，所以相对其他犯罪来说，毒品犯罪被判重刑的概率是非常大的，重刑一般指的是5年以上有期徒刑、无期徒刑、死刑。相应的最高人民法院核准毒品死刑案件的数量也是一提再提，从 2007 年收回的时候是三五百克，逐渐提到一千克，今年又提到两千克，在个别省份是四千克，个别地区是五千克，版纳地区是五千克。为什么？因为毒品案件太多了，如果数量少都要判死刑的话，可能要杀很多人，所以数量逐渐上提。毒品犯罪对家庭对社会都有很大的损害，我们每个辩护律师也是社会的一分子，都应该与毒品犯罪做斗争。但是另一方面，毒品犯罪被告人的合法权益也应该得到维护，毒品犯罪案件，对我们刑辩律师来说也是很大的一块业务。

第二个特点我想谈的是实务中的操作依据，除去《刑法》这 11 个条文以外，实践中操作更多的是规范性法律文件，也就是说毒品纪要、批复、司法解释。关于毒品方面专门的会议纪要，最高人民法院总共出台过三个，分别是 2000 年的"南宁会议纪要"和 2008 年的"大连会议纪要"以及去年的"武汉会议纪要"。这三个会议纪要大家可能会问怎么适用呢？是"武汉会议纪要"出来以后，前面的会议纪要都废止了吗？法律、司法解释没有具体的规定，这个纪要中也没有提到。我们认为 2000 年的"南宁会议纪要"和 2008 年的"大连会议纪要"仍然适用，但是对同一个问题，如果新的毒品会议纪要有不同规定的话，应该适用新的纪要的规定。

这里我举一个简单的例子，比如针对吸毒者在购买、运输、存储毒品过程中被抓获，如果没有证据证明吸毒者实施了其他毒品犯罪，查获的毒品数量大的，根据"南宁会议纪要"的规定，都要以非法持有毒品罪来定罪，哪怕是运输，也要定非法持有。但后来"大连会议纪要"对此作了修正，它认为如果没有证据证实其是为了实施贩卖等其他毒品犯罪行为，查获的毒品数量达到较大以上，应以其实际实施的毒品犯罪行为定罪处罚，也就是说如果当时实施的是运输毒品，就应该定运输毒品罪。而"武汉会议纪要"对此进一步明确，它规定的内容是吸毒者在运输毒品过程中被查获，没有证据证明其是为了实施贩卖毒品等其他犯罪，毒品数量达到较大以上的，以运输毒品罪定罪处罚。都是同一个行为，"南宁会议纪要"规定的是非法持有毒品，"大连会议纪要"和"武汉会议纪要"规定的是运输毒品。所以我们现在再遇到这种情况的时候，肯定是适用新的会议纪要的内容。但是如果说"武汉会议纪要"没有规定的特情的情况，"南宁会议纪要"中有规定，我们就仍然适用"南宁会议纪要"的规定。

第三个特点我简单说一下，很多案件是没有查获毒品实物的，怎么来认定呢？就是依靠言词证据，主要靠被告人的供述，同案被告人的供述，以及购买毒品的下家证人的证言印证情况来定案。但这里面涉及毒品已经被销毁掉了，毒品数量怎么来认定，毒品含量的问题，被告人供述是否合法，是否规范，怎么进行审查判断。还有实务中我们所说的就低认定，这个就低是怎么就低？在下面的策略里面我们会谈到相应的内容。

第四个特点就是刚才说的毒品犯罪案件不同于暴力犯罪的证明标准，暴力犯罪一般指的是杀人抢劫这种，它的证明标准现在一般认为是排除一切合理怀疑，哪怕是被告人认罪，没有上诉，认定他杀人或者抢劫的事实清楚，证据确实充分，但是如果有其他情节的，也有可能不核准被告人死刑。比如我曾经做的一个案子，这个案子是河北的一个案子，被告人杨某某抢劫杀人，一审判了死刑，宣判以后他没有上诉，二审很快同意判死刑，报到最高人民法院核准。我在审查这个案子的时候发现，被告人和被害人都是传销人员，当时就住在一个三室一厅的房间内，当时房间里还有其他几名传销人员，作案时间是凌晨1点钟。后来公安人员询问同室的，同住一个房间的其他人员有没有看到被告人作案，他们都说没有看到，太晚了，全都在睡觉，都没有看到。而本案有一个关键证人看到了被告人作案，他住在隔壁一个房间，他说他听到有声音，凌晨起来了，在门口看到被告人在墙角持刀捅刺被害人。而现场勘验笔录，现勘图片记载的内容是被害人的确是在墙角被捅死的，就是墙角有很多喷溅的血迹，但是有一个细节，就是这个目击证人的衣服，他穿了一件黄色的外套，上面有喷溅的血迹，他说是被告人逃跑的时候蹭到他身上的，他就把衣服脱下来扔到了客厅里。后来公安机关也提取了这个外套，但是由于认为这个外套和本案关系不大，也没有送检。

　　我在阅卷的时候就发现了这个问题，他的外套上的血迹是喷溅的血迹，不是他供述的被告人擦蹭的血迹，而他是在门口看到的被告人作案，被告人在墙角作案，墙角的血迹是喷溅不到门口的。他这个衣服上的血迹是怎么来的？现在没有证据证实，事实不清。还有一个细节，就是报核死刑的被告人和这个目击证人曾经是狱友，就是在一个监狱里一起服刑过。根据这些情节，足以让人怀疑这个目击证人有没有作案。后来提讯被告人的时候，被告人始终否认，说这个案子就是他一个人做的，没有任何问题。但我们认为这个疑点是不能排除的，什么疑点呢？这个目击证人也可能参与作案。如果这个案子还有其他共同被告人，如果遗漏了被告人的话，也属于错案，哪怕是将来认定被告人的作用更大，核准他死刑没有任何问题，也是一个错案，所以这个案子就发回重审了。从这个案子就可以看出，杀人案件，死刑复核案件的标准是排除一切合理怀疑，它的证明标准是最高的。而毒品犯罪案件就和杀人案件不一样，它的证明标准相对低一些。为什么呢？因为一般毒品犯罪的隐蔽性是非常强的，一般是贩毒者和吸毒者交易，没有人看到，吸食以后，毒品就已经消费掉了，也没有证据证实，特别是既往犯罪事实，主要靠言词证据来定案，除非现场查获的那些，所以说毒品犯罪案件一般不会出现杀错人的情况。一般定罪没有问题，只是数量认定多认定少，怎么认定，这方面有问题。对被告人既往的犯罪事实没有查获毒品实物的，怎么来认定？这一点要求和其他的暴力犯罪的死刑复核案件的标准是不一样的。

（二）毒品死刑复核案件的辩护策略

针对毒品死刑复核案件的几个特点，我谈一下相应的辩护策略。我自己归纳了十个方面，第一个是针对毒品进行辩护，第二个是针对毒品的提取、扣押、称量、取样、送检进行辩护，第三个是针对侦破过程进行辩护，第四个是针对吸毒者在购买、运输、存储毒品过程中被查获进行辩护，第五个是针对毒品犯罪的既遂未遂进行辩护，第六个是针对毒品犯罪行为性质进行辩护，第七个是针对个人犯罪还是共同犯罪进行辩护，第八个是针对没有查获毒品实物的既往犯罪事实认定进行辩护，第九个是针对被告人供述，系非法取得或者不能排除非法取得可能进行辩护，第十个是针对被告人在共同犯罪中的地位作用进行辩护。

1. 针对毒品进行辩护

因为毒品的种类是非常多的，多种多样，一般不是专业人士，根本不了解一种化学药品是毒品还是非毒品。我们一般掌握的有两个目录，也就是《麻醉药品品种目录》和《精神药品品种目录》，这两个目录总共有近两百个品种。这两个目录中列入的品种，如果被滥用，在吸毒人员之间交易就可能构成毒品犯罪。目录中所列品种并非全是我们常见的，我们常见的一般就是冰毒或者海洛因或者麻古、K粉，但是潜在的毒品种类是非常多的。

如果列入这两个目录的物品被滥用，构成犯罪的话，怎么来量刑？有一个非法药物折算表，折算成海洛因的数量，来进行针对性的量刑。除了这两个目录以外，还有一个目录，那就是《易制毒化学品的分类和品种目录》，列入这个目录的，就有可能构成制毒物品的犯罪，非法买卖制毒物品罪。

比如今年上半年有一个省份遇到过这种情况，制造氯麻黄碱是不是构成制造毒品罪？这种案子在当地非常多。首先氯麻黄碱这个物质是没有被列入精麻药品目录的，也没有被列入易制毒化学品目录，所以它肯定不属于毒品。尽管公安部研究所有一个规定，认为氯麻黄碱构成毒品，但是最高人民法院应该是不认可的，一般认可的就是列入精麻药品目录的东西才属于毒品，没有列入的不能认为是毒品。所以说制造氯麻黄碱不会构成制造毒品罪，但是如果说制造氯麻黄碱的前期成分，比如说麻黄碱是你买来的，有可能构成非法买卖制毒物品罪，这是可以认定的，但是不能定制造毒品罪。所以说遇到新型毒品方面的案件，要看这个目录，有没有列入目录，怎么折算的，这是一个前提。

另外针对不同种毒品，有不同的量刑标准，最严厉的就是我们常说的冰毒，也就是法律意义上的甲基苯丙胺，还有海洛因，它们都是最严格的。往下面差一些的就是甲基苯丙胺片剂，也就是麻古，这个量刑标准，"武汉会议纪要"规定的是2:1，实务中可能操作的是2到3倍。但对麻古的定罪量刑标准也存在一个认识的过程，之前的时候麻古也是鉴定药丸，鉴定出成分是甲基苯丙胺，一般就按甲基苯丙胺来定罪量刑，而这个麻古的数量可能还很大，就导致量刑的不均衡。因为麻古的含量一般是在20%以下，甲基苯丙胺的含量是非常低的，它对人体的损害和成瘾性肯定和甲基苯丙胺晶体是不一样的，所以在量刑的时候也应该有所区分。这次"武汉会议纪要"进行了明确的规定，规定的是2∶1。

还有一种常见的毒品就是氯胺酮，在实践中一般称作 K 粉，它以前的比例是20∶1，现在"武汉会议纪要"也做了调整，调整成10∶1。因为什么呢？因为氯胺酮的社会危害性非常大，人吸食了以后容易致幻，可能对自己的行为控制能力会减弱，很容易引发其他杀人或者伤害的案件，所以对氯胺酮的犯罪要严厉打击，"武汉会议纪要"规定了10∶1。

关于毒品的辩护，我还想提一点，就是毒品纯度。毒品的纯度对毒品案件的量刑是有影响的，虽然现在来说，不要求纯度折算，但是在1997年《刑法》修改之前，最高人民法院的规定是海洛因是有纯度折算的，按5%的含量进行折算，没有达到这么多的话，要折。但是后来1997年修改《刑法》的时候，公安部门是反对这个意见的，认为他们很多县级公安机关没有这个鉴定能力，所以说后来1997年《刑法》就修改成毒品的数量以查证属实的走私、贩卖、运输、制造、非法持有毒品的数量计算，不以纯度折算。查获多少就是多少，不以纯度折算。但是毒品不同的纯度，对量刑还是有影响的。不同纯度的毒品，对社会的危害性，对人的损害也是有差异的，所以在量刑的时候也应当考虑。但现在考虑，应该是量刑档次内的考虑，即使含量低，一般也是在相应的量刑幅度内考虑，因为《刑法》规定，如果法定刑内量刑明显有失公正的话，可以考虑在法定刑以下量刑，并报最高人民法院核准。但是这种毒品纯度一般是不允许法定刑以下量刑的，这也是为了体现对毒品的严厉打击。但这个麻古也就是说甲基苯丙胺片剂它的含量是按冰毒的两倍来掌握的，在实务中有"武汉会议纪要"的支持。

下面我说一个案例，这个案例中，被告人贩卖的就是麻古。

2012 年 3 月的时候，被告人张某刑满释放后，贩卖甲基苯丙胺片剂给徐某某等人 3000 多粒，重约 268.2 克，这是一笔，这一笔是没有查获毒品实物，主要靠言词证据来认定的。下一笔是 2012 年 4 月，张某乘飞机到昆明联系买毒品，然后和他人商量，将毒品邮寄至他所在的城市。同月 20 日，张某在邮局领取邮包时被公安人员抓获。公安人员从邮包内查获张某购买的甲基苯丙胺片剂 6000 粒，重量是 532.92 克，以及替他人领取的甲基苯丙胺片剂 1.4 万粒，重约 1200 多克。另外还有一个情节，张某是毒品的累犯和再犯。这个案子一审的时候，认定张某贩卖毒品 801.12 克，非法持有毒品 1200 多克，以贩卖毒品罪判了张某死刑。

这个案子我简单交代一下，一审认定的事实里面有一部分说他代别人领取的甲基苯丙胺片剂 1.4 万粒，他自己供述说是上家给他毒品的时候，交代他其中有一部分是卖给别人的，不是卖给他的，让他领取毒品以后再转交给其他人，但他没有提供这个人的姓名和联系方式，所以一审法院认为这个行为构成非法持有毒品罪。由于上诉不加刑，二审法院虽然认为这 1200 多克，一审认定的非法持有毒品罪应该认定成贩卖毒品罪，但是也没法去改，后来也是以张某贩卖毒品 801.12 克，仍然判处张某死刑，报最高人民法院核准。

最高人民法院复核的时候发现这个毒品是麻古，也就是说甲基苯丙胺片剂，认定的数量是 801.12 克，当时当地掌握的毒品死刑数量是 1000 克，就说这 800 多克是低于当地判处死刑数量标准的。但是张某是累犯和再犯，所以就判了他死刑。后来这个案子评议的时候，我们认为这样是不合适的。不合适的原因是什么呢？第一，他贩卖数量是 800 多克，没有达到当地判处死刑的数量标准。第二，他贩卖的是麻古，社会危害性比冰毒小。根据

"武汉会议纪要"的规定，掌握的数量标准，麻古是冰毒的两倍，所以这个案子后来就没有核准张某的死刑。

我举这个例子主要是讲毒品的含量对被告人量刑的影响，所以我们在辩护的时候，首先注意一下被告人走私、贩卖、运输的到底是什么毒品，有没有纯度鉴定，有没有含量鉴定。

2. 针对毒品的提取、扣押、称量、取样和送检进行辩护

这一部分主要来源于今年7月1日两高一部生效的一个新的规范性法律文件，也就是《办理毒品犯罪案件毒品提取、扣押、称量、取样和送检程序若干问题的规定》，今年7月1日新实施的。我个人认为这个规定是非常重要的，对辩护律师来说应该重视起来，要加以学习使用。因为以前没有这个规定的时候，公安机关在毒品的扣押、称量、送检方面存在好多问题，但是法律没有明确的规定，有的时候律师提出来也没有依据。现在好了，现在怎么提取，怎么称量，怎么送检，都有强制性规定，所以说这就是司法机关赋予辩护律师的一个新的武器。

如下的几方面我个人认为比较重要：

第3条规定了人民检察院、人民法院办理毒品犯罪案件，应当审查公安机关对毒品的提取、扣押、称量、取样、送检程序以及相关证据的合法性。毒品的提取、扣押、称量、取样、送检程序存在瑕疵，可能影响司法公正的，人民检察院、人民法院应当要求公安机关予以补正或者作出合理解释。经公安机关补正或者作出合理解释的，可以采用相关证据。下面注意，不能补正或者作出合理解释的，对相关证据应当依法予以排除，不得作为逮捕、提起公诉或者判决的依据。大家应当知道这条规定的重要性。

第13条规定了怎么称量，规定内容主要是称量应当在有犯

罪嫌疑人在场，并有见证人的情况下进行。其实这个规定出台之前，有些地方做得是非常不规范的，就是毒品在称量的时候，没有被告人在场，甚至都没有称量笔录，有的地方以上缴毒品单据来确定查获毒品的数量，还有的省份也没有称量笔录，更别说被告人在场见证的情况，他是在毒品鉴定意见中，对毒品的含量作出鉴定的同时，指出扣押的毒品是多少克，这样其实也是不规范的。鉴定中的毒品是怎么称量的？被告人当时在不在场？是否认可？都存在这些问题。但是以前没有这个规定，律师提，效果也不是很大，现在有这个规定了，必须有被告人在场。

第22条，在查获毒品的现场或者公安机关办案场所取样的，应当在有犯罪嫌疑人在场，并有见证人的情况下进行。取样也要有被告人在场。

第29条规定的是对取样后剩余的毒品及包装物怎么处理的问题，以前法律没有具体的规定，可能就销毁了。但这个办法规定了，不起诉决定或者判决裁定发生法律效力后，方可处理，就是案件没有最后作出结果之前，司法机关是不能处理的。这就为毒品重新鉴定提供了条件，以前的毒品可能公安机关侦查终结以后，就上缴了或者处理了，对含量有异议，想申请重新鉴定都没有条件。现在这个规定为重新鉴定提供了条件。

第33条是关于毒品含量鉴定的规定，它有新的内容。除了以前我们都知道的毒品死刑案件肯定要做含量鉴定，这个办法里面又提出了新的规定，第2项规定查获的毒品是液态、固态混合物或者是毒品半生品的，要做毒品含量鉴定。还有查获的毒品可能大量掺假的，也要做，以及查获的毒品是成分复杂的新类型毒品，且犯罪嫌疑人、被告人可能被判处7年以上有期徒刑的，都要做含量鉴定。其实做含量鉴定对律师来说是有利的，如果含量鉴定做出来以后，含量比较低，可能在对被告人的量刑上就会有所体现。所以辩护律师在遇到符合鉴定条件的情形时，一定要申请对毒品的含量进行鉴定。

　　3. 针对侦破过程进行辩护

　　侦破过程主要指的就是有没有特情，以及特情介入对毒品犯罪案件量刑的影响。毒品犯罪案件和其他的犯罪案件是不一样的，区别就在于毒品犯罪案件的隐蔽性非常强。使用特情不仅仅是中国存在的行为，在国际上也是一个通例，使用特情侦破毒品犯罪案件，是没有任何问题的。但如果说存在特情引诱就有问题了，就会对被告人的量刑产生影响。所以我们在辩护的时候也要注意审查被告人犯罪案件是怎么被侦破的，有没有特情介入的因素，特别是有没有犯意引诱，有没有数量引诱。

　　下面我说一个案例，这个案例是 2005 年发生的，2005 年 3 月 8 日下午，周某某和吴某某携带毒资到云南省昆明市某地，即被告人王某某、刘某某（两人是夫妻关系）的租赁房内购买毒品。王某某以每克 150 元的价格贩卖给周某某和吴某某海洛因 180 克，这案子有两笔事实，这是第一笔。第二笔是 2005 年 3 月下旬，周某某和被告人王某某电话联系购买毒品，约定了毒品的数量和价格，并委托其女友吕某某带四川老板，这个四川老板就是公安人员，到王某某的租赁房内，被告人王某某将毒品交给四川老板后，跟着吕某某出去取钱的时候，被公安人员抓获，当场查获海洛因 408 克，这个案子总共涉及的毒品数量是 500 多克。这个案子是最高人民法院 2007 年复核的死刑案件，因为当时该省的毒品死刑数量标准是 500 克，这个案子是 588 克，已经超过死刑数量标准了。

　　这个事实里面周某某和吴某某，就是下线，当时已经因毒品犯罪被公安人员抓获，他们是为了立功，主动给王某某打电话联系购买毒品，当时提出了买多少克。后来公安人员就安排这个所谓特情去和被告人王某某进行交易，交易的时候毒品也被查获了。这个案子就涉及有特情介入的死刑复核案件如何准确对被告人进行量刑的问题。这个案子当时是这么分析的，虽然查获的毒品加上他认定之前的贩毒数量超过了判处死刑的数量标准，但是第二起 408 克是根据对方要求准备的数量，存在数量引诱的问题，没有犯意引诱的问题，因为王某某本来就是一个贩毒人员，并且该起犯罪行为是在公安机关的控制之下，毒品被当场查获，没有继续流入社会，社会危害程度有所减轻，所以没有核准王某某的死刑。

关于特情的问题，在 2000 年的"南宁会议纪要"和 2008 年的"大连会议纪要"里面也作出了规定。我们平常在办理毒品案件的时候也要重视，加以利用。"南宁会议纪要"规定了什么是犯意引诱，什么是数量引诱，对被告人在特情引诱下实施了数量较大，甚至达到判处死刑数量的毒品犯罪，要从轻处罚。即使超过判处死刑的数量标准，一般也不会核准死刑。"南宁会议纪要"还有一个比较重要的规定，有特情介入，查不清楚是不是数量引诱或者犯意引诱，对被告人判处死刑立即执行的时候也要留有余地，也就是说一般不判处死刑立即执行。"南宁会议纪要"还规定了一个我们辩护时可能经常会用到，但是不一定会引用的规定，它规定的是因特情介入，犯罪行为一般都在公安机关的控制之下，毒品一般不易流入社会，其社会危害程度大大减轻，这在量刑时应当加以考虑。就是说控制下交付，这种情况也是非常多见的。这种情况一般要对被告人考虑从轻处罚，这是有法律依据的，就是"南宁会议纪要"的相关规定。这就是我们辩护律师在辩护时的一个辩点。但是关于特情的问题，除了"南宁会议纪要"的规定以外，"大连会议纪要"也做了进一步的规定，它除了重申"南宁会议纪要"的内容以外，还做了新的规定，就是说对持有毒品代售，或者有证据证实已准备实施大宗毒品犯罪者，采取特情贴靠、接洽而破获的案件，不存在犯罪引诱，应当依法处理。也就是说有特情介入，不一定会从轻，根据"南宁会议纪要"的内容，是不能排除有数量引诱或者犯意引诱的情况才考虑从轻处理。

4. 针对吸毒者在购买、运输、存储过程中被查获进行辩护

刚才我说了，这种行为，纪要有不同的规定，"南宁会议纪要"当时规定的是以非法持有毒品罪来定罪，但"武汉会议纪要"和"大连会议纪要"规定的是针对运输行为，在运输过程中被查获，如果没有证据证明是为了实施其他毒品犯罪，毒品数量达到较大以上的，以运输毒品罪来定罪处罚。但它和一般的运输毒品行为还是不一样的，一般的运输毒品行为，我们《刑法》第347条规定的是一般的走私、贩卖、运输、制造无论数量多少，都应当追究刑事责任，予以刑事处罚，是没有规定数量的，而这个会议纪要规定，如果吸毒者是在运输过程中被查获的，虽然定运输毒品罪，还是有一个条件，就是毒品数量达到较大以上，这和一般的运输毒品犯罪还是不一样的。所以说对我们律师的启发就是如果遇到这种运输毒品犯罪案件，要考虑犯罪嫌疑人或者被告人是否是吸毒者，他运输毒品是不是为了自己吸食，或者有没有证据证实其实施了其他的毒品犯罪，如果没有证据证实其实施了其他毒品犯罪，构罪条件是要求毒品数量达到较大以上的。

5. 针对毒品犯罪的既遂和未遂进行辩护

关于这个既遂和未遂的问题，法律没有具体的规定，包括司

法解释、会议纪要都没有谈，但是在学术界始终谈论得比较多。首先毒品犯罪是存在既遂、未遂的，既遂、未遂问题其实在最高人民法院制定"武汉会议纪要"的时候，也考虑要进行规定，但是后来考虑到争议比较大，什么情况下既遂，什么情况下未遂，特别是在现在的情况下，就是毒品犯罪往往是所谓的抓现行，交易的时候被抓获，所以说公安机关这边可能考虑得比较多，后来"武汉会议纪要"也没有提。但是一般来说，有些特殊的情况还是可以认定构成未遂的。构成未遂，会对被告人从轻处罚，比如制造毒品犯罪，没有制造出毒品，毒品半成品也没有制造，就没有制造出来，这种行为一般就认定成未遂。制造出毒品或者制造出毒品半成品，构成既遂。

还有贩卖毒品行为如果双方约定了交易地点，买方还没有到达约定的交易地点，比如在另外一个城市被抓获，这样一般就认为是未遂，但是卖方由于已经买得毒品，他是为了卖而买，他贩卖毒品的行为包括购买毒品的行为，所以说他构成既遂。但是实务中也是有争议的，有争议不怕，但是可能对犯罪嫌疑人被告人从轻的情节，辩护律师还是应该提出来。你提出来，司法机关可能才会考虑，你不提，他们可能就不会考虑。

6. 针对毒品犯罪行为的性质进行辩护

我谈的主要是对非法持有毒品的行为。单纯非法持有毒品的行为不一定构成非法持有毒品罪，也有可能构成走私、贩卖、运输毒品罪，或者构成窝藏毒品罪。为什么会有这多种可能？就是因为非法持有毒品行为并不是非法持有毒品罪所特有的，其他的毒品犯罪，刚才我所说的走私、贩卖、运输或者窝藏毒品罪，也可能有非法持有的一种状态。这种持有状态如果根据查获的证据能够证实是为了走私、贩卖、运输或者窝藏而持有，肯定构成这些罪，不认定是非法持有，只有在查获的证据不能认定上述毒品犯罪的情况下，才会对被告人认定非法持有毒品罪。对此，"南宁会议纪要"也有具体的规定，它规定非法持有较大数量毒品，没有证据证实实施了走私、贩卖、运输、制造等犯罪行为的，以非法持有毒品罪定罪。区分的关键就是有没有证据证实非法持有毒品的行为是为了实施其他毒品犯罪，有就认定成其他毒品犯罪，没有就认定成非法持有毒品罪。大家也知道非法持有毒品这个行为，如果认定成其他犯罪的话，量刑是非常重的，如果是非法持有毒品罪的话，对被告人的量刑相对来说是轻的。

　　下面举一个案例，这个案例，一审法院认定成运输毒品罪，后来改判是以非法持有毒品罪来定性的。2005 年 1 月，被告人张某某与成都市一名男子电话联系购买海洛因 400 克，每克 300 元，并约定了采用邮寄的方式，由成都男子从成都市邮寄给张某某，张某某提供了收件人的姓名和地址，后来张某某在接到成都男子的通知去领取邮包的时候，被公安人员抓获，公安人员当场从邮包内查获了海洛因 336 克。一审法院认为张某某和他人预谋采用邮寄的方式运输毒品，并且提供了邮寄人的姓名、地址、联系方式，在毒品到达后又亲自去领取，该行为构成运输毒品罪。我们分析认为张某某的行为是不构成运输毒品罪的，因为他没有运输毒品罪的主观故意，他提供邮寄地址和姓名的行为，只是为了接收毒品，双方约定的是邮寄的交付方式而已，他并没有运输毒品的主观故意。这个案子从案件证据的角度去进一步分析，一审法院认定张某某为邮寄毒品提供条件的依据也是不充分的。因为张某某在侦查阶段供述了与成都男子联系购买海洛因的详细过程，并供述了汇款的情节，但是公安机关并没有调取汇款的情况，也没有提取通话记录。张某某供述是通过晓雷进行汇款的，公安机关也没有核实晓雷这个人是不是存在，而上线成都男子也没有归案。后来张某某在一审庭审时就开始翻供了，认为只是联系买毒，并没有提供邮寄方式，所以现在认定张某某为邮寄毒品提供条件的证据也是不充分的。

对于这个行为，"武汉会议纪要"有了明确的规定，这个案子是 2005 年的案子，"武汉会议纪要"是去年的，对购毒者接收贩毒者通过物流寄递的方式交付的毒品，没有证据证实是为了实施贩卖毒品等其他犯罪，毒品数量达到《刑法》第 348 条规定的最低数量标准的，一般以非法持有毒品罪定罪处罚。代收者明知是物流寄递的毒品而代购毒者接收，没有证据证明其与购毒者有实施贩卖、运输毒品等犯罪的共同故意的，毒品数量达到《刑法》第 348 条规定的最低数量标准，对代收者以非法持有毒品罪定罪处罚。纪要对这个行为予以了进一步的规定，先看被告人有没有实施贩卖毒品的故意，如果没有这个故意的话，只能认定非法持有毒品罪，不能认定成贩卖或者运输毒品罪。

当然毒品犯罪有很多处理方式，实务中可能有不同的意见，但是司法解释、纪要等规范性法律文件只要规定了，法院系统肯定是以这个规定来进行处理的。刚才我说的是张某某的行为不构成运输毒品罪，下面我说一下他的行为还不构成贩卖毒品罪。为什么再分析他呢？如果有证据证实他买毒品是为了卖，也是不认定成非法持有毒品罪的，应认定成贩卖毒品罪，所以有必要分析有没有证据认定他构成贩卖毒品罪。根据本案的证据，公安机关提供情况说明指出，张某某以前有贩卖小包毒品的行为，是通过技术手段掌握了张某某联系购买海洛因的线索，并分析出张某某有贩卖毒品的意图，基于贩卖毒品的目的而购买毒品，但是对张某某以前有贩卖小包海洛因的行为，公安机关是没有提供相关证据的。所以这个情节就启发我们，我们辩护律师在阅卷的时候，公安机关虽然说侦破案件可能有一些技术手段，比如监听或者技术侦查，但是如果没有提供相关的证据，比如通话清单，也是不能转化成对被告人不利的证据的。

此外，本案中与张某某同监室的人员向管教举报张某某自称有十几年吸毒史，平时卖毒品就可以把吸掉的挣回来。就是同监室人员证实他以贩养吸，买毒品也是为了边吸边卖的，但是这个同监室人员的证言在庭审的时候并没有出示，不能作为证据来使用。也就是说本案认定张某某构成贩卖毒品罪的证据不足，不能认定张某某构成贩卖毒品罪。

前面我们分析了，张某某的行为不构成运输毒品罪，又不构成贩卖毒品罪，在非法持有毒品行为，没有证据证实构成走私、贩卖、运输、制造或者窝藏毒品罪的情况下，只能以非法持有毒品罪定罪处罚，所以这个案子尽管张某某当时买了336克，达到了当时的死刑数量标准，也是以非法持有毒品罪来定罪处罚的。

7. 针对被告人是个人犯罪还是共同犯罪进行辩护

这种情况主要是针对同行运输毒品的，如果认定成共同犯罪的话，同行人员对全部毒品的数量负责，刑罚可能就在15年有期徒刑以上，如果认定只对自己携带的那部分毒品负责，不构成共同犯罪的话，可能的法定刑就轻。关于同行运输毒品，"武汉会议纪要"也有最新的规定，两人以上同行运输毒品的，应当从是否明知他人带有毒品，有无共同运输毒品的意思联络，有无实施配合、掩护他人运输毒品的行为等方面，综合审查认定是否构成共同犯罪。即使是受雇于同一雇主运输毒品，这种情况是比较多的，但是受雇者之间没有共同的犯罪故意，或者说虽然明知他人受雇运输毒品，但各自的运输毒品行为相对独立，也没有实施配合、掩护他人运输毒品的行为，又分别按照各自运输毒品的数量来领取报酬的，这种情况下不能认定成共同犯罪。两人或多人虽然受雇于同一个人，从同一个地方出发，目的地是另外一个地方，但是在一定条件下是不能认定成共同犯罪的。

根据"武汉会议纪要"的规定，判断是共同犯罪还是个人犯罪的原则主要有三个，一是主观方面是否是明知，明知他人有没有携带毒品，二是有没有共同运输毒品的意思联络，三是行为方面，有没有实施配合、掩护他人运输毒品的行为。关于有没有实施配合、掩护他人运输毒品的行为怎么进行判断，一般是这样的，是考虑运输毒品的起运地、目的地路线是不是相同，交通、生活费是不是共同使用，两个人特别是两个人在途中有没有配合，有没有掩护他人运输毒品的具体行为，有没有共同获取统一分配报酬的行为。

下面我谈一个具体的案例可能就更清楚明了一些。这个案例是运输毒品案，2005 年 6 月 5 日，被告人吕某某、曾某某分别携带海洛因从云南曲靖市乘火车开往北京，准备到湖南娄底。当日 13 时许，吕某某、曾某某被铁路的乘警抓获，乘警分别从两个人的身上查获了海洛因 46 克、41 克。这个案子非常特殊，如果认定成共同犯罪的话，就是两个人对 87 克负责，就在 50 克以上了，如果是个人犯罪的话，就是 46 克和 41 克，都在 50 克以下。另外一个信息是两个被告人相互认识，毒品是吕某某出资购买的，但两个人约定了毒品归各自所有，曾某某也承诺回到湖南后，要将吕某某垫资购买毒品的钱予以归还。

这个案子两个人是否构成运输毒品罪的共犯，决定了对两名被告人不同的量刑档次。这个案子我们一般认为对两名被告人不认定运输毒品罪的共犯，原因主要有如下：第一，两名被告人没有运输毒品罪的共同故意，两名被告人主观上运输毒品的故意，只是针对各自运输毒品的行为而言，他们是在云南买的，虽然是吕某某出资的，但是是两个人分别携带，运回去以后也是分别支配，两个人没有就犯罪手段、分工、事后分赃这些事进行策划，主观上没有共同运输毒品的意思联络。至于吕某某在购买毒品的时候为曾某某垫资，这也是一种资金的借贷行为，不能仅以这个行为就认定两名被告人存在共同的犯罪故意，这是从主观方面进行分析。从行为方式来分析，两名被告人没有共同运输毒品的行为，两名被告人运输毒品行为所指向的目标都是各自携带的毒品，而不是两人所购买的毒品。并且根据两名被告人供述，毒品运回去以后，两人各自将毒品带回家，犯罪目标不具有同一性，就不及于整个购买的毒品。第二，本案也没有证据证实两人在运毒过程中实施了相互掩护、协作等配合行为，车费以及路上的花费也都是各自负责的。

8. 针对没有查获毒品实物的既往犯罪事实认定进行辩护

很多毒品犯罪案件都是没有查获毒品实物，只能依靠被告人的供述，结合同案被告人的供述和下线证人的证言，来综合分析认定的，这类案件事实对同案被告人供述的审查判断非常重要。《刑事诉讼法》第53条也规定，对一切案件的判处都要重证据，重调查研究，不能轻信口供。只有被告人供述没有其他证据的，不能认定被告人有罪和处以刑罚。没有被告人供述，证据确实充分的，可以认定被告人有罪和处以刑罚。虽然说毒品犯罪和暴力犯罪相比，它的证明标准比较低，但是仍然要达到《刑事诉讼法》第53条规定的证据确实充分的程度。如果被告人做有罪供述，但是没有其他证据印证，或者被告人的有罪供述是非法取得的，就不能够采用，不能够认定案件事实。

下面我谈一个具体的案例，这个案例主要涉及的是上线和下线都是在一个案件中处理的，被告人和同案被告人之间供述有分歧，怎么来认定。先说这个具体的案例，被告人董某某与被告人尹某某相识后，商定向尹某某购买毒品。2012年11月至2013年3月初，董某某到广东省惠州市找尹某某，尹某某当时是在广东省惠州市的，董某某到广东去找这个尹某某进行现金交易或者通过银行转账的方式交易，由尹某某送货到河南，多次从尹某某处购买甲基苯丙胺，共计1000余克，一二审法院认定的是1000余克，价格是140元和180元。然后认定的是董某某又将部分毒品贩卖给宋某某等人，这一块事实就是接下来我们重点分析的问题，被告人的既往犯罪事实能否认定的问题。本案有两笔，第二笔是现场查获的，就是2013年3月6日，被告人董某某与被告人尹某某再次电话联系购买毒品，后来尹某某安排王某某，这是一个同案被告人，乘车将甲基苯丙胺从广东省送到河南省。同月8日，王某某到一个大酒店将毒品交给董某某时，公安人员将两人抓获，当场查获甲基苯丙胺298.74克。

后来公安人员还在董某某的身上查获了甲基苯丙胺27.73克，从董某某的车内又查获了部分毒品。一审认定的是董某某贩卖甲基苯丙胺1298.74克，就是查获的这些和之前既往的1000克，尹某某构成贩卖、运输，也是这个数量，然后分别以贩卖毒品罪和贩卖、运输毒品罪，判两名被告人死刑，二审也同意，报最高人民法院核准。

我们分析的重点，我们刚才说的第一起，就是一、二审认定的1000余克毒品，这1000余克毒品是没有查获毒品实物的，能否认定？怎么认定？这1000余克毒品主要依靠两个人的供述。尹某某的供述非常稳定，在侦查阶段、一审庭审、二审庭审始终供述在被查获的甲基苯丙胺298.74克之前，还分八次卖给董某某甲基苯丙胺2854克，不是一二审认定的1000余克，而是贩卖了2800多克。但是董某某的供述是不稳定的，董某某开始供述是三次购买了甲基苯丙胺，约为900克，后来翻供又说四次共购买了甲基苯丙胺400余克。董某某有两种供述，一种是900克，一种是400克，和尹某某的供述差距很大，而这一部分事实是没有查获毒品实物的，如何来认定？我们实务中一般是所说的就低认定，这种情况一般是就低认定。怎么就低？是根据董某某供述的900克认还是按400克认？我们接着看下面的证据。

本案还有一个书证，就是董某某和尹某某的银行卡交易记录。因为董某某和尹某某都供述，并且这个交易记录也证实，董某某的银行卡向尹某某的银行卡转账27万余元。根据两个人的供述，这些是毒品交易的毒资，根据两个人供述的毒品交易价格是140元每克或者180元每克推算的话，就按最多的180元推算，能够认定的是董某某向尹某某购买甲基苯丙胺1521克，也和两个人的供述是不一样的。这个数量怎么认？后来我们分析认为，如果一二审以这个书证来认1500余克也可以，是有事实和证据依据的，有书证、两名被告人的供述。或者是以被告人的供述就低认定也可以，但是按就低认定，一般认定的是900，但现在来说，一二审法院就认定是1000余克，我们认为对死刑案件来说，事实认定必须是有事实依据、法律依据的。你认定这1000余克是怎么来的？我们认为一二审法院这个数额的认定是没有充分依据的。

另外一点，这个案子一二审认定的两名被告人的贩卖、运输毒品的数量是1200余克，而当地的死刑案件数量标准是1000余克，就是同一宗毒品的上下家之间，刚刚超过判处死刑的数量标准，判两名被告人死刑是否妥当？"武汉会议纪要"对此有新的规定，对买卖同宗毒品的上下家，涉案毒品数量刚超过实际掌握的死刑数量标准的，一般不能同时判处死刑，就把这个案子发回重审了。

再举另外一个案例，这个案例也是贩卖毒品案。被告人是父子两人，被抓获是在2012年4月1日，被告人魏某某与李某甲联系购买毒品，李某甲将装有毒品的塑料袋交给其儿子被告人李某乙，让李某乙送到魏某某处。李某乙到达后就被公安人员抓获，当场查获海洛因199.7克，近200克。这是现场查获的部分，还有根据被告人供述的既往犯罪事实，另案被告人魏某某的供述，魏某某是因为毒品犯罪被抓获以后，为了立功，交代了曾经向李某甲买过毒品。他交代的内容是2012年3月20日，李某甲以每克400元的价格，将20克海洛因贩卖给魏某某。同月28日15时许，李某甲又以相同的价格将199.94克海洛因贩卖给魏某某。

现在问题来了，魏某某供述的李某甲前两次贩卖海洛因分别是20克和199.94克，能不能认定？而对这两起没有查获毒品实物的既往犯罪事实，李某甲是始终予以否认的，在侦查阶段始终是没有供述的。而认定李某甲前两次贩卖毒品的证据主要有：魏某某的供述，刚才我们已经说过了，主要是根据魏某某的供述来认定的；李某甲与魏某某在案发前的通话记录，证实两个人在案发时段打过电话；魏某某下线王某某的证言，说是从魏某某处的确购买过毒品，但是王某某的证言只能够证实从魏某某处买毒品，但他不了解魏某某的毒品是从哪里来的。所以说认定李某甲贩卖给魏某某前两起毒品的事实，主要依靠魏某某的供述以及两个人的通话记录，只有这两个证据。

而我们进一步分析两个人的通话记录，通话记录证实的是魏某某与李某甲在 2012 年 3 月 8 日至 15 日之间通话 11 次，所以说对被告人的通话记录，辩护律师也要注意审查。3 月 18 日至 21 日通话 7 次，3 月 23 日至 27 日通话 7 次，3 月 28 日至 31 日没有通话，4 月 1 日通话 4 次。我们前面说了，前两起贩卖毒品的时间，魏某某供述的是 3 月 20 日和 3 月 28 日，但是手机通话记录证实，3 月 28 日至 31 日是没有通话记录的，这与魏某某供述里面提到的，作案当天与李某甲电话联系购买毒品那个情节是印证不了的，所以通话记录这个证据也不能印证魏某某供述的向李某甲买前两起毒品的事实。

我们退一步讲，即使这个通话记录证实魏某某与李某甲在案发当时的确打过电话，还打过多次，能不能认定两个人前两起既往犯罪事实？我认为还是不能够认定的。因为光一个通话记录，不能推翻李某甲辩解的两个人是同乡关系，平常经常电话联系这个事实。光一个打电话的情节，不能够印证魏某某供述的向李某甲两次购买毒品的事实。所以我们就对这个问题做一下简单的概括，没有查获毒品实物的被告人的既往犯罪事实能不能认定？能认定，但是是有条件的。条件是什么呢？就是只有当依法取得的被告人的供述和同案被告人的供述，或者是下线证人的证言相互印证，且不存在合理怀疑，这种情况下，才能用言词证据定案，认定被告人的既往犯罪事实。

9. 针对被告人供述，系非法方式取得或者不能排除以非法方式取得的可能进行辩护

《刑事诉讼法》对非法排除予以了明确规定，就是在第 58 条里面，排除的对象是确认或者是不能排除以非法方式取得的证据，针对的是犯罪嫌疑人、被告人供述、证人证言、被害人陈述等言词证据。它的标准是确认或者不能排除，其实这个标准是非

常低的，只要我们有线索，有证据，有这种可能性，有不能排除的可能性，就可以排除。

除了《刑事诉讼法》的规定以外，还有很多规范性法律文件对此予以了重申，甚至是进一步的规定。比如2010年7月份公布的《关于办理刑事案件排除非法证据若干问题的规定》，里面也有具体的规定。当然除了《刑事诉讼法》及相关司法解释以外，《人民检察院刑事诉讼规则》《公安机关办理刑事案件程序规定》都有相应的规定，我在这里就不重复了。

需要说的是两个大家可能不一定重视的规范性法律文件，中央政法委有一个《关于切实防止冤假错案的规定》，这个规定是2013年中政委（2013）27号，这都是公开发布的。还有一个是最高人民法院《关于建立健全防范刑事冤假错案工作机制的意见》，这个是2013年公布的。我之前也听很多律师说过，最高人民法院这个防止冤假错案工作机制非常好用，好用在哪里？下面我给大家说一下。它第8条有一个规定，采用刑讯逼供或者冻、饿、晒、烤、疲劳审讯等非法方法收集的被告人供述应当排除，我们都清楚这一点。它下一点规定非常重要，除情况紧急，必须在现场讯问以外，在规定的办案场所外讯问取得的供述，没有依法对讯问过程全程录音录像取得的供述，以及不能排除以非法方式取得的供述，应当排除。除了紧急情况，必须在现场讯问以外，没有在规定的办案场所讯问，还没有依法全程录音录像，是应当排除的。

辩护律师在阅卷或者会见的时候发现这种情况，我认为该提的还是要提的。关于"不能排除以非法方式收集证据"怎么理解，怎么认定，我个人认为应该从取证人员、时间、地点来分析，比如取证人员是本地公安人员还是异地公安人员，有没有交叉询问的情况，交叉询问就是说在相同或相近的时间段内，一个侦查人员同时出现讯问两名犯罪嫌疑人。这种情况我们就有理由怀疑这个笔录是非法的，一个人怎么能在相同或者相近的时间段，讯问两名犯罪嫌疑人，难道这个侦查人员有分身术？还有讯问的时间长，但是笔录的内容记载的时间短。特别是讯问的时间在深夜的，要特别引起注意。这个时候还要结合会见被告人的情况进行进一步的核实，必要的时候还要查看同步录音录像。

关于讯问地点，讯问地点是在看守所还是在公安机关的办案场所？该同步录音录像的有没有同步录音录像？对上述情况还要结合被告人提出的被刑讯的线索，分析被告人供述的前后变化，综合来分析判断。对重大案件还要结合同步录音录像，《刑事诉讼法》第121条规定，对可能判处无期、死刑的案件或者其他重大犯罪案件，应当对讯问过程进行录音或录像。录音或录像应当全程进行，保持完整性，这个规定大家都很清楚。如果检察机关无法提供确实充分的证据，证实取证的合法性，对重大犯罪案件，侦查机关没有全程同步录音录像，讯问又没有在看守所内进行，也没有其他证据证实讯问的合法性，这种情况就属于不能排除以非法方式收集证据的情形。

下面我进一步说一下重大案件，《刑事诉讼法》第121条规定了重大案件也要同步录音录像。关于重大案件的范围，公安部有一个规范性法律文件有进一步的规定，这个文件是《公安机关讯问犯罪嫌疑人录音录像工作规定》，它第4条规定了重大案件的范围，大家可以听一下是怎么规定的。下列犯罪案件应当对讯问过程进行录音录像，第1项是我们都知道的，可能判处无期、死刑的案件，第4项规定了严重毒品犯罪案件，包括走私、贩卖、运输、制造毒品，非法持有毒品数量大的，包庇走私、贩卖、运输、制造毒品的犯罪分子情节严重的，走私、非法买卖制毒物品数量大的犯罪案件，就是说走私、贩卖、运输、制造毒品案件是要全程录音录像的。当然这是公安机关的一个规定，但是我们辩护律师在遇到相应案子时，完全可以拿来使用。因为最高人民法院《关于建立健全防范刑事冤假错案工作机制的意见》就说，应当全程录音录像的没有录音录像，是可以排非的。刚才我说公安部这个规定，第 5 项对重大犯罪案件有进一步的规定，说是其他故意犯罪案件，可能判处 10 年以上有期徒刑的，把同步录音录像案件范围做了一个扩充，不仅仅局限于无期或者死刑。

　　下面我举一个例子来分析怎么对被告人的供述进行排除，这是一个贩卖毒品的案件，被告人是刘某某，基本情况是这样的：刘某某在侦查阶段总共做过六次供述，他的一、二次供述否认犯罪，第三次开始承认贩毒，并且供述得非常详细，但是到了第四、五、六次又推翻了有罪供述，称没有参与毒品犯罪。我们就分析他第三次有罪供述，他第三次有罪供述的时间是 10 月 28 日 21 时 7 分至同日的 23 时 26 分，讯问地点是在某县的看守所的三楼，但是讯问地点并非正式的讯问室，因为正式的讯问室中间是有隔离设施的，三楼中间没有隔离设施，没有隔离设施就是说办案人员有可能和嫌疑人接触，更重要的是根据刘某某的提讯记录记载，刚才我说是 28 日做的有罪供述，但他在 26 日就被公安机关提押出看守所了，一直到做完有罪供述以后的 29 日才还押，中间间隔是两天三夜，而刘某某的有罪供述正好形成于被提押出看守所的这段时间，所以说审查提讯记载的提讯时间也是非常重要的。公安机关对这第三次有罪供述做了同步录音录像，但是经过调取同步录音录像发现，录像的时间仅仅有 12 分钟，而刚才我说的是从九点做有罪供述，供述到十一点半，两个多小时，他只录了 12 分钟，并且录的内容是侦查人员对犯罪嫌疑人宣读笔录，而讯问笔录记载的时间是两个小时 19 分钟，那两个多小时哪去了？所以这个同步录音录像不能证实公安机关对刘某某有罪供述的收集是具有合法性的。

对此公安机关出了书面说明，说是侦查阶段讯问期间给了刘某某足够的休息时间，没有刑讯逼供等非法行为，因为录像只能录 10 分钟，所以没有全程录音录像。公安机关要不就说录像已被其他录像所覆盖，要不就是录像器材损坏，基本上就这几个原因。但是不管什么原因，没有提供全程录音录像，我们不看过程，不看原因，只看这个结果，除了公安机关提供的书面说明材料以外，没有其他证据证实公安机关对刘某某取证的合法性。按理说这种情况，公诉机关应该申请侦查人员出庭作证，但是公诉机关没有申请侦查人员出庭作证，也没有提交除了公安机关提交的情况说明之外的其他证据材料，来证明对刘某某取证的合法性。所以这个案子法庭认为根据《刑事诉讼法》的相关规定，公诉人提交的取证过程合法的说明材料不能单独作为证明取证过程合法的依据。就是说没有其他证据来证实公安机关取证合法，依法将其认定为不能排除存在以非法方式收集证据的情形，就没有采用被告人刘某某的有罪供述。

10. 针对是否共同犯罪以及被告人在共同犯罪中的地位作用进行辩护

这个问题其实也是毒品犯罪辩护中独有的，其他暴力犯罪也有，但是不明显，可能毒品犯罪这个问题比较突出。公安机关由于警力有限，查获毒品犯罪，一般是以抓现行，查获毒品实物为目的，抓获被告人以后，一般是没有能力和精力去做延伸的，对被告人所供述的内容还有其他同案犯或者有上线或者有下线，可能没有及时调查取证。但是有没有共同犯罪人以及其他犯罪人在共同犯罪中的地位作用，会影响到被告人的定罪量刑。

下面我说一个案例，这个案例是李某贩卖毒品案，通过这个案例我们来考量一下怎样审查有没有共同犯罪人，以及被告人在共同犯罪中的地位和作用。案情是 2010 年 8 月 4 日 13 时许，被告人李某在一饭店内以 26.4 万元的价格贩卖给被告人谢某海洛因三块，以 17.6 万元的价格贩卖给被告人温某海洛因两块。次日零时许，谢某和温某携带各自所购的毒品在搭乘客车返回的途中被抓获。公安人员从谢某座位下查获海洛因三块，重 1044 克，从温某座位下查获海洛因两块，重 688 克，总计李某在本次贩卖中共贩卖给谢某和温某海洛因 1732 克，收取到毒资 44 万元。但是李某归案以后始终辩解，说毒品不是他所有，是一个叫阿软的人所有，他是受他人雇佣贩卖毒品，在共同犯罪中是从犯。但是一二审认为李某的受他人雇佣贩卖毒品的辩解没有证据证实，故以贩卖毒品罪判其死刑，报最高人民法院核准。

在讨论这个案例怎么分析认定之前，我们先说一下《刑事诉讼法》以及其他规范性文件所要求的毒品犯罪的证明标准要达到什么程度。《刑事诉讼法》第 53 条规定了，对一切案件的判处都要重证据，重调查研究，不能轻信口供。只有被告人供述，没有其他证据的，不能认定被告人有罪和处以刑罚。没有被告人供述，证据确实充分的，可以认定被告人有罪和处以刑罚。还规定了什么是证据确实充分，其中第三点，确实充分应当符合的条件是综合全案证据，对所认定的事实已排除了合理的怀疑，这是《刑事诉讼法》的相关规定。我们再看一下刚才我们谈到的一个规定，就是 2010 年的《关于办理死刑复核案件审查判断证据若干问题的规定》，它规定了死刑案件证据必须达到确实充分的程度，什么是死刑复核的证据确实充分？它提到证据确实充分是指第一，定罪量刑的事实有证据证实；第二，每个定案的证据均经法定程序查证属实；第三，证据与证据之间，证据与案件事实之间不存在矛盾，或者矛盾得到合理排除；第四，和本案相关，共同犯罪案件中，被告人的地位作用均已查清，毒品犯罪往往涉及这个问题，共同犯罪中被告人的地位作用有没有查清。根据这个规定，在办理毒品犯罪死刑案件时，是不是共同犯罪，以及被告人在共同犯罪中的地位作用，必须要达到确实充分的程度。如果认定这个事实的证据达不到排除合理怀疑的标准，影响到对被告人量刑的，一般是不能判处死刑立即执行的。

我们接下来分析这个案例，这个案例认定李某向两名下线谢某和温某贩卖海洛因 1700 多克的事实清楚，证据确实充分，这个是没有任何问题的。他的确贩卖了这么多，也查获了毒品，也有他自己的供述，也有谢某和温某的供述，足以认定。但现在的问题是李某是自己贩卖还是受他人指使贩卖？也就是说本案有没有共同作案人？李某在共同犯罪中的地位作用是多大？这些情节都会影响到对李某的量刑，是否对李某适用死刑。根据在案的证据进一步分析，我们认为李某是否受雇佣贩卖毒品这个事实是不清的，并且存在不能排除合理怀疑的疑点，主要有如下几点理由：第一，本案的涉案毒品来源不清，李某的年龄是 19 岁，经济能力一般，他的银行账户也没有大额资金的流入流出。根据他的年龄、工作情况、家庭经济能力、社会关系，他是没有从境内境外联系这么大量毒品的能力的，这个毒品是怎么来的？第二，刚才我们说过温某和谢某购买毒品花费 44 万余元，这 44 万元去向不明，以及李某贩卖给谢某和温某毒品海洛因以后剩余的两块毒品也去向不明。因为李某、谢某、温某三个人都供述说，交易毒资达到44万元，但是公安人员抓获李某的时候，在他的身上只查获了4万元，其他的40万元不知去向。

另外根据谢某的供述，买完毒品以后，李某处还有两块海洛因，这两块海洛因公安人员也没有提取到，李某说这两块海洛因以及其他毒资40万元交给了雇主，剩余的毒品和巨额的毒资到底去哪儿了，也不清楚。不能排除李某供述的合理性。还有一点理由是根据谢某和温某的供述，他们两人是受一个上线的雇佣，向李某购买的毒品，但是这个上线已经和卖家商量好了购买毒品的数量和价格，所以说谢某和温某并没有与李某商量购买毒品的数量和价格。但是李某否认认识这个上线，坚称是他的雇主和买家商定的毒品的数量和价格，并且从他的通话记录中也看不出他与温某、谢某所供述的这个上线有过通话联系的情况，所以没有证据证实李某与这个上线事先联系商定毒品交易，也没法查清什么人与买家联系购买毒品。

说这么多，这三条主要是说不能排除李某供述的受他人雇佣，向谢某、温某贩卖毒品的可能性。因为刚才我们说了，根据毒品死刑案件的证据标准，是否共同犯罪以及共同犯罪的人在犯罪中的地位作用是必然的证明对象，由于不能排除他人参与作案的可能，以及可能会影响李某在共同犯罪中的地位作用，所以这个案子最高人民法院后来也没有核准李某的死刑。我认为这个案子对我们的启发应该很大，因为我们在办理毒品犯罪中往往有上线或者下线，不只是一个人参与作案，这个时候如果说公安机关只抓获了被告人，被告人还供述有其他人员，或者提供了一些线索，就可以把相应的证据提交给法院，申请法院找公安机关进行调查核实。我今天的讲座就到此结束，谢谢大家！